"十四五"职业教育山东省级规划教材
"互联网+"新形态立体化教学资源特色教材

互联网时代的酒店管理

穆 林/著

中国轻工业出版社

图书在版编目（CIP）数据

互联网时代的酒店管理 / 穆林著. —北京：中国轻工业出版社，2025. 8

“互联网+”新形态立体化教学资源特色教材

ISBN 978-7-5184-3275-2

Ⅰ. ①互… Ⅱ. ①穆… Ⅲ. ①互联网络—应用—饭店—商业企业管理—高等职业教育—教材 Ⅳ. ①F719.2-39

中国版本图书馆CIP数据核字（2020）第229464号

责任编辑：张文佳　李金慧　　责任终审：李建华　　设计制作：锋尚设计
策划编辑：张文佳　　责任校对：朱燕春　　责任监印：张　可

出版发行：中国轻工业出版社（北京鲁谷东街5号，邮编：100040）
印　　刷：三河市万龙印装有限公司
经　　销：各地新华书店
版　　次：2025年8月第1版第3次印刷
开　　本：787×1092　1/16　印张：13.75
字　　数：300千字
书　　号：ISBN 978-7-5184-3275-2　定价：49.80元
邮购电话：010-85119873
发行电话：010-85119832　010-85119912
网　　址：http://www.chlip.com.cn
Email：club@chlip.com.cn

251235J2C103ZBQ

前言

酒店是给宾客提供歇宿和饮食的场所，具有超过3500年的发展历史。现代酒店产业既体现着一个国家的经济实力，表现为商务活动、旅游活动的缩影，也体现着一个国家的科技水平。随着信息技术的快速发展，传统的酒店产业与信息技术相结合，在市场营销、服务组织、企业管理等多个领域提供了强大的科技支撑，酒店产业信息密集型的特点逐渐被行业认可。改革开放40多年来，伴随着中国经济高速发展，酒店产业经历了多轮迅猛扩张，从1985年的酒店505家、7.7万间客房，发展到2022年的45万多家、近1800万间客房，尤其是近十年来，通过资产重组、信息平台整合，加快了酒店连锁化、数字化的进程，世界10大酒店集团中国企业占据三席（锦江排名第二、华住排名第九、首旅如家排名第十），成功实现走出去，开展全球化产业布局。与此同时，中国互联网产业伴随着中国信息技术和互联网应用的高速发展，从无到有，逐渐跻身全球第二，在移动支付、短视频、社交软件等多个领域达到世界先进水平，并且积极布局5G通信、物联网、大数据、云计算、人工智能、机器人等尖端科技。酒店行业发展、产业需求、技术支撑等要素共同推进酒店信息化产业从无到有，走过了一场跨越式发展之路，并积极开展国际化布局，出现了多家具备全球视野和全球实力的企业。可以预见，随着中国经济的国际化、中国酒店的国际化、中国游客的国际化，中国酒店信息化产业将获得持续的长期发展和全球影响。

中外酒店产业在拥抱信息技术和互联网技术的过程中，展现出截然不同的路径。国外酒店企业对信息技术关注点兴起于外部营销领域，逐渐过渡到内部运营领域；中国酒店企业在发展初期主要集中于内部运营领域，依次经历引入学习、自行开发、融合发展的发展阶段，已经开始国际化的布局和实践，随着中国酒店产业和互联网产业的发展和国际化，逐渐过渡到渠道与电子商务、新媒体推广等领域。在酒店业发展过程中，中国酒店企业结合国情，融合数字科技，走出了一条“中国式发展道路”。

本书描述了酒店住宿业在信息技术、互联网、数字技术背景下的发展新模式，涉及日常服务、外部营销和内部管理三个主要领域，也可以归结为智慧服务、智慧营销和智慧管理三个层面。第一章是行业综述；第二章至第五章是第一部分，描述了酒店日常服务流程在互联网背景下的发展，包括酒店管理系统PMS、酒店营业点管理系统POS、餐饮管理等；第六章和第七章为第二部分，核心内容是互联网与酒店市场营销领域的结合，包括网络营销与电子商务、收益管理、团队销售与宴会管理等；第八章至第十章为第三部分，论述了酒店人、财、物的管理与互联网技术的结合。本书是对行业发展理论与数字化实践的结合，可用于酒店行业研究者、从业者学习使用，也可用于酒店管理与数字化运营专业的学生使用。

酒店业与数字技术理论与实践发展迅速，行业发展日新月异，由于编者水平有限，书中难免有诸多不足之处，敬请行业专家和广大读者批评指教，共同完善内容，繁荣行业，为我国酒店人才的数字化素养提升做出更大的贡献。

编　者

目 录

1 第一章 酒店业信息化综述 001
第一节 酒店产业、信息技术与互联网 002
第二节 中外酒店信息化发展历程对比与启示 002
第三节 信息技术对住宿产业的作用与价值 008
案例：从取代员工到取代管理者——数字酒店的未来畅想 019
自我评估 021

2 第二章 酒店管理系统 023
第一节 PMS 的发展历程与未来展望 025
第二节 客户资料管理模块 028
第三节 业务管理模块 031
第四节 客房管理模块 036
第五节 顾客账务模块 050
第六节 接口模块（外围设备） 055
第七节 常见 PMS 系统 057
案例：选错 PMS 很麻烦——酒店企业 PMS 的选型 061
自我评估 062

3 第三章 外围设备的信息化 071
第一节 预订系统接口 072
第二节 POS 系统 074
第三节 电话交换机系统 077
第四节 电子门锁系统 078
第五节 客房控制系统 081
第六节 常见酒店外围设备与接口 082

案例：正确运用接口技术，提高酒店管理水平 083
自我评估 084

4 第四章 营业点信息化 085
第一节 POS 录入设备 086
第二节 POS 打印机 089
第三节 POS/PMS 接口 090
第四节 POS 软件 090
第五节 常见酒店 POS 系统 091
案例：从外卖平台到共享厨房
——外卖产业的发展及其对餐饮企业的影响 092
自我评估 094

5 第五章 餐饮管理信息化 097
第一节 菜品信息 100
第二节 销售信息与菜单工程 103
第三节 配方管理与成本核算 106
第四节 劳动力成本 107
第五节 常见餐饮信息系统 110
案例：依托信息系统实施成本控制
——日本玉子屋外卖的策略启示 111
自我评估 113

6 第六章 酒店网络营销与电子商务 117
第一节 酒店网络直销 119

第二节 酒店网络分销 127
第三节 酒店网络推广 130
自我评估 137

7 第七章 市场销售信息化 141
第一节 预订的信息化 142
第二节 收益管理系统 144
第三节 销售与宴会管理系统 149
自我评估 156

8 第八章 财务部的信息化 161
第一节 应收账款 162
第二节 应付账款 165
第三节 采购库存与成本控制 167
第四节 酒店薪资模块 169
第五节 固定资产管理与资产管理 170
第六节 总账模块 171
自我评估 172

9 第九章 人力资源管理信息化 177
第一节 网络招聘与职业性向测试 178
第二节 人力资源管理系统 182
第三节 网络培训与学历教育 185
第四节 常见人力资源管理软件 185

案例：用网络教育给员工充电，用校企课程帮酒店留人
——北京开放大学与酒店管理集团合作开展学历教育的启示 188
自我评估 189

10 第十章 工程管理信息系统与智能酒店 193
第一节 工程管理信息系统 194
第二节 客房控制系统与能源管控 200
第三节 常见工程领域系统 204
案例：从滴滴打车到滴滴维修
——共享经济时代酒店工程部的新模式 204
自我评估 207

自我评估习题参考答案 209
参考文献 210

第一章

酒店业信息化综述

学习与素养目标

1. 了解中外酒店信息化发展的主要历程，掌握相关定义和概念，能够理解和认识行业未来的发展趋势
2. 了解信息技术对住宿产业发展的作用与价值，熟悉酒店产业信息化的主要领域
3. 理解互联网是社会发展的必然趋势，理解“数字中国”的变革性作用和深层次意义，理解信息素养的重要意义
4. 了解新时代中国大住宿业面临的挑战与机遇，提升应对经济结构调整、产业技术变革与行业竞争的职业实力

导入任务

结合自己对酒店的了解进行分组讨论和分析，在过去的 20 年，酒店有哪些岗位人员数量大幅度减少，分析信息技术在这一过程中所起的作用。

第一节 酒店产业、信息技术与互联网

酒店业也称旅馆业、饭店业等，古代称之为逆旅、馆、驿站、舍、店等，是人类社会最古老的产业之一。在我国，商代已经在疆域内重要的水、陆交通节点上建立了称为"羁"的驿站，中国古代具有商业意义的旅馆或称其为符合旅馆定义的、原始形态的旅馆源于公元前12世纪的商代，距今超过3500年。

信息技术是对生成、存储、传输、处理信息所采用的技术的总称，主要包括传感技术、计算机与智能技术、通信技术和控制技术等，信息技术始于1946年诞生的第一台计算机，1946—1989年是计算机时代并孕育了计算机网络的发展，20世纪70年代的阿帕网（advanced research projects agency network，ARPANet）标志着人类进入网络时代，随着1989年万维网的发明而进入互联网时代，2010年前后进入移动互联网时代，目前正在进入以大数据、人工智能、物联网、移动互联网、云计算等为代表技术的新时代。2010年至今，以互联网、移动互联网为代表的产业起初只是信息传输领域的革命，但其引发了新一轮的产业革命，根本原因是移动互联网和智能手机的普及率大为提高。至2021年12月，我国上网用户约为10.32亿，用手机上网的比例达99.7%。智能手机使得"每家一台计算机"推广至"每人一部智能手机"，人类第一次实现了"每人一台计算设备"的目标，用手机号码标识顾客成为可能，终端的大规模普及让信息技术得以更广泛应用，移动支付、共享经济快速发展起来。由于互联网技术的普及，尤其是2015年提出"互联网+"以来，互联网已经不仅仅是一项技术，更成为传统产业变革的催化剂和加速器。2021年，"十四五"规划中提出"建设数字中国，促进数字经济和实体经济深度融合"，数字技术正以新理念、新业态、新模式全面融入人类经济、社会建设各领域和全过程，给人类生产生活带来广泛而深刻的影响。本书内容并非仅仅局限于互联网技术，而涉及信息产业多个领域，包括互联网、移动互联网，也包含计算机、通信、大数据等。

第二节 中外酒店信息化发展历程对比与启示

中外酒店产业在拥抱信息技术和互联网技术的过程中展现出了截然不同的路径。国外

酒店企业对信息技术非常主动，初始的关注点从外部营销领域逐渐过渡到内部运营领域；中国酒店企业主要表现出被动接受的迹象，在发展初期主要集中于内部运营领域，2000年之后逐渐过渡到外部营销领域。造成中外发展模式和发展路径差异的主要原因在于行业发展阶段不同，本小节以美国为例，通过分析美国酒店产业信息化发展的路径，分析中外酒店信息化发展历程背后的逻辑，能够有助于对我国酒店互联网发展路径进行预判。

1. 美国酒店信息化发展历程

在国外（主要是美国），信息时代到来之前，酒店产业已经有了充分的发展，进入现代新型饭店时期的标志是标准化、连锁经营。1908年埃尔斯沃思·密尔顿·斯塔特勒在美国布法罗新建斯塔特勒酒店（Buffalo Staffer）时，提出了“为一般公众能负担的价格之内提供必要的舒适与方便、优质的服务与清洁卫生”的宗旨，标志着酒店产业进入标准化发展时代。20世纪30年代，希尔顿、万豪、喜来登等著名连锁酒店已经成立（表1-1），第二次世界大战后进入连锁化发展阶段。信息技术和信息平台满足了酒店集团对连锁化经营的需求，得以大规模的应用，而信息技术进一步促进了酒店集团化的发展。

表 1-1 最早开展连锁经营的酒店集团信息

酒店集团	成立时间	开始连锁经营时间	发展情况
假日酒店	1954年	1954年	最早开展特许经营的酒店，最早达到10亿美元营业额的酒店集团，后并入洲际酒店集团
威斯汀	1930年	1930年	最初名为威士腾（Western），1980年更名为威斯汀
喜来登	1937年	1937年	1945年喜来登成为第一家在纽约证券交易所挂牌上市的连锁酒店集团
希尔顿	1928年	1930年	1947年上市，1949年分拆分为希尔顿酒店和希尔顿国际

连锁经营（Chain-Operate）是一种建立在优质商品和服务品牌的基础上，由分散在不同地域但同属一个集团运营同一品牌的产品和服务。在酒店产业主要有委托管理和特许经营等形式。相比于单体酒店，连锁酒店在集团控制、客户共享方面具有更强的优势，对信息技术有更强的内生需求，出于方便顾客、影响与控制客流的经营要求，特许经营模式“业主与管理方分离”的经营特征，加强营销与渠道的控制成为各大酒店集团的核心战略。例如，威斯汀集团1947年开始使用名为“酒店风格”的预订系统，这是酒店业第一次具备即时确认客户预订的能力。如果说酒店进入连锁经营时代是内部动机，那么信息技术的发展为酒店集团建立预订平台提供了技术可行性。20世纪50年代初IBM公司设立了一个研发项目，名为半自动商业环境研究（semiautomatic business environment research，SABER），研发远程交互、远程处理和磁盘直接存取等

当时的先进技术。1957年9月，IBM将该项目成果用于美洲航空，提出了整合订票、出票、检票、登机和行李运输为一体的设计理念，将原本90分钟的预订流程耗时提升为几秒，1964年，SABER系统全面安装，每天能够处理85 000个拨入电话、40 000个乘客机票预订、30 000个座位查询、20 000张机票销售，给美洲航空带来了巨大的竞争优势，此后达美、泛美、美联航等陆续开发了类似系统。航空业开发预订系统带来的巨大效益从模式上激励了酒店业，同时开发的技术得以在酒店业应用，在此激励下，假日集团的HOILDEX、喜来登酒店的RSERATRON、希尔顿的HILHOT、华美达集团的ROOMFINOER都于20世纪60年代建立起来。

在完成对市场、客户和渠道的信息化之后，美国酒店企业的关注点逐步从“提高与外部顾客的互动”转向“提高企业内部的管理效率”，运用新兴技术提高内部业务、资源管理效率的酒店管理系统（property management system，PMS）逐步被重视和建设，其功能主要包括对预订、排房、结账、客史资料、餐厅、查询、夜审及市场分析等业务的管理。1969年，美国易可（ECI）公司开发了ECI酒店管理系统，其被公认为是世界上最早的酒店管理系统。ECI是美国加州电子工程公司（EECO）所属的子公司，因此该公司开发的管理系统软件也称为EECO系统。1970年，夏威夷喜来登酒店安装了全世界第一台ECI酒店管理系统。20世纪80年代，酒店企业大多选择EECO、HIS、CLS、Lodgistix等软件提高经营效率。20世纪80年代个人计算机处理能力不足，酒店管理系统均采用了小型机甚至大型机来作为酒店管理系统工作的平台，管理难度较大、成本极高。1987年10月，德国慕尼黑成立的Fidelio Software GmbH推出了Fidelio系统，由于研发人员对酒店产业有深入理解，推出了许多前瞻性的功能，6年后该系统成为欧洲顶尖的酒店软件管理产品，公司成立10年跃居世界酒店信息系统供应商之首，逐渐成为许多国际品牌高档酒店的标准软件。

与此同时，多项信息技术产品的发明进一步提高了系统集成能力，1976年Vingcard公司发明卡片钥匙，Elsafe发明电子保险柜，1992年Vingcard发明电子门锁，这些技术的使用进一步提高了酒店的运营效率和服务质量。

PMS系统的使用提高了酒店内部管理的效率，逐渐实现“外部预订信息—内部预订”的数据自动对接，大幅度提高了预订效率，并随着外部预订平台的大量出现，专业的电子分销服务商（distribution service provider，DSP）得以出现，它们帮助酒店建立与大量的预订网站的链接，并评估这些网站的效果，如TravelCLICK和Pegasus。

可以看出，美国酒店产业在发展过程中始终对信息技术有着内生性的主动需求，沿着“以客户为中心，以市场营销为导向”的路径，运用信息技术实现企业的核心战略诉求，与信息技术和互联网技术一同发展。

2. 中国酒店信息化发展历程

与欧美国家不同，信息技术在我国兴起并发展时，我国酒店产业正处于“大饭店时代”或“豪华饭店时代”。我国酒店产业在改革开放之前对信息技术的应用基本为空白，国内酒店全部处于手工处理的阶段，服务水平也非常落后，由于没有电子记账系统，客人每打一个电话都要去交费，不然就会有人去敲门。为了提高涉外酒店对外宾的服务水平，国家领导人曾亲自过问酒店电子记账的问题，实现一次性付费成为国内酒店运用信息技术的最初动因。中国酒店信息化依次经历了以下发展阶段：

（1）1980年至20世纪90年代初：启蒙阶段——研究与学习。随着改革开放后新酒店的建设和老酒店的升级，酒店信息化需求开始逐渐显现。早期，北京建国饭店、长城喜来登酒店、丽都假日酒店、广州白天鹅等高星级酒店主要借鉴国外管理经验，自然也就引入了国外的信息化管理方法，中国酒店产业信息化之路始于酒店管理软件。当时软件需要采购配套硬件，采购价格为40万～80万美元，1987年杭州黄龙饭店采购的EECO系统价格为40万美元。这样被动的局面催生了我国酒店管理软件研发的浪潮，最早进入这一领域的主要是科研院所与高等学校，有代表性的力量为清华大学自动化系（后成立华仪公司，代表人物金国芬于1978年开始酒店计算机管理系统的开发，1987年组建“华仪软件系统工程有限公司”）、电子部六所（后成立华盛软件和中软好泰，代表人物为金士平）、浙江省计算技术研究所、西安交通大学、浙江大学人工智能研究所等（后成立西湖软件，代表人物为杨铭魁）。这一阶段，我国参考国外酒店管理软件、自行开发的系统开始进入酒店企业，1985年北京饭店与原机电部六所联合开发的管理系统开始试运行，1986年清华大学开发的系统进入北京西苑饭店，1989年北京市科学技术委员会《计算机管理动态报》第37期报道，北京市60余家涉外酒店中有27家使用了金国芬开发的管理系统，1989年浙江大学人工智能研究所进入杭州东方饭店，杭州饭店及望湖、新桥、友好等酒店使用了浙江省计算技术研究所的系统（表1-2）。这一阶段，很多酒店开始使用进口软件，如EECO、HIS等，但国外软件企业在中国大陆市场并未设立分支机构，酒店采购只能通过中国香港进行，较为烦琐。

（2）20世纪90年代初至2003年：模仿阶段——国产软件与进口软件分化。这一时期，我国酒店产业高速发展，1997年年底我国拥有旅游酒店5 201家，客房70万间，在1980年基础上分别增长了24.6倍和20.9倍。酒店企业快速扩张也带来了对软件的巨大需求，高校和科研院所的开发团队转制为独立的酒店管理软件公司（表1-2），许多新公司纷纷成立，国产系统以国内星级酒店为主要客户，进入快速发展高峰时期，我国有数千家酒店管理系统开发公司。大量企业的进入在丰富了行业软件供给的同时也带来了问题，由于企业大多集中在酒店管理软件（PMS）领域，且同质化、低水平，一方面导致国产软件难以进入代表行业最高水平的国际品牌酒店，仅有西湖软件、中软好泰进入少量国际酒店；另一方面在酒店信息化的各个领域依然空白，如酒店后台管理（包括人力资源、成本控制等）、酒店互联网营销、宴会与销售管理、收益管理等。直到1997年12月，现代运通的崛起标志着国内逐渐兴起电话预订酒店企业，现代运通2000年并入携程网，后者逐步发展成为中国最大的在线旅游企业。

在我国酒店管理软件高速发展的同时，高星级酒店的软件系统依然是国外软件的天下，1995年Fidelio进入香格里拉集团，9月Micros-Fidelio公司筹备中国代表处，是最早在国内设立分支机构的国外酒店管理软件企业，1998年又注册成立中国分公司，取名为上海富达，上海富达的成立是为了应对中国业务的高速发展。Fidelio逐渐成为国际酒店集团的标准系统，富达也签订了许多硬件服务商，李仲初在1998年建立的北京中长石基网络系统工程技术有限公司（以下简称“石基信息”）是其中最主要的一家，截至2001年，随着Fidelio系统在国内的普及，石基信息的系统集成业务在国内所覆盖的顶级酒店用户也已经接近100家，石基信息对中国酒店市场的深度积累及其与富达的密切合作，为石基信息在中国乃至全球酒店业的布局奠定了基础。

表 1-2　我国早期成立的酒店管理软件企业信息表

主要品牌 / 产品	公司名称	成立时间	代表人物
华仪软件	华仪软件系统工程有限公司	1987年	金国芬
泰能软件	北京市泰能计算机系统工程公司	1993年	倪源滨
西湖软件FOXHIS	杭州西湖电脑软件公司	1993年	杨铭魁
千里马软件	广州劳业电脑软件公司	1993年	郑南雁
华盛软件	大连华盛软件	1994年	常忠侠
中软好泰CSHIS	北京中软好泰酒店计算机管理系统工程公司	1995年	金士平
Fidelio	上海富达	1998年	—
中长石基	北京中长石基网络系统工程技术有限公司	1998年	李仲初

（3）2004年至2014年：随着互联网技术的发展，酒店电子商务、渠道管理逐渐登上舞台，酒店信息技术应用主要表现在以下三个领域：

第一，信息技术与酒店市场营销领域的结合开始萌芽，酒店电子商务产业进入发展期。运用互联网、移动互联网技术，可以帮助酒店实现更好的互联互通，提高预订和交易的效率，在线分销和直销发展起来。在分销领域，以携程、艺龙为代表的在线旅游企业（online travel agent，OTA）快速发展，酒店和酒店集团积极开展电子商务、客户管理，酒店预订逐渐从电话预订转化为在线预订，包括网站预订、APP预订、天猫旗舰店、微信公众平台（小程序）预订等。

第二，信息技术与酒店内部运营的结合持续深入并呈现出中国优势。在PMS领域，国外软件和国内软件呈现分化趋势——本土软件全面占领了本土酒店的市场，Opera PMS和Fidelio PMS则在外资酒店中占有率较高。2006年石基信息收购西湖软件并于次年在深圳上市，通过一系列的收购、并购、重组、开发等手段，从横纵两个层面介入酒店信息化产业——横向：从PMS到餐饮、集团预订、会员系统、支付、人力资源、财务管理等系列软件，提供了酒店信息化的完整解决方案；纵向：涉足从国际高星级酒店到经济型酒店。

与此同时，中国酒店管理软件也开始进入网络化的“云时代”，这一转型首先是从经济型饭店开始，以如家、汉庭、七天为代表的经济型饭店快速发展，基本采用自行开发、网络部署的模式，涌现出一批酒店SAAS①系统，有代表性的是绿云、别样红、金天鹅、稻田、番茄来了、客栈通、佳驰、住哲、罗盘等。这些系统通常采用“租用”的方式推广，随着国内经济型饭店、中档酒店、客栈民宿等产业的发展而同步扩张，中国PMS在云计算的应用领域已经追上全球的同行。

第三，信息技术与酒店服务和体验的结合，酒店智能化、智慧化理念出现。主要的领域开始于客房控制系统、智能控制等领域，在国内高星级酒店中应用较广。2000年7月建设部发布的《智能建筑设计标准 2000》（GB/T—50314—2000），明确提出了5A智能建筑的要求。2001年以瑞吉红塔大酒店为代表的高星级酒店，以提高工作效率、节约人力成本、加强经营管理，为客人提供安全、健康、舒适的入住环境为目的，按《智能建筑设计标准》开展智能化建设，是上海首家达到“甲级智能大厦”的酒店企业，该酒店在消防管控、能源管理等方面取得了良好的效果，综合能耗占营业收入的5%左右。2010年杭州黄龙饭店在进行改造时与IBM公司合作，首次提出“智慧酒店”的概念并将其作为改造的核心理念。2013年11月国家旅游局将2014年确定为智慧旅游年，2014 年 1月15日中国智慧酒店联盟成立，标志着国内智慧酒店的建设全面展开。

2020年3月起实施的《物联网智慧酒店应用平台接口通用技术要求》（GB/T 37976—2019），标志着我国酒店产业进入物联网应用的新阶段。在酒店产业与数字技术融合的过程中，中国已经在多个领域领先全球，如在线支付、新媒体推广、物联网应用、智能硬件普及等，这些技术将给酒店业带来深远的影响，推动酒店的产业变革和组织变革，例如：住宿新业态的出现、酒店门店—总部关系的变革等，引领酒店产业进入以数字为中心的新时代。

---

① SAAS 是 Software-as-a-Service 的缩写名称，意思为“软件即服务”，即通过网络提供软件服务。SAAS 系统互联网适应程度更好，非常适合酒店集团、旗下酒店的数据互通。

第三节 信息技术对住宿产业的作用与价值

在过去的几十年间，科技应用是酒店业增强专业性、提高生产力的重要手段。从内部看，计算机和信息系统改变了酒店、餐馆的计划、组织、领导和控制的方式，从外部看，信息系统和互联网改变了酒店集团、酒店预订代理商和酒店的合作模式。酒店信息化显著地改变了酒店业的运作方式乃至前台和后台的工作程序，酒店管理者不再依赖古老的房态控制显示架和钥匙柜。从潜在客户接触、开始预订，直到客户结清账目，酒店管理系统可以监控、记录和引导顾客和酒店之间的业务往来。

令人迷惑的送餐服务流程

酒店业与信息技术的结合是近50年来尤其是进入21世纪后最重要的行业推动力，这些变化一开始属于“量变”，逐渐积累为“质变”，不断推动住宿产业的进步，为住宿产业带来了巨大的优势价值，酒店信息技术可以按照功能类型划分和按照应用领域（部门）划分。

1. 按照功能类型划分

（1）酒店服务与信息技术：提高对客户服务的效率和质量，改进产品和服务。主要涉及预订、接待、在住期间服务、餐饮、账单、收银等方面，其目的是运用信息化提高服务效率、优化服务体验，主要包括酒店管理系统PMS、营业点系统POS、接口系统等软件和硬件，以及近年来发展的客房控制、物联网控制、酒店机器人等科技，本质上是为了解决“顾客来了怎么服务”的问题。这一领域的发展首先是基于对原有流程进行优化，逐渐过渡到重塑。在我国酒店发展过程中，服务是率先实施信息化的领域。以电话账单功能为例，曾经是酒店体验差、效率低的领域于20世纪90年代引入了酒店管理系统和程控交换机提高账单管理效率，随后借助数据接口实现电话自动计费、自动入账和自动叫醒等功能，最终借助移动支付、个人信用（如支付宝信用住等）实现了账单管理和支付管理效率的飞跃。在我国，服务领域是最早引入信息技术的部分。

移动互联网带来的预订变革

（2）酒店营销与信息技术：提高与客户互动的效率和质量，改进品牌和市场营销。主要涉及酒店的广告、品牌宣传、客户获取、会员体系、网络预订等，包括网络预订系统、中央预订系统（central reservation system，CRS）、集团会员管理系统（customer relationship management，CRM）、收益管理等，本质上是为了解决“顾客为什么来到酒店”的问题，该领域是欧美国家最早使用信息化的领域，且近年来发展最快。例如，预订服务，最初是每家酒店设立预订部，配备2～3名预订员提供电话服务，20世纪80年代末引入酒店管理系统提高预订效率，随后出现的中央预订系统和呼叫中心进一步提高了效率并实现了客户信息共享，进一步提高了预订效率和提升顾客体验。至21世纪初，许多经济型饭店已经取消预订部的设置，甚至总部也不提供电话预订服务，初步实现了预订自动化；在高星级酒店，预订也越来越多表现为在线预订，顾客可以通过手机应用程序APP、微信公众平台、天猫旗舰店等方式直观地看到酒店信息、照片，也可以直接进行预订和支付，甚至可以在入住前与酒店员工交流，选择所需的客房布置、个性化服务等。近年来，短视频、直播平台更是为酒店提供了更广阔的宣传手段。

酒店营销与电子商务的结合还催生了更深层次的影响，在使用互联网营销之前，酒店选址更重视位置、交通的便利性、视觉的可达性，酒店采用巨型招牌和品牌Logo来吸引顾客，并选择易记的电话号码以增加电话预订数量。进入互联网时代后，酒店企业在互联网上的信息完善程度（如石基收购的ICE Portal内容管理系统）、顾客点评情况（慧评、Review Pro等）、搜索引擎和OTA平台的排名、地图软件的标注信息等，在营销中的作用逐渐增强，酒店地理位置的作用被弱化，位置不好的酒店同样可以获得很好的流量。酒店网站和内容管理、网络点评和声望管理、搜索引擎优化、酒店渠道管理等内容成为酒店管理领域的新课题。

（3）酒店管理与信息技术：提高内部管理的效率和水平，改进内部管理。主要是酒店后台部门管理与信息技术的结合，包括人力资源、培训、财务、采购、工程、能源管理、办公自动化、资产管理等，本质上解决“酒店内部如何互动，提高运营效率”的问题，该领域的发展与酒店成本结构变化有关。早期酒店财务运作、采购成本较高，财务部门信息化发展很快，酒店信息部门也从属于财务部门。随着人力资源越来越占据更加重要的地位，近年来酒店网络招聘、人事管理和一卡通与门禁管理逐渐兴盛。例如，酒店人事管理早期主要采用档案管理的模式，考勤也是签字模式，随后逐渐发展到包括人事信息管理、排版与考勤管理、酒店内部一卡通与门禁管理等在内的一体化系统，提高了人力资源管理水平，近年来又发展出集团招聘平台、集团人力资源系统等，实现了从传统人事管理到集团层面人力资源规划的跨越。未来，信息技术将带动酒店组织架构的全面变革，酒店人力资源变革将以后台人员、管理人员为主，通过大数据、人工智能等手段替代预订、总机、基础性管理、人事管理、工程管理等，酒店人员数量和人工成本将明显下降。展望未来，中国酒店产业将进入成熟期，酒店翻新、资产管理、资产证券化将成为核心内容，基于BIM系统和物业维护层面的工程管理、资产管理系统将成为新的发展领域。

（4）信息技术与模式变革：改变行业运行逻辑，催生细分业态和商业模式。信息技术与酒店产业的结合一开始表现为运用信息技术对原有流程及模式的改进和提升，因量变积累而达到质变，新的公司、细分行业甚至新业态不断涌现。例如，酒店营销与电子商务的结合，一开始只是对原有营销模式的延伸和拓展，网络营销往往始于酒店集团和航空公司对自有产品的销售，20世纪50年代美国航空的SABER、20世纪70年代假日集团的HOILDEX、喜来登酒店的RSERATRON、希尔顿的HILHOT、华美达集团的ROOMFINOER莫不如此，其后逐渐过渡到销售更广泛的产品——以赚取佣金或者差价的GDS和OTA逐渐出现，新业态诞生。网络营销的崛起让酒店不仅可以在非核心位置选址，甚至可以在非常偏远的位置开展营销，从而带动度假酒店、客栈民宿、农家乐、共享房屋等新兴业态的出现，大住宿产业逐渐成形。

总而言之，随着信息技术的发展和酒店住宿业的变革，住宿业已经越来越展示出“信息密集型”的行业特征，信息技术与住宿产业在服务、营销、管理、模式领域的结合将不断深化。

2. 按照应用领域（部门）划分

（1）酒店管理系统PMS。基于计算机的业务管理信息系统被称为酒店管理系统，也可译为物业管理系统、前台管理系统。尽管各个PMS的构成有区别，但术语“PMS”通常被用来描述一套与前台和后台业务直接相关的信息系统，主要覆盖酒店的日常业务。PMS是酒店业最早运用的系统之一，据此实现了酒店主要业务的信息化，包括预订、接待、收银和客房的管理。

酒店管理系统PMS名字的由来和Opera总体解决方案

从全球来看，PMS并不是酒店业最早使用的信息技术，最早使用信息技术的领域是预订。1958年，喜来登酒店首次实现了自动电子预订系统并提供免费预订电话号码，10年之后的1969年，美国加州电子工程公司（electronic engineering co.，EECO）所属的ECI子公司开发了世界最早的酒店管理系统，实现了酒店内部业务的管理，该软件也称ECI系统或EECO系统，于1970年首先安装于夏威夷Waikiki的喜来登饭店（Sheraton Hotel）。在中国，PMS是酒店最早开展信息化应用的领域，用于解决一站结账问题。

早期的PMS是将酒店传统业务电子化的产物，看上去更像是将原有的纸质材料“替代”为更加信息化的电子信息，如入住登记单、消费明细、宾客档案、协议单位档案等，随着信息技术的发展，这种“替代”具备了越来越强的颠覆性，如Fidelio PMS最早将“基于房型代码售房”转化为“基于房价代码售房”的模式，将PMS营销、定价功能大大强化，为价格管理、收益管理、渠道管理等奠定了基础。随着PMS自身的发展和信息技术的发展，PMS逐渐从独立的软件转化为酒店综合管理系统，整合酒店内外设备和资源，实现了酒店客户、业务、服务、账务的一体化管理。

酒店管理系统PMS的功能

（2）营业点信息化和餐饮管理信息化。相对于酒店PMS的模块组成，餐馆管理系统（restaurant management system，RMS）的种类更多，所使用的计算机硬件更广泛。这里主要介绍酒店餐饮部门的管理系统。需要指出的是，由于中文翻译将POS[①]译为收银机，许多酒店人认为餐饮管理系统就是“点菜机”，是将客人消费计入PMS的简单系统，这样的理解大大缩小了餐饮管理系统的真正功能，将POS翻译为“销售节点”或“营业点”更符合其真实功能。

餐饮管理系统通过各种终端设备如普通计算机、触摸屏、平板电脑等，来获取客人的用餐信息，将其中的菜品信息传递至厨房，收入信息传递至收银台，在客人结账后，如果客人选择挂账或计入应收，则通过POS接口将费用传至PMS系统的顾客账务模块或应收账款模块，并将客人的喜好信息等传至PMS系统的客户资料模块。随着移动互联网的发展和智能手机的普及，餐饮系统的许多功能可以由顾客“自助”完成，如排队、点餐、结账、点评等。

在记录每笔业务的同时，餐饮管理系统记录了大量信息，可供餐厅经营者从多个角度分析经营情况。

① 菜品信息：每一道菜品、酒水的基本信息、价格等。

② 销售信息：菜品被点的次数、折扣、收入等。

③ 配方与原料信息：菜品和酒水的主料、配料和调料等信息，系统根据点单信息，计算各种原材料的使用数据。

④ 生产力分析：每位服务员的点单信息，分析每位服务员的工作时间、点单金额、毛利润等，每位收银员的收银笔数、金额等。

餐饮部门的信息化——餐饮管理系统POS

（3）市场营销信息化。酒店市场营销部的职员和宴会部的经理每天要花费大量时间来处理销售、记录和报表等信息，并依托历史数据进行预测和定价工作。如今在许多饭店，大多数这类耗时费力的工作已经可以通过科技手段完成了，大数据技术的运用让预测不再仅依赖历史数据，还可以运用相关分析，如通过数据分析发现机票价格上涨。

PMS具备很强的营销功能，销售员（销售协调员、销售经理、高级销售经理等）、预订员都能够及时获得客房存量信息——预订和取消预订在发生的同时被实时处理，这

① 在国内由于翻译差异，POS通常指两种产品：一种是销售节点（Point of Sales），即酒店各营业场所的收银营业点；另一种是信用卡（Credit Card）。刷卡设备，在这里仅指第一种产品。

一功能确保了每个预订员和销售员获得的信息是一致的。预订状态控制和客房存量控制的难点在于团队，团队订单的特点是金额高、成交率低、个性化需求多、资源占用多，多个销售员跟进不同的团队订单，当这些订单处于询价（inquire或prospect）、发送报价（pending）和临时（tentative）状态时并不占用客房和场地资源，只有当签订合同、收到保证金后订单状态变更为确定（definite）时，客房、会议室、宴会厅等资源才最终确定，这样的"竞争性"资源分配策略能够有效提高资源使用效率。PMS可以生成各种报表，以提供关于财务、预订、细分市场、取消业务和重要的营销数据的信息，提高酒店市场营销部人员的工作效率。

收益管理（revenue management或yield management），有时称"收入管理"是一套需求预测技术，用于决定价格是否需要调整（升高或降低）以及某个预订请求应该接受或者拒绝。收益管理的根本目的是使酒店利润最大化，应用的领域主要是客房，由于利润的计算过程非常复杂，而客房的毛利润非常高，所以通过收入最大化来近似得到利润最大化是一个简单的变通方法。有许多可以用于收益管理策略的方案，尽管收益管理中的单个计算数值可以通过手工计算获得，但这会非常难而且耗费大量时间。最有效的处理数据和生成收益统计数字的方法是使用收益管理系统。复杂的收益管理软件能够结合客房需求、客房价格和渠道管理等统计数字，设计出能够产生最高利润的产品组合。但需要注意的是，收益管理是酒店信息化的"高级部分"，收益管理所需的历史数据积累、产品预测模型等前提条件对酒店信息化程度提出了很高的要求，这也是收益管理在国际品牌酒店中大行其道，而在许多中小酒店收益管理难以见效的原因之一，"信息化的基本功"成为真正实施收益管理的重要门槛。收益管理的另一个趋势是大数据技术的引入，不仅可以参考酒店的历史数据，还可以参考相关行业的数据，如机票价格变化、景区订单等信息。

宴会软件（catering software）监控着会议、宴会服务有关的活动。多数通过宴会软件建立的文件所执行的功能与餐饮管理软件很相似。除了食品和酒水饮料的数据，宴会软件还涵盖了一些非食品的项目，如场地布置、服务设施、服务器具、制作设备、租赁设备等。宴会软件的功能越全面，宴会组织者就越能有效地组织大型宴会活动、外卖活动。

（4）酒店网络营销与电子商务。网络营销与电子商务是中国酒店产业近年来最大的变化，与以往变革发生在酒店内部不同，这一变革更多发生在酒店外部，其代表事件是以携程、艺龙、去哪儿为代表的在线旅行社的崛起以及美团、飞猪[①]等渠道商的发展。

---

① 尽管阿里巴巴飞猪平台和美团一直不承认自己是OTA，如飞猪给自己的标签是"新旅游平台"，美团自称"旅业平台"，但它们的商业模式依然是流量+佣金或交易差价的做法，故本教材依然将其归类为OTA。

网络营销的背景在于消费者习惯的变化，酒店的获客方式从原有的选址、招牌、预订电话、实体广告等转向互联网。

在互联网技术普及之前，酒店在交通要道、人流密集区域选址和投放广告，如机场、火车站、汽车站、商业中心（central business district，CBD）等，并且毗邻道路以吸引客源，酒店还需要一个好记的电话号码用来吸引电话预订。互联网技术普及后，酒店在网络上的“位置”成为重要的营销要素，随着互联网的发展，酒店吸引顾客的方式在持续变化，最开始是把互联网作为宣传平台而不是预订工具，通过网站宣传预订电话和电子邮箱地址，顾客通过电话或邮件方式进行预订；随着网络速度的进一步提升，网络预订逐渐普及，但由于在线支付功能的缺失，一开始以非担保预订为主，直到2015年中国逐渐普及移动支付后，担保预订才逐渐推广开来。

依然有不少传统酒店人持有错误观点，认为“携程不就是一个网站么”，这个观点在2005年前后还算正确，但在2020年属于严重的认知错误。互联网推动了酒店顾客行为、市场推广、销售模式、销售渠道、定价体系等全方位的变化，酒店网络营销成为一个非常复杂的体系，覆盖了顾客住前、住中、住后全流程，包括在线旅行社、在线差旅管理公司、网络点评、直联平台、搜索引擎等多种类型的企业。

互联网营销也经历了以下几个阶段：

① 1950—1995年，B2B阶段。万维网诞生前，个人互联网用户极少，酒店对计算机的使用局限在B2B领域，主要进行“网络预订商—酒店”或者“酒店集团总部—酒店”之间的信息传递。

行业链接

万维网、互联网

今天，互联网、万维网总被看作同一件事，也被经常互换使用，尤其在中国，由于互联网发展较晚，这两个词更是难以区分，其实从技术、发展角度来看，两者有很大的不同。

互联网是线路、软件等硬件和软件的集合体，互联网诞生于1968年，始于美国军方的网络工程，互联网上的主要服务有万维网（WWW）、文件传输（FTP）、电子邮件E-mail、远程登录（Telnet）等。

万维网是存在于互联网的一种服务，诞生于1991年，万维网的发明者是英国人蒂姆·伯纳斯·李，随后1994年网景浏览器出现，万维网和浏览器的表现是网站、网址、浏览器、多媒体等。万维网出现后，普通人可以使用浏览器（网景、Internet Explore、Safari等），通过网址和鼠标点击以简单地查询信息、浏览网页等。万维网大幅降低了互联网使用的难度。万维网诞生5年内，互联网用户从60万个上升到4亿个。

财务、工程等部门的信息化

② 1995—2005年，酒店网络宣传。万维网、浏览器陆续诞生后，普通人开始成为互联网用户，酒店开始使用互联网作为宣传工具，宣传酒店的网址、位置、服务和预订电话，最终引导顾客使用电话进行预订。酒店使用简单易记的网址、电子邮箱，其作用相当于酒店在互联网的“地址”。渠道是分类网站的排名，促销是在传统媒体、大网站投放广告。在此期间，1994年世界上第一个酒店综合名单网站 Travelweb.com建立，不久后，该网站又推出了直接预订服务。1998年Expedia、Priceline等专业的预订网站开始出现，1999年国内预订网站携程网、艺龙网建立。

③ 2005—2014年，网络搜索、网络预订。2004年谷歌、2005年百度上市，标志互联网进入搜索引擎时代。由于网站、网民数量的爆炸式增长，网站开始通过搜索引擎吸引更多使用者。在这一阶段，垂直搜索引擎开始出现，如Kayak和国内的去哪儿网。企业网络访问量需要强大的技术支撑和广告投入，酒店企业难以对抗OTA企业的流量争夺和佣金压力，双方矛盾愈演愈烈。

④ 2014年至今，移动互联网、社交媒体。2010年前后移动互联网、智能手机技术快速发展，提高互联网渗透率的同时，也大幅度提高了网络获客的成本（互联网企业的运营费用主要是开发、广告和网络建设，如2012—2014年携程的这部分成本最低占收入比60%左右）。但在在线旅游领域，2015年前OTA之间竞争激烈，这种成本提升并没有反映到佣金上，反而由于争夺顾客而对市场进行补贴降低佣金，2014年、2015年去哪儿的利润分别为−18.5亿元、−73亿元。2015年携程收购艺龙网、去哪儿网后，佣金暴涨不但是成本的真实呈现，也是在补充2012—2015年的经营亏损和收购费用。2020年前后，携程系佣金基本为20%～25%，美团大众点评系佣金为22%。

（5）财务管理信息化。在财务管理方面，主要包括收入模块、应付账款模块、薪资管理模块、采购与库存模块、固定资产和总账模块。其中的总账模块、应付和薪资通常由专业的财务软件提供（Infor FMS SunSystem是许多外资酒店所用的系统，国内酒店最常使用的是金蝶和用友系统），应收模块由PMS的应收账款模块生成数据，薪资数据由人力资源管理系统生成，财务管理软件控制账期和收款时间等。采购与库存模块的实现有两种方式：一是使用专业的酒店管理采购库存系统，如MICROS公司的MC（material control）系统和石基信息的PICC（purchasing inventory cost control system）；二是使用财务软件附带的采购与库存系统，如金蝶、用友系统附带的采购库存模块。

① 收入模块。收入模块监控着顾客账目的余额，收费账目是代表顾客确认的为购买酒店提供的产品和服务所支付的金额的总和。收费账目金额可以直接从酒店管理软件PMS转入或通过手工方式转入到财务软件。

当顾客没有采用现金或者支票支付款项，而是使用信用卡、团购、移动支付等形式，从收银员角度看，符合酒店财务规定的支付视同收银成功，从财务角度看，这些收入形式被归类为特权账户（City Ledger，英文直译为城市账户，很难解释，是很多国产软件中存在城市账户的收款方式的来源），特权账户中的收款需要财务部门的审核，不通过的收银退回至收银员处理，通过后才成为应收账款（account receivable，AR）。应收账款由财务部门进行收款活动，应收账款主要包括4类：

a. 普通应收账户：收款对象是某协议客户，根据市场营销部签订的销售合同收款，优质顾客会有信用额度和账期。

b. 信用卡：一种特殊的应收账款，收款对象是相应的支付公司或金融机构，酒店需要申请相应的收银设备，顾客刷卡支付后会计入该银行或金融机构的应收账户。

c. 团购：团购本质也是应收账款，收款对象是团购券的销售机构（如美团、饿了么等），当顾客使用团购支付时，收银员验证相应的团购码有效，系统计入该销售机构的应收账户。

d. 移动支付：移动支付类似于信用卡付款，是酒店与移动支付机构（如支付宝、微信支付等）建立应收账户，顾客移动支付成功后计入该机构的应收账户。

② 应付账款模块。应付账款模块跟踪采购、负债和酒店的财务状况。支付活动通常由过账供应商发票、确认费用总额以及打印付款支票组成。应付账款模块维护的3个主要文件是：供应商主控文件、发票登记文件、支票登记文件。

③ 薪资管理模块。在财务系统中，薪资主要处理员工的出勤时间、不同的员工福利、个人所得税、代扣以及准备薪资报表，这些工作的复杂性使得薪资管理模块成为财务系统的重要组成部分。同时，由于员工薪资计算的许多依据需要人力资源部门（human resource，HR）提供，所以薪资管理模块需要与人力资源管理软件配合使用。

④ 采购与库存管理模块。尽管采购和库存是不同的操作，但由于二者关系紧密，

所以通常使用同一软件来实施管理。采购管理模块对采购、订购、收货活动进行控制，通过从库存管理模块传送来的最小/最大库存量等数据，采购模块根据使用量、到货时间等因素建立一个订购点，并生成订单。

库存管理模块可以把几种内部控制和账务功能自动化。除了对库存状态、库存变化和库存价值进行跟踪，库存管理还对酒店物品的领用、发放等信息进行管理。

⑤ 总账模块。总账模块主要用于跟踪收入、支付以及现金情况并调整账目。除此之外，多数总账模块都可以从前台和后台模块中获取各种数据并生成财务报表，包括资产负债表、损益表和现金流量表等。

（6）人力资源管理信息化。网络招聘已经成为酒店业招聘的重要形式，它具有时效长、范围广、针对性强等特点，在酒店员工招聘，尤其是中基层员工招聘方面发挥着巨大的作用。移动互联网、社交媒体的发展给招聘注入了新动力，Linkedin领英、脉脉、BOSS直聘、大街网等招聘服务平台通过移动化招聘服务，力求打通应聘者与企业的直接沟通渠道。同时，随着智能算法的演进和大数据的发展，招聘行业的变革正在快速进行，智能聊天机器人、简历分析、测评分析、视频分析在技术的支持下有了更成熟的进展。

人力资源管理系统主要具备员工人事管理、工资计算、员工一卡通管理等功能。人事管理整理员工基本资料、员工休假、岗位设定等。工资计算则根据工资基数、国家税收、员工出勤与加班信息等数据信息，自动计算员工薪金并生成工资报表。员工一卡通将员工考勤、员工餐、门禁系统等整合管理，提高了内部管理效率。

酒店人力资源的另一个方向是移动学习、网络教育与培训，国际品牌酒店中应用较多，如希尔顿的在线网络大学，香格里拉与康奈尔网络学院合作的在线培训。随着国内酒店企业用人环境变化，该模式也逐渐在国内酒店集团开展，如首旅酒店集团和万达酒店与北京开放大学合作开展网络课程、学历教育。酒店通过互联网进行技能培训，并通过与高校、外部机构合作开展学历教育，既培养了员工终身学习的理念，也为企业留人、育人提供了更好的契机。

（7）楼宇自控、工程管理与能源管理信息化。严格意义上讲，楼宇自控（BAS）系统并非酒店专用，而是建筑技术与计算机信息技术相结合的产物，是指自动控制建筑物内的机电设备。通过软件，可以系统地管理相互关联的设备，发挥设备整体的优势和潜力，提高设备利用率，优化设备的运行状态和时间（但并不影响设备的工效），从而延长设备的使用寿命，降低能源消耗，减低维护人员的劳动强度和工时数量。随着酒店管理软件、客房控制系统的进一步发展，这些系统与楼宇自控系统逐步结合，形成了更广泛的融合趋势。

工程管理主要由三大模块组成，分别是基础信息、设备维修和能源管理。其中，基础信息记录酒店工程设备设施的各种信息，包括设备基本信息、安装信息、使用信息、维护信息等；设备维修主要用于工程维修的任务接收、分配、控制及耗材管理等，实现了工程部流程的信息化；能源管理主要用于酒店对整个酒店及各个部门的水电油煤等能耗的记录、分析等，目标在于实现酒店能耗的管理和控制。物联网技术发展以后，传统人工抄表逐渐被智能水表、电表所取代，从而实现了更精确地控制和数据采集，为绿色饭店提供了技术支持。

此外，还有两项技术逐渐在酒店得到推广应用：一是客房智能控制随着移动互联网、物联网技术的发展而普及，进一步提升了顾客体验；二是机器人技术逐渐被酒店所认可和应用。

（8）酒店集团—酒店职能划分。除了上述的按部门划分应用领域，信息技术和互联网还带动了酒店集团内部的组织变革，即越来越多职能从酒店剥离，一部分职能集中到总部，另一部分被互联网所取代。例如，服务质量管理，在使用信息技术以前，在大型酒店中设立质检岗位，质量控制职能在酒店层面完成；使用信息技术后，酒店集团采用电子邮件形式进行顾客满意度调查，质量控制职能上移到酒店集团；近年来则通过OTA网络点评、网络口碑、大数据技术实现质量监控，这一职能进一步专业化。酒店信息管理部门也历经了变革，在使用信息技术前，酒店没有信息管理部门，引入信息技术初期，其主要职能是传统数据的电子化，该部门称为电子数据处理（electronic data processing，EDP），属于财务部门的组成部分，还承担软件开发和网络维护等职能，人员较多；随着PMS系统和网络技术的不断完善，逐渐转型为IT部门；近年来由于云计算技术的普及和网络营销的发展，IT部门职能又从系统维护转向决策支持和网络营销领域，最终表现为酒店信息部门职能弱化，酒店集团信息部门大幅提升。

互联网对酒店产业的根本变革

行业链接

无人酒店、机器人酒店与数字化酒店

近年来，一些酒店使用机器人服务，甚至实现无人服务的新闻不绝于耳，如2016年在日本出现的机器人酒店，使用机器人进行接待、收银、搬运行李甚至清扫的工作，2018年阿里巴巴推出无人酒店，试图用信息技术取代服务

人员，但这些酒店都生意一般。如何理解这一现象？技术取代人工是否大势所趋？

一项工作是否能被技术取代，与标准化程度有关，当一种服务、流程的标准化程度越高，就越容易被信息技术替代。根据已有经验，信息技术会先取代简单工作，如预订、点餐、收银等，之后逐渐替代复杂工作，如采购、定价、成本控制等。运用信息技术和互联网来取代管理人员而不是服务人员，当酒店大部分管理职能可以通过数字化、信息化来进行，我们将其称为“数字化酒店”。

结合酒店产业的收入结构，在酒店一个服务人员的收入只有管理人员的几分之一，替代1个经理等于3个员工，1个总监等于5个员工，1个总经理等于20个员工。从另一个角度来理解：在未来酒店，信息技术更适合用来取代部分脑力劳动者，而不是试图取代所有体力劳动者。

总之，信息技术可以用在酒店的各个领域，既可以改善顾客体验，也能够控制采购成本，既可以提高员工满意度，又能够降低能耗支出，甚至可以用来提升员工士气和凝聚企业精神、彰显企业文化，包含范围非常广泛。酒店选择信息化的关键不在于技术，而在于依托信息化，构建和完善酒店的商业模式和工作流程，其最终目的是服务于顾客、酒店和员工。信息化战略应当是酒店整体战略的一个组成部分，应当在酒店整体战略的指引下制定和实施，而实施信息化的目的必然是为了酒店总体战略目标的实现，而不是单纯为了追求技术的先进性。在中国酒店业发展的道路上，运用信息化手段成为重要的突破领域。

随着中国经济、社会和科技的发展，在酒店产业出现了两种趋势：一是人力资源成本越来越高，信息技术成本越来越低；二是酒店产业进入集团化、连锁化发展阶段，酒店集团规模越来越大。走信息技术路线扩张的企业边际成本递减，靠人海战术扩张的企业边际成本递增，这两个趋势决定了酒店产业拥抱信息技术、拥抱互联网的必然性。

案例分析——数字酒店及其未来

案例
从取代员工到取代管理者——数字酒店的未来畅想

近10年来，信息技术与酒店产业的结合持续深化，从2010年的黄龙饭店到2016年日本开业的机器人酒店，再到2018年阿里巴巴的无人酒店，“智能酒店、智慧酒店、无人酒店、数字酒店”始终是行业热词，但过去10年中，酒店企业更倾向于用技术取代“底层员工”，如今一种新的模式——“用信息技术取代管理者”正在孕育。

> • 知识链接
> 前厅部将越来越从“办理手续”的部门转化为“顾客关怀”“情感交流”的社交场所，而前厅部流程通过营销的在线化、入住退房手续无纸化、无现金等提高效率。

2030年1月1日，× 酒店是北京市一家连锁的全服务五星级酒店，平均房价3 000元，revPAR（酒店经营指标，每间可用房的平均房价）2 400元，酒店共有200间房，全职员工36名，包括4名管理者：1名总经理，客房部、前厅部、餐饮部经理各1名；市场营销部8人、客房部8人、前厅部8人、餐饮部8人。酒店没有人力资源部、财务部、采购部和工程部，但该集团总部依托了强大的信息技术实现了精细化管理。

王经理是酒店前厅部经理，一位前台接待员提拔到了集团的另一家门店做前厅部经理，王经理需要招聘一位新的前台接待员，他就把原来的招聘信息发到了职业社交媒体和行业招聘网站领英、脉脉、最佳东方、BOSS直聘等网站，几位同行推荐了3位合适的人选，通过筛选工作经历尤其是圈内人认可这项功能，她圈定了2位备选人，通过远程视频面试，王经理初步确定了李想，分别与总经理和李想通过电话后，王经理在线为李想办理了入职。李想的信息审核与背景调查、合同签订与上传、人事信息办理、工资审核等步骤完成后，王经理告诉李想可以提前看一下在线的入职培训，另外注意支付宝的收货地址，这几天外包的服装厂就会把李想的工装快递给她。李想的岗位是前厅接待，所以每月可以在家附近干洗工装1次，当然，也可以挂在酒店干洗间中，而两种方法清洁程度一样，都是同一家外包洗衣公司收集并洗涤。最后王经理还告诉李想两件重要的事情，一件事是如果支付宝变更的话，要和酒店报备，以免影响工资发放，发放时间每月固定，但具体金额不确定——作为前台接待，每一次入住、结账，每一个顾客的满意度调查都和收入有关，但计算方法是集团核心商业机密。另一件事是建议李想重视培训，李想现在是专科学历，而参加 × 酒店的每一次培训都可以置换学分，通过与开放大学的“工分—学分”互换体系，差不多3年左右可以在学分银行存上40学分，再加上一些理论课程就可以“专升本”了，根据集团的政策，拿到毕业证后可以全额报销学费。

1 月 6 日是李想上班的第一天，她身着合体、刚刚熨烫过的西装，胸前 3D 打印的名牌闪闪发光，“3 号收到了工装，还附带了一张附近干洗店的熨烫券”。看来优秀的企业都很注重细节，“120 间房、170 人的退房和 100 间房、120 人的入住，有 10 位 VIP 入住——2 位白金会员、4 位金卡、2 位银卡，还有 2 位是重要协议单位的 CEO”。李想有点害怕，根据以往的酒店工作经验，需要 5 个人，而这里只有 2 个前台接待员在上班。

王经理看出了李想的担忧：“不要害怕，今天需要办理登记入住和退房的人不会超过 20 个。300 人中团队 100 人，他们收回房卡后，系统会账单核算和结算，自动发送电子发票；散客中 80% 会手机自助入住、手机或智能手表开门，VIP 房卡已经做好，我会亲自为他们做房间登记入住，只有 10% 左右的顾客需要你办理入住手续。”

“那退房的顾客呢？”

“普通顾客是不会来前台退房的，手机可以退房并会有额外的积分奖励。VIP 的退房我会和总经理一起送他，不需要麻烦你。”

随后李想开始工作，她工作的地方并非前台，甚至连个台子都没有，她工作的地方更像大堂，一台 iPad mini 和各种小食品、小礼物是她的主要工具，在和顾客交流的过程中就完成了入住办理。全部环节没有纸张、现金和发票的交互，一方面是低碳环保的要求，另一方面是 2020 年新冠疫情以后，“无接触服务”也成为越来越多顾客的选择，电子账单、移动支付、电子发票、在线满意度评估越来越流行。

在客房服务方面，顾客可以在入住前与酒店沟通，提出个性化的要求，会员可以在多种项目中根据级别选择，果盘、额外的茶水套餐、精品洗漱用品是点击率最高的项目。除了 VIP 顾客的客房有查房服务，其他客房将在清洁后分配给顾客，这并不会降低客房清洁的品质——顾客的点评与客房服务员的收入紧密关联，顾客点评替代了大多数的查房，设备设施的损坏也会直接反馈至客房部和外包工程团队。

除了对客服务的一线部门，财务、人力资源的整合最为明显，财务部门中，移动支付、电子发票的使用简化了收入审计，集团采购平台取代了采购，IT 部门的维护职能部分被取消，剩余的进入总部。人力资源的人事管理职能在信息化大幅度增强后并入集团，培训中部分内容被电子化，部分内容通过与高校合作成为学历课程，“培训经历和工作经验兑换学分，攒够学分可以拿学历”的模式有效提高了培训效果。

最后是营销部，电话预订已经消失，顾客全部通过 APP、网络预订，预订部被取消，而定价职能通过人工智能化的收益管理系统来实现。

自我评估

一、选择题

1. PMS是词语（　　）的缩写。

A. property management system　　B. play management system

C. person management system　　D. pie management system

2. 在国际上，酒店业最早使用的信息技术的领域是（　　）。

A. 酒店预订　　B. PMS 系统　　C. 采购系统　　D. 结算系统

3. 在我国，酒店业最早使用的信息技术的领域是（　　）。

A. 酒店预订　　B. PMS 系统　　C. 采购系统　　D. 结算系统

4. 在国际上，酒店业最早使用的PMS的是（　　）。

A. Opera PMS　　B. HIS　　C. ECCO　　D. Windows 系统

5. 某酒店自开业以来，由于管理不善，长期处于亏损状态。为改善管理，管理方投入巨资对酒店的PMS系统进行了更新，更换为先进的Opera4.0系统，但酒店依然未能扭亏为盈。以下方法中最有可能使该酒店扭亏为盈的方案是（　　）。

A. 提高管理水平，控制成本　　B. 停止使用任何系统

C. 更换更先进的 Opera 5.0 系统　　D. 更换更为廉价的国产 PMS 系统

6. 酒店管理系统PMS是酒店经营的重要基础软件，其中不属于PMS系统的是（　　）。

A. Opera PMS　　B. 西湖软件　　C. 绿云软件　　D. Windows 系统

7. 餐厅菜品价格调整是酒店餐饮管理的重要工作，在酒店信息系统中，该功能通常包含在（　　）中。

A. 前台管理系统　　B. 营业点系统　　C. 销售与宴会系统　　D. 采购库存系统

8. 应收账款是酒店财务管理的重要工作，在酒店信息系统中，顾客收费信息从（　　）中获取。

A. 前台管理系统　　B. 营业点系统　　C. 销售与宴会系统　　D. 采购库存系统

9. 部门物品领用是酒店财务管理的重要内容，在酒店信息系统中，该功能通常包含在（　　）中。

A. 前台管理系统　　B. 营业点系统　　C. 销售与宴会系统　　D. 采购库存系统

10. 信息技术和互联网思维，对于酒店经营可以起到什么样的作用（　　）。

A. 增加营业收入　　B. 降低成本　　C. 提高顾客满意度　　D. 以上全是

二、拓展思考

1. 酒店实施信息化和数字化转型，主要的目的有哪些?

2. 结合对酒店的了解进行讨论和分析，在未来，酒店哪些岗位被信息技术取代的概率最大?

第二章

酒店管理系统

学习与素养目标

1. 理解酒店管理系统（PMS）的定义、功能和使用范围，理解 PMS 四大功能与酒店资源之间的关系（顾客、客房、账务、业务）
2. 熟悉常见酒店管理系统功能、品牌，能够结合酒店经营特点进行系统选型
3. 了解前厅、客房领域最新发展趋势，建立运用信息技术，解决管理问题的思维方式，强化互联网思维

导入任务

通过实地走访、实习期间调查、网络调查等方式，了解周围酒店所使用的酒店管理系统（PMS）的品牌和功能，通过分组讨论等方式分析这些系统在功能上有哪些相似之处。

一个基于计算机的业务管理信息系统被称为酒店管理系统，也被翻译为物业管理系统、前台管理系统。尽管各个 PMS 的构成有区别，但“PMS”通常被用来描述一套与前台和后台业务直接相关的信息系统，主要覆盖酒店的日常业务。PMS 是酒店业最早实现信息化的部分之一，是酒店信息系统最重要的组成部分，借此实现了酒店主要业务的信息化，包括预订、接待、收银和客房的管理，尽管目前可以看到的 PMS 系统很多，但 PMS 的核心功能可以概括为五大功能：客户（资料）管理、客房管理、业务管理（散客业务和团队业务）、账务管理和接口管理，这五大功能可以看作是酒店核心资源在信息系统中的映射，功能之间的关系，如图 2-1 所示。

酒店管理系统（PMS）

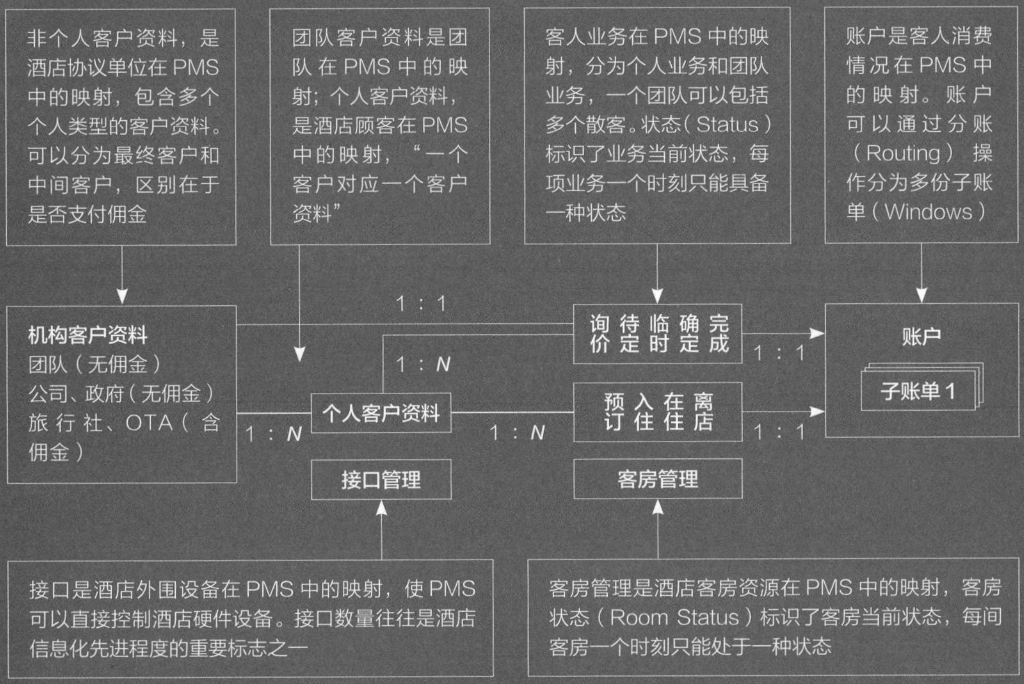

图 2-1　PMS 核心功能与酒店服务和管理关系描述

第一节 PMS的发展历程与未来展望

一、PMS在国外的发展情况

1987年诞生于德国慕尼黑的Fidelio PMS①是一个划时代的产品，引入了20世纪80年代逐渐完善的客户关系管理和收益管理思想，Fidelio标志着酒店管理系统从“以流程为中心”到“以客户管理为核心”的变革，将渠道、市场细分、价格管理等功能引入作为PMS，确切地说，Fidelio更像是一个营销系统，而非简单的业务系统。在这样的先进思想加持下，Fidelio被酒店行业所认可，20世纪90年代后期成为全球占有率最高的酒店管理软件，第一次让全球大多数酒店集团有了统一的软件系统。20世纪90年代末，美国MICROS公司收购Fidelio公司，MICROS的主要产品是POS收银设备，应用于酒店、餐厅、零售等行业，收购Fidelio后将PMS与MICROS POS捆绑销售，获得了巨大的竞争优势和业绩增长，逐渐成长为全球零售、餐饮、酒店等产业软件的霸主。MICROS很早就认识到数据标准对酒店行业的价值，大力支持美国饭店协会（american hotel and motel association，AH&MA）进行基础研究，于2000年4月推出了名为HITIS（酒店业技术融合标准）的数据标准（图2-2），包括客户资料、预订、集团预订、接口等部分，第一次实现了酒店产业各种系统、设备之间的互联互通，并在这一标准基础上推出了Opera酒店管理系统。Opera对比Fidelio最大的改进在于对酒店集团化和网络化的改进，在最新的Opera 5.0版本中，Opera已经成为包含10个模块的Opera企业解决方案（opera enterprise solutions），提供了收益管理、渠道管理、分销管理、集团客户信息管理等功能（图2-3），更适合信息时代和互联网时代集团化酒店的运作方式，但在基本功能方面Opera PMS系统对比Fidelio系统功能并无变化，依然沿用客户资料管理（profiles）、业务管理（reservation、front desk）、账务管理（cashiering）、客房管理（rooms management）和接口管理（图2-4）。

从2000年到2020年，Opera系统从V1版升级到V5版，但背后的HITIS 数据标准没有变化，Opera出现了两项疏漏：一是在移动互联网、云计算领域技术突破不大，具体表现在对移动支付、团购、微信预订等功能推出迟缓；二是随着Opera功能的加强，软件变得越来越庞大，在速度和兼容性方面表现不好。这两方面的疏漏给竞争对手留下了机会，尤其是2014年6月美国甲骨文公司（ORACLE）收购MICROS，导致一系列的竞

① 最早推出的 Fidelio 包括两个部分，PMS 酒店管理系统和 S&C 销售与宴会管理系统，随着 Fidelio 逐渐发展，目前的 Opera 已经发展为包括 10 个组件的大型软件系统。

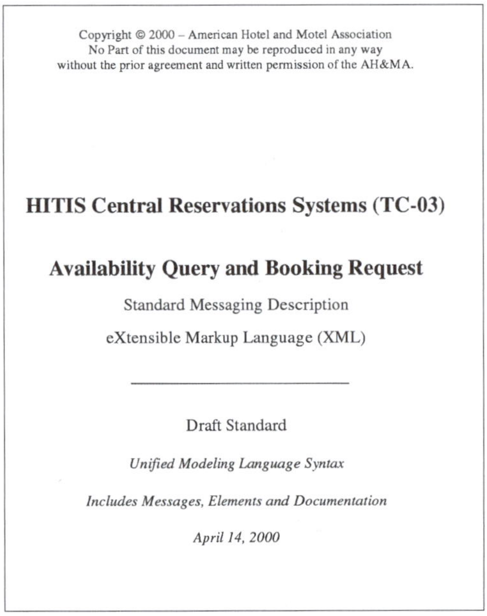

Copyright © 2000 – American Hotel and Motel Association
No Part of this document may be reproduced in any way
without the prior agreement and written permission of the AH&MA.

HITIS Central Reservations Systems (TC-03)

Availability Query and Booking Request

Standard Messaging Description

eXtensible Markup Language (XML)

Draft Standard

Unified Modeling Language Syntax

Includes Messages, Elements and Documentation

April 14, 2000

图 2-2　HITIS 数据标准让酒店内外部数据互通成为可能，是 Opera 系统的基石

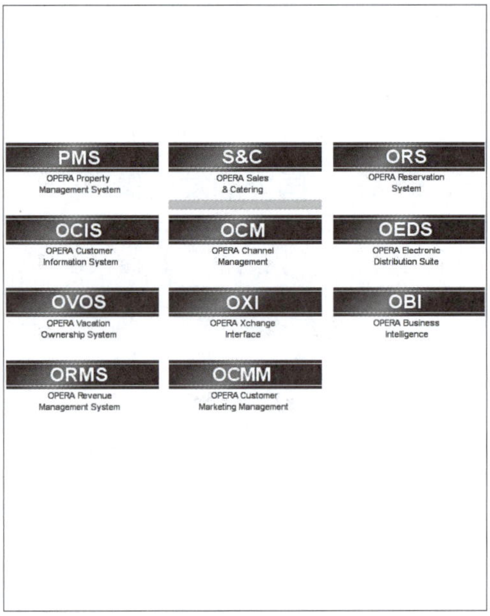

图 2-3　Opera 已经不限于 PMS，而成为 Opera 企业解决方案

图 2-4　Opera PMS 系统在基本功能上沿用 Fidelio PMS 的内容

争对手出现，如曾经推出HIS的美国饭店业资讯系统有限公司（HIS公司2009年被美国Infor公司收购，Infor是世界第三大企业软件供应商），推出新的HMS系统，另外是新组建的一系列公司，如德国的Hetras、美国StayNTouch等，这些新产品均以移动互联网、云计算作为主要突破点，Opera垄断近20年的高星级酒店PMS市场地位出现变局。

二、PMS 在中国的发展情况

在中国市场PMS发展呈现分化格局，国外软件占据高端市场，其余市场由国产软件控制。20世纪80至90年代EECO、HIS、CLS、Logistix百花齐放之后，20世纪90年代后期至2020年，MICROS先是在上海设立分公司，后通过石基信息代理经营中国市场，2003—2017年石基信息独家代理MICROS全部产品，Fidelio和Opera一直独占国内高星级酒店，尤其是外资连锁酒店市场。石基信息也依托庞大的中国酒店业市场，一面代理MICROS产品，同时持续开发和收购自有产品，逐渐成长为全球第二、亚洲第一的酒店信息化解决方案企业，2014年9月阿里巴巴与石基信息达成股权合作。也许是感受到石基信息独占中国市场带来的弊端，甲骨文于2017年11月结束了石基信息独家代理Opera的局面，授权杭州绿云软件有限公司将分销、实施和支持Fidelio及Opera产品，而石基信息则于2020年3月1日宣布与甲骨文的合同自5月31日到期后不再续约。

行业趋势：用平板电脑办理入住

在国产软件领域，自20世纪90年代以来，国产软件始终主流市场，最早一批国产软件，如西湖软件、华仪、华盛（中软好泰前身）、千里马等开发多以国外软件作为原型，其中Logistix和CLS是被学习最多的软件——Logistix是我国第一家五星饭店广州白天鹅的管理系统，而CLS是少数能够获得源代码的国外酒店管理系统。这两个软件的开发均以流程控制为中心，决定了早期国产软件也学习了这一特点。直到20世纪90年代后期Fidelio进入中国，国产软件参考Fidelio对产品进行完善，在客户管理、业务管理等进步明显，但国产软件并没有完全实现“基于价格可用性销售”的系统架构，在价格管理、团队管理、渠道管理等方面依然有较大的差距，2006年石基信息购买Fidelio V7源代码版权，与MICROS公司共享版权，2009年在此基础上推出Sinfonia，2016年推出Cambridge康桥云酒店管理系统。

国产软件的另一个发展领域始于2000年以后经济型饭店的发展，如家、汉庭、七天均自行研发PMS系统，这些系统均采用云管理的模式，逐渐发展为PMS的另一个分支，一部分为新建企业，如绿云、别样红、金天鹅、罗盘、住哲等，另一部分为原有PMS厂商的经济型饭店版本，如西湖软件、中软均推出了经济型饭店的版本。到2020年，我国中小型酒店已经基本普及了PMS管理，基于网络的云PMS成为主流。

第二节 客户资料管理模块

顾客是酒店产业最重要的资源，客户资料管理模块维护了酒店顾客的信息，客户资料管理模块是酒店管理系统的基础。预订操作、入住操作、收银与账户操作均以客户资料作为对象，同时客户资料也用来记录顾客信息和消费情况：一方面让酒店可以打造个性化服务，提高酒店服务质量，另一方面可以评估顾客（包括个人和组织）的消费能力和利润贡献，实现对顾客的分级管理。在早期PMS中，流程是系统的核心，而随着酒店产业“以客户为中心，以市场为中心”理念的发展，客户管理越来越成为PMS的核心。

客户管理——现代 PMS 最核心的模块

从单体酒店角度看，客户资料记录了酒店顾客的重要信息，包括以下内容：

① 基本信息，如姓名（公司名）、地址、联系方式、会员信息等，以静态信息为主。

② 业务信息，如顾客过往预订、历史消费金额等，其本质是对顾客的业绩贡献进行统计，以动态信息为主。

③ 消费偏好信息，如顾客喜欢入住的房型房号、喜欢的朝向、餐饮信息等。

客户资料操作与酒店服务和管理的关系，如图2-5所示。

除了个人类型，客户资料中还包括多种“组织”类型，公司是其中最常用的类型，实践过程中，公司、学校、政府、非政府组织等均计入该类别——这些都是消费者和最终客户，价格和服务质量对顾客选择具有决定性的作用，与之相对的是旅行社、预订代

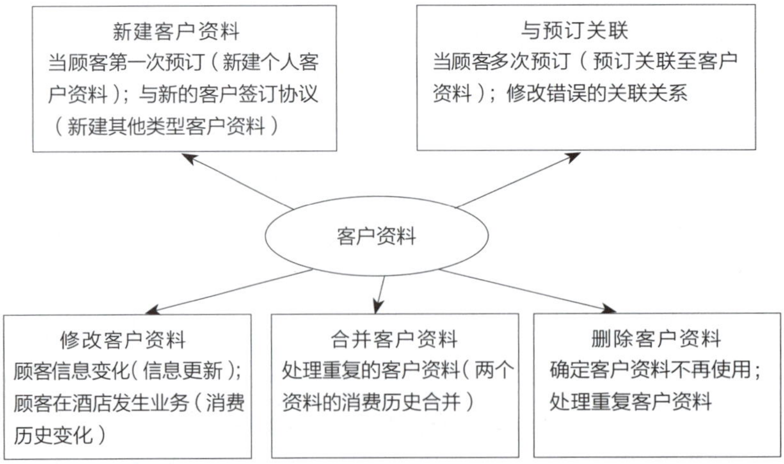

图 2-5　客户资料操作与酒店服务和管理的关系

理商属于中间商，佣金对顾客选择具有决定性作用。公司类型的客户资料中记录了顾客的基本信息（图2-6），每当顾客与酒店发生业务往来时，业务信息被记录在顾客资料中，交易历史不但记录了每一笔交易，也统计每一位顾客的消费金额、客房价格、总收入等信息，为进一步开展销售活动提供依据（图2-7）。

随着酒店集团化的发展，尤其是互联网、大数据、云计算技术的进步，除了用于内部管理，PMS中的客户资料功能也成为酒店会员管理的基础，从本质上讲，会员管理

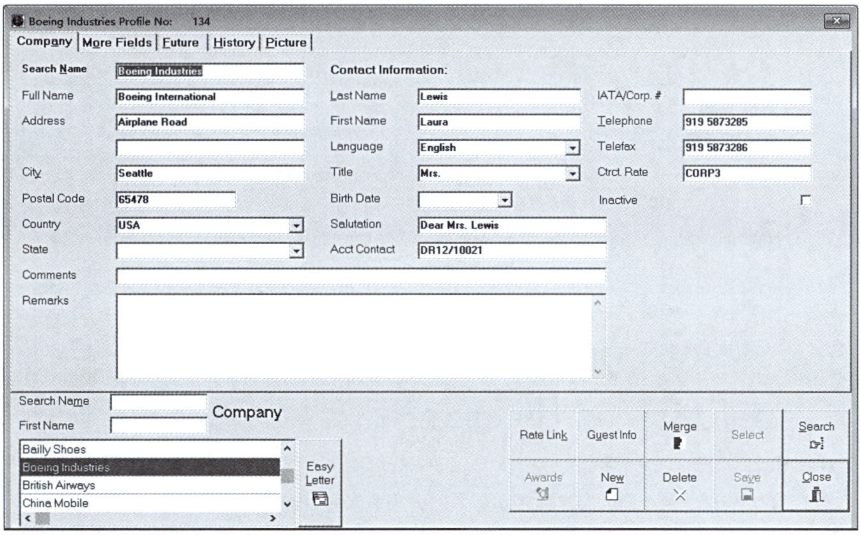

图 2-6　PMS 的客户管理——公司类型顾客基本信息（Fidelio 系统）

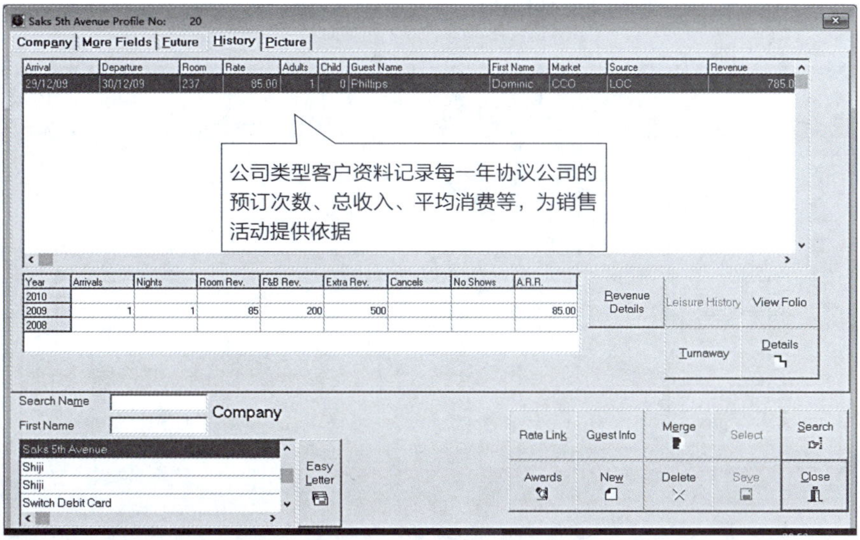

图 2-7　客户管理中也记录了客户的统计信息——Fidelio PMS 系统

就是增加了积分、优惠、奖励、会员级别等功能的“动态”的客户资料。会员管理、客户资料的管理层级也逐渐上移到酒店集团，构建集团CRM系统（customer relationship management，客户关系管理）数据库，如图2-8所示。在这样的变革中，集团CRM客户数据并非每个门店数据的简单“堆积”，而需要进行顾客识别，将顾客在多个酒店的业务数据进行汇总统计，计算出顾客对酒店集团的业绩贡献，最终确定顾客级别，需要非常专业的系统来实现（图2-9）。这一过程的难点在于识别顾客，以往主要是用身份证号码、护照号码来识别，随着移动互联网技术的发展，手机号码逐渐成为标识顾客的主要方法。

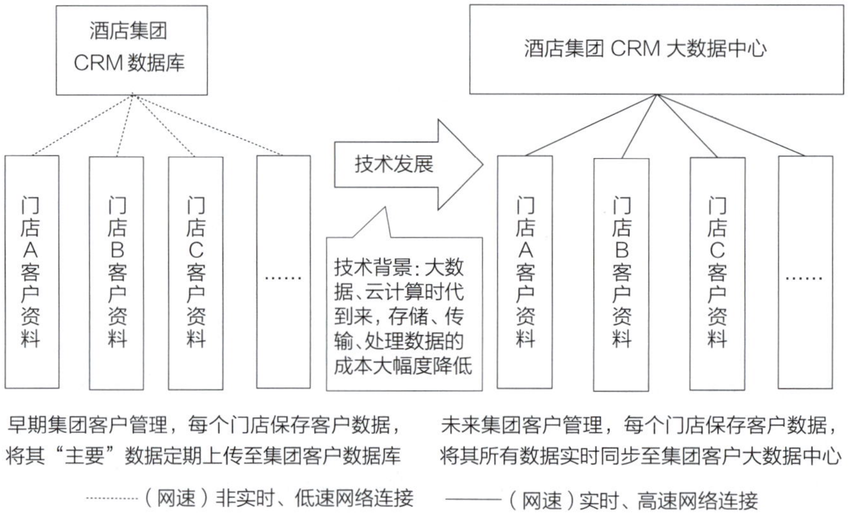

图 2-8　酒店集团客户管理体系的变化趋势

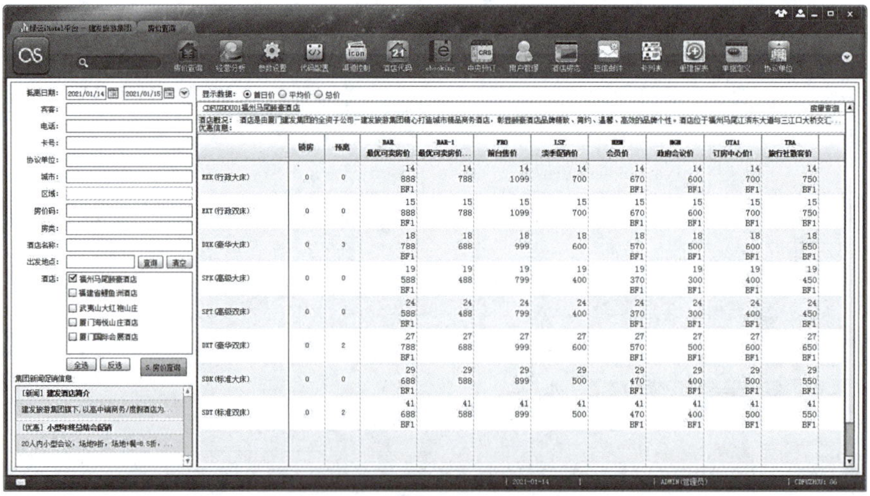

图 2-9　酒店集团的 CRM 系统可以看作多个门店客户数据的“汇总”

第三节 业务管理模块

一、散客业务管理

在PMS中，业务管理就是处理酒店对客服务流程，是顾客住店流程在PMS中的映射，主要包括散客业务和团队业务。散客业务分为预订、入住、在店、离店等阶段，客人状态（Status）标示了客人当前业务状态，每个业务的状态是唯一的，如图2-10所示。

业务管理——顾客状态与酒店操作

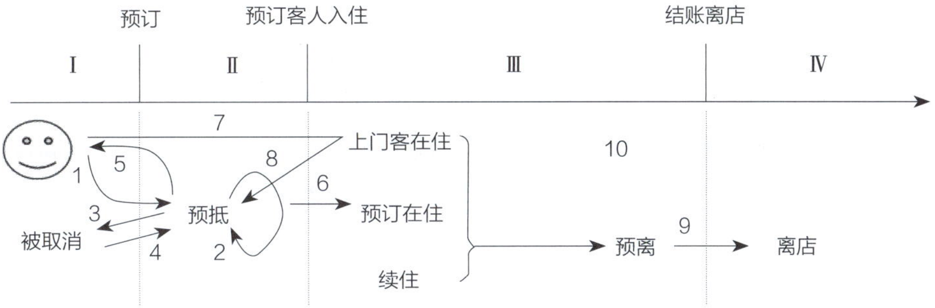

图 2-10　酒店散客业务流程与客人状态之间的关系

酒店根据顾客与酒店业务的进展，将整个散客业务流程分为4个阶段：

① 无业务阶段：客人尚未与酒店发生业务。

② 预订阶段：酒店为办理客人预订之后，客人初始状态为预期到达（预抵，Expected），当临近顾客预订日期时，状态变更为（当日应到，Due In），预订后可以进行修改、取消操作，如果预订日未入住，则进入应到未到（No Show），No Show数据是酒店制订超额预订策略的重要依据，是收益管理的重要指标。

③ 在住阶段：酒店为客人办理入住手续，如果是预订客人入住，客人状态为预订在住（Checked In）；如果无预订客人入住，客人状态为上门客在住（Walk In），客人延长在店时间被称为续住（Extended）。到达客人预期离店日（即离店日期等于当前日期），客人状态为预期离店（Due Out）。

④ 离店阶段：酒店为客人办理离店手续，预离（Due Out）客人应使用结账离店功能办理；在住（Checked In或Walk In）客人应使用提前离店（Early Departure）功能

办理。完成操作后，客人状态为离店（Checked Out），如果客人使用现金、支票支付，客人账户为结清状态，收入在收银员日结时交至财务部或者投入酒店收银保险柜，如果客人选择挂账（City Ledger），则费用转入应收账款（Accounts Receivable，AR），由财务部完成后续工作，信用卡收入由收银员提交刷卡单据，由财务部联络发卡行获取收入。

图2-10中，操作1～10的含义如下：

（1）新建预订（New Reservation）：为客人完成新建预订操作，PMS五大模块分别完成以下处理（表2-1）。

表 2-1　PMS 五大模块与新建预订操作的关系

功能模块	实施处理
客户管理模块	客户未来业务（Future）中记录顾客预订
业务管理模块	增加客户新预订，预订初始状态为“预期到达”（Expected） 当临近顾客预订日期时，状态变更为（当日应到，Due In）
账务管理模块	为新预订开立账户，便于收取预订保证金和入账操作
客房管理模块	如果提前为客人分配房间，客人入住当日将客房状态修改为“预抵”（Due In）
接口管理模块	预订网站接口获取预订信息，将信息直接输入PMS 调用信用卡接口完成信用卡担保预订操作 调用E-mail接口发送预订确认函、顾客账单等信息

（2）预订修改（Edit Reservation）：对预订信息修改后，预订状态依然保持“预期到达”（Expected）。

（3）预订取消（Cancel Reservation）：对于预期到达（Expected）状态的预订，预订员可以使用取消预订操作，预订状态由“预期到达”（Expected）变为“被取消”（Canceled）。

（4）预订激活（Reactivate Reservation）：对于处于“取消”状态的预订，预订员可以使用预订激活操作，预订状态由“被取消”回到“预期到达”（Expected）。

（5）预订删除（Delete Reservation）：对于误操作而产生的预订，预订员可以使用预订删除将其删除。删除预订与取消预订的区别在于：被取消的预订依然可以在系统中找到，该预订可以重新被激活，而被删除的预订则在系统中无法找到。

（6）预订客人入住（Check In）：入住操作完成后，客人状态由“预期到达”（Expected）变为“在住”（Checked In）。

（7）无预订客人入住（Walk In）：入住操作完成后，为“在住”（Walk In），入住操作与PMS五大模块的关系，如表2-2所示。

表 2-2 PMS 五大模块与入住操作的关系

功能模块	实施处理
客户管理模块	如果顾客正常入住，客户信息中业务量增加，如顾客未入住，将顾客标记为“No Show”
业务管理模块	预订状态由“预订”（Expected、6pm[①]、Deposit等）修改为“在住”（Checked In或Walk In）
账务管理模块	将住店客人账户设为激活状态，便于收银和结账操作
客房管理模块	将客房状态由“空净”（Vacant Clean）修改为“在住净”（Occupied Clean） 夜审后，将所有在住客房由“清洁”（Clean）修改为“脏”（Dirty） 当客人成为预离（Due Out）状态时，将客房状态修改为“预离”（Due Out）
接口管理模块	调用信用卡接口完成信用卡预授权操作 调用门锁接口制作钥匙 调用电话交换机接口开启电话权限、进行电话计费、叫早服务等

（8）取消入住（Cancel Check In）：取消入住完成后，客人状态由“在住”（Checked In）变为“预期到达”（Expected）。另外，无预订入住客人（Walk In）客人取消预订后，客人状态由“无预订入住”（Walk In）变为“预期到达”（Expected），也就是说，从状态上来看，取消入住操作会让无预订客人变为有预订。

（9）结账离店（Check Out）：是指客人在预订离店日期离店，也就是状态（Guest Status）为预离（Due Out）的客人的离店操作。操作完成后，系统将客人状态由预期离店（Due Out）修改为离店（Checked out）。

（10）提前离店（Early Departure）：是指客人早于预订离店日期离店，也就是状态（Guest Status）为在住（Checked In）或者无预订入住（Walk In）的客人的离店操作。操作完成后，系统将客人状态由在住（Checked In或Walk In）修改为离店（Checked out）入住操作与PMS五大模块的关系，如表2-3所示。

① 在 Opera 系统中，顾客状态为 6pm 表明客人为非担保预订，客房将保留至下午 6 点。

表 2-3　PMS 五大模块与离店操作的关系

功能模块	实施处理
客户管理模块	夜审后，将顾客收入计入客户资料，完成对顾客的信息更新和数据统计，例如入住天数、收入、餐饮收入等
业务管理模块	顾客业务状态由在住（Due Out、Checked In或Walk In）修改为“离店”（Checked Out）
账务管理模块	结清住店客人账户，将账户设为关闭状态，依据支付方式不同，分别计入酒店不同收入项目（现金、支票、应收账户、信用卡等）
客房管理模块	将客房状态由“在住”（Occupied）或者“预离”修改为“空”（Vacant）
接口管理模块	调用信用卡接口完成转账操作 调用门锁接口退还钥匙 调用电话交换机接口关闭电话权限、进行电话计费统计等

散客业务流程是PMS的基础功能，大多数PMS功能大同小异，以Fidelio、Opera为代表的软件功能和状态划分更细致，如将入住操作根据有无预订分为Walk In入住和Check In入住，其本质是酒店管理的细化要求（对于预订顾客，定价权在预订部，反映了酒店市场营销部工作的成果；对于无预订顾客，定价权在前厅部，是前厅部营销成果的体现）。

二、团队业务管理

团队业务是PMS的另一项重要功能，与散客业务在业务责任人、业务流程、统计核算方法等方面存在很大差异，团队业务管理主要流程，如图2-11所示。

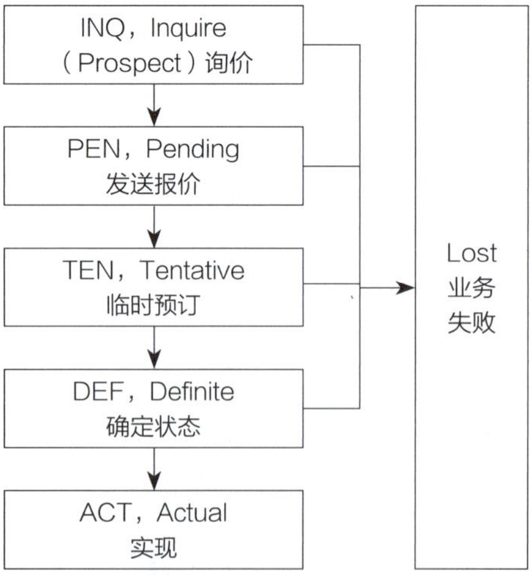

图 2-11　团队业务对比散客业务，团队业务功能状态控制更加复杂

酒店根据顾客与酒店业务的进展，将整个团队业务分为5个阶段、6种状态（有些酒店或酒店集团会去掉发送报价Pending阶段，简化为4个阶段）：

（1）询价阶段（Inquire或Prospect）：顾客询价，有初步购买意向，顾客可能看到了酒店的促销、广告等信息，可能获知酒店的公开价格，酒店确定了某销售人员跟进并了解顾客详细需求。

（2）发送报价阶段（Pending，PEN）：通过销售员的跟进，对顾客需求已经有比较明确的了解，明确数量、产品、日期等信息，表明给顾客发送报价后团队业务所处的状态。

（3）临时预订阶段（Tentative，TEN）：顾客认可报价并进一步与酒店确认细节，酒店发送合同，团队业务变更为临时预订状态，此时的业务依然不占用酒店资源（包括客房资源，也包括会议室、宴会厅等场地资源）。

（4）确定预订阶段（Definite，DEF）：顾客确认合同（通常以签字盖章为标志）、支付定金后，酒店将该团队业务变更为确定状态。在这一阶段，顾客所需要的各种资源最终确定。在合同签订后具备法律效力，如果顾客取消预订，则定金不予退还，如果因酒店原因导致业务无法实施，酒店需要承担赔偿责任。

（5）业务完成阶段（Actual，ACT）：当团队业务完成，酒店可以获取收入的阶段，不同酒店确认业务完成标准不同，大多数酒店将第一位顾客入住视作业务完成，而保守的酒店则将最后一位顾客离店视作业务完成（例如，万豪酒店集团）。

业务失败（Lost）：如果销售机会经过一系列的跟进没有形成最终业务，则被计入失败业务，失败原因会归类为“顾客原因”，如会议取消、延期、更换会议城市等，另一类则是“酒店原因”，如价格问题、品牌因素、场地设备不符合要求等，酒店应加强对业务失败原因的分析，从而不断改进团队营销和业绩。

与散客预订不同，团队预订本质上是一个“集合”，其中包括了多个业务集合，如多个客房预订、场地、设备、餐饮等业务，一般情况下，团队预订状态将决定“子业务”状态，如当某团队预订确认、签订合同并支付定金后，团队状态变更为“确定（DEF）”，该团队中的所有客房预订、餐饮预订、会议室预订等自动变更为“确定（DEF）”。

国产PMS软件在散客业务流程较为完备，与国外软件互有优劣，基本概括为应用有余而基础不足，在技术应用领域国产软件对本土政策、技术的结合更迅速，如身份证扫描、人脸识别入住、自助入住设备、手机开门、移动支付等，国产软件的应用往往早于Opera等进口系统。另外，由于我国酒店产业基础理论支撑不足，导致国产软件主要经营指标计算方法的不一致，如出租率计算，不同酒店往往有不同计算方法，PMS开发

行业链接

定金不能退，订金可以退

定金具备法律效应，《中华人民共和国担保法》第六章第八十九条规定："当事人可以约定一方向对方给付定金作为债权的担保。债务人履行债务后，定金应当抵作价款或者收回。给付定金的一方不履行约定的债务的，无权要求返还定金；收受定金的一方不履行约定的债务的，应当双倍返还定金。"

在我国的法律中，订金这个概念是不明确的，但在我国的司法审判实践中，订金一般被视为预付款。最高人民法院关于适用《中华人民共和国担保法》若干问题的解释第118条规定："当事人交付留置金、担保金、保证金、订约金、押金或者定金等，但没有约定定金性质的，当事人主张定金权利的，人民法院不予支持。"

企业被动适应酒店"个性化需求"，从而导致不同软件、不同酒店计算方法存在差异，而Fidelio、Opera、HMS等国外系统在经营指标、报表格式、统计方法等方面的一致性更好。

在团队业务处理方面，国外软件Fidelio、Opera和HMS功能异常强大，不但操作流程明确，而且操作效率极高，在这方面国产软件还有很大差距：一方面是由于我国软件企业的技术缺乏研究，另一方面是酒店企业团队业务不够重视，采用信息化管理的需求较弱，软件企业缺乏持续研发的市场动力。

第四节 客房管理模块

客房是酒店的核心资源，客房管理是酒店客房资源在PMS中的映射，客房管理模块是酒店管理系统的重要组成部分，它的主要目的在于加强前厅部与客房部的信息沟通和相互协作，实现优质的对客服务，同时提高客房资源的使用效率和维护水平，多数客房管理模块具备以下功能：一是实时房态管理；二是客人入住时辅助分房；三是提供客房使用信息（Room History）；四是组织客房清洁；五是提供辅助

客房管理——房态的转化与控制

服务；六是生成各种管理报表。

客房管理模块将每个房间的状态展示给前台职员，前台职员只要输入房间号就可以立即获得该客房的实时状态。当一间客房清理完毕时，客房部职员可以直接修改客房状态或者通过客房服务中心修改房态，这一信息被马上更新，前台职员可以实时获取实时房态（图2-12展示了Fidelio系统中的实时房态图）。房态报告（Rooms Status Report）也可以在需要时打印出来（图2-13）。

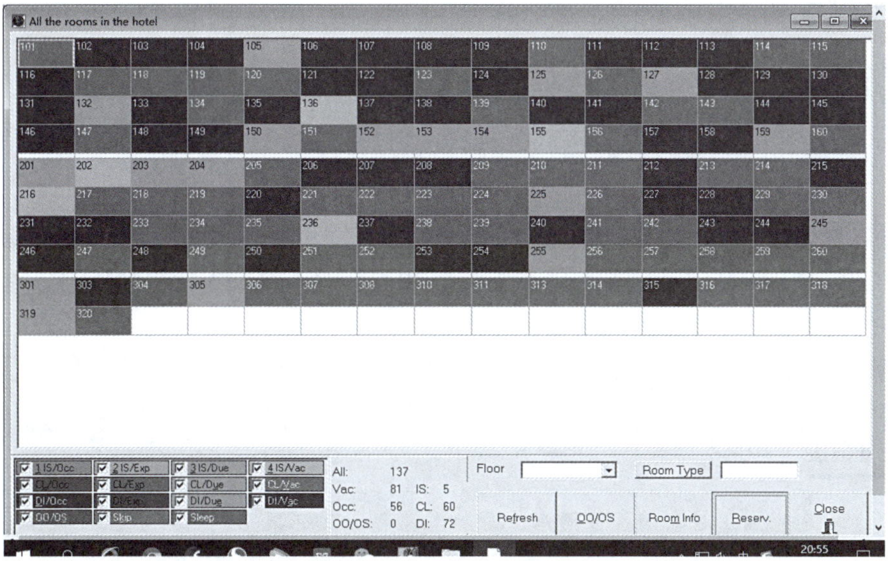

图 2-12　PMS 系统实时房态表——Fidelio 系统

Date of printing: Saturday, February, 17, 2007 02:15

5 Housekeeping Rooms Status Report *

****** Occupied - Clean ******

SUBT 0605	SUBQ 0608	SUBQ 0613	SUBQ 0616
BCCQ 0715	SUBQ 0716	SUBQ 0722	BCCQ 0803
SUBQ 0822	SUBQ 0902	SUBQ 0908	DSDQ 0910
BCCQ 1103	SUBT 1105	SUBQ 1108	BCCQ 1109
DXAT 1201	DXAQ 1212	BCCQ 1214	DXAQ 1217
RSMT 2805	SUMO 2903	RSMT 2906	SUMO 3002
DXHO 3301	RSHT 3303	RSHT 3305	RSHT 3405

****** Occupied - Dirty ******

SUBQ 1013	BCCQ 1014	DSDQ 1210	BCCQ 1215

****** Out Of Order ******

SUMO 3003	DXMO 3110

图 2-13　PMS 系统生成的房态报表

客房管理模块在客人登记入住时能自动处理房间和费用，管理模块在前台接待、总机和礼宾部的计算机上显示顾客信息，使前台能够及时地了解客人的情况。这些模块也使管理者能高效地安排客房服务员的工作量、工作进度等，并生成客房工作报表。另外，通过接口模块连接电话交换机、自动叫醒系统、消息留言系统可以与客房管理模块相连，为这些辅助性的顾客服务活动提供强有力的控制。

一、房态管理

在给客人分配房间之前，前台接待员必须获取酒店实时的、准确的房间状态（Room Status）信息，房间状态可以由未来可用信息（通过预订数据决定）和现在的可用信息（通过客人入住信息、客房部数据决定）改变。

未来可用信息非常重要，因为这可能影响住店客人的停留日期，可以获取以后几天的可用房数据并给予前台员工可靠的房态信息，提高入住率的同时保障顾客需求的能力。可以思考下面行业链接的内容。

行业链接

马克先生在星期四入住酒店，原打算星期五结账离店。但他在星期五工作期间发现自己必须留下来过完周末（星期五、星期六两个晚上），于是他来到前台要求延期续住（Extended），前台员工需要尽快答复客人的延期续住要求。在没有酒店管理系统（PMS）的时代，前台员工不仅需要查看现在的客房状态，还要查阅星期五、星期六晚上的预订信息，而预订信息被保存在预订部，因此在没有PMS时，预订部与前台有大量的信息往来，从管理架构来看，预订部是前厅部的一部分。

PMS的运用完全改变了这一流程，在客人提出延期续住要求的同时，前台员工在酒店管理系统中查询房态信息（Room Status）和预订信息，从而迅速答复客人。例如，在本例中，前台员工查询酒店管理系统发现：尽管周五晚上酒店业务并不繁忙，但酒店周六晚上客房已经全部预订，是否应该接受顾客的续住要求？这显然引出了一个需要根据酒店制度加以解决的问题，但让问题在星期五就浮出水面比在星期六客满时才发现要好得多。

客房状态（Room Status）是客房能迅速、及时销售的关键，常见客房状态的定义，如表2-4所示。为使前台职员在顾客登记期间能够正确地分配客房，目前可用房信息（Room Availability）是绝对的基准信息。没有PMS时，由于前台员工与客房部服务员之间的信息交互，分配房间经常会出现错误，如前台将客人分配至占用房（Occupied）导致重复开房（Double Check In），客房部员工误将住客房（Occupied Dirty）当作走客房（Vacant Dirty）进行清洁而导致客人物品被丢弃。

在使用PMS之后，客房管理模块对客房状态进行集中控制，及时更新客房状态的变化，使前台员工能够在入住登记时快速准确地分配房间，而客房服务员也可以根据客房状态安排客房清洁工作（客房状态详细说明），如表2-4所示。例如，当前台接待员为客人办理入住手续后，客房状态自动从空净（vacant clean，VC）变更为占用净（occupied clean，OC），而这一信息会自动更新至客房部员工。当一位客房服务员完成清洁，将客房状态由空脏（vacant dirty，VD）变更为空净（VC）后，这一信息也会自动更新至前台，前台员工即可将客房再次出售。

表 2-4　客房状态一览表

房态类别	房态	说明	备注
常规状态（所有PMS都具备的客房状态）	空房（Vacant，V）	客房处于空闲状态	
	占用（Occupied，O）	客房处于出租状态	
	清洁（Clean，C）	客房完成清扫并确认，处于清洁状态	
	脏（Dirty，D）	客房处于不清洁状态，需要客房部清扫	一般情况下，夜审完成后，PMS将酒店所有占用房状态由“清洁”变为“脏”
	维　修（Out of Order/Out of Services，OO/OS）	客房处于“不可用”状态	OO和OS是完全不同的两种房态，OO房不包括出租率的计算之中
附加状态（不同的PMS、不同的酒店设置，可能有所不同）	预期抵达（Expected，E）	客房处于空闲状态，但有预订客人被分至该客房，今天该客人即将入住，是“空闲”状态的特殊情况	如果客房此时处于脏状态，应优先清洁；如果入住客人属于VIP，应按照酒店流程处理（鲜花、果盘等）
	预期离店（Due Out，D）	客房处于占用状态，但客人今天预期离店，是“占用”状态的特殊情况	前厅部需注意客人账目，确认客人离店或者延期续住，为客人离店做好准备；客房部应注意查房，防止跑账等情况
	检查（Inspected，I）	表明该客房已经经过客房部督导人员的检查，是介于“清洁”“脏”之间的中间状态	通过设定PMS中的参数，酒店可以实现“只有经过检查的客房才能出售”的功能

续表

房态类别	房态	说明	备注
特殊状态（酒店在特殊情况下出现的房态）	沉睡房（Sleep）	前厅部显示该客房为“空房”，客房部显示客房为“占用”	由于前厅不知道客人的存在，酒店无法获取收入，客房在“沉睡”
	逃账房（Skip）	前厅部显示该客房为“占用”，客房部显示客房为“空房”	前厅认为客人尚在酒店，但客人很可能已经逃账
维修	OO（Out of Order）	因业主原因而不能出租，影响出租率	通常是由于严重的问题，如业主对总统套房异常珍视，禁止管理方销售，可以设为OO
	OS（Out of Services）	因管理方原因而不能出租，不影响出租率	有可能是因为工程问题，如维修、漏水、保养；也有可能是经营问题，如淡季封楼

客房差异（Room Discrepancy）常被称为客房矛盾，是指客房部与前厅部对某间客房信息存在差别，常见的差别是客房状态差异（Room Status Discripancy）和客房人数差别（Room Person Discripancy），其中的客房状态差异是指客房部与前厅部对某间客房的状态信息存在差别。这些差异会严重地影响一个酒店的顾客满意度和酒店的盈利能力。在使用酒店管理系统（PMS）前，客房状态差异主要是因为前厅部与客房部在沟通上有时间差异。使用PMS后，客房状态差异也时有发生。避免客房差异的主要方法是加强客房部的查房，不断地将客房部与前厅部的客房信息进行比较，与此同时也需要加强员工培训，强化流程的完整性。

除了客房状态差异外，客房人数差异也是客房差异的一种，即客人入住登记人数与实际入住人数不一致，这样影响了酒店加床等潜在收入的获得，更重要的是，国内公安部门要求每位住店客人必须办理入住登记手续并提交有效身份证明，会对酒店经营产生

行业链接

刘易斯来前台入住登记，前台员工小梦将客人分配至2503客房，给客人做完房卡后正要在酒店管理系统（PMS）上进行操作，忽然旁边客人摔伤，小梦连忙跑去搀扶客人，也想着帮助客人后及时去完成操作，后来一忙就忘记了。

客房2503在客人入住后的实际房态应该是占用（Occupied），但是由于小梦忘记在PMS上进行操作，在系统中2503的房态依然是空闲（Vacant），而前台员工对于客房状态的信息完全依赖于PMS，所以前台员工认为2503客房的状态还是空闲，这就是客房差异。而2503客房的状态处于沉睡房状态，会影响酒店的营业收入。

另外，如果另一位客人办理入住登记，前台员工有可能将客人分配至2503客房，由此产生重复开房（Double Check In）的后果。

潜在的麻烦。

在产生客房差异后，通过客房管理模块生成客房差异报表（Rooms Discrepancy Report），给管理者指出特定客房的状态必须核实以避免沉睡房和逃账房的产生，这一报表列出了所有前台与客房部之间的客房信息差异，是客房管理模块的重要功能（图2-14）。

维修房设置（OO-OS）也是客房管理模块的重要功能，在客房服务员发现客房故障后，根据实际情况，将客房状态设置为OO（Out of Order）或OS（Out of Services）。OS与OO的区别在于产生原因不同，业主方因素是OO状态，管理方因素是OS状态，具体的责权划分应当在委托管理合同中详细约定。我国酒店早期建设时，业主与管理方并未详细划分，对这一问题不够明确，随着我国酒店所有权与经营权的分离，这一问题会越来越得到重视。

客房信息概览对话框，如图2-15所示。

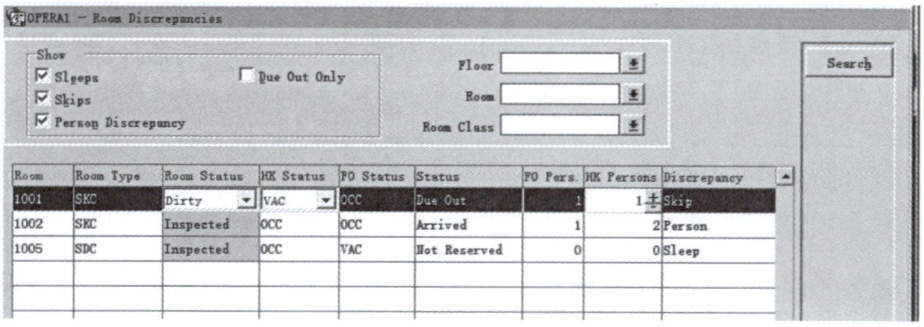

图 2-14　客房差异报表

出租率的计算

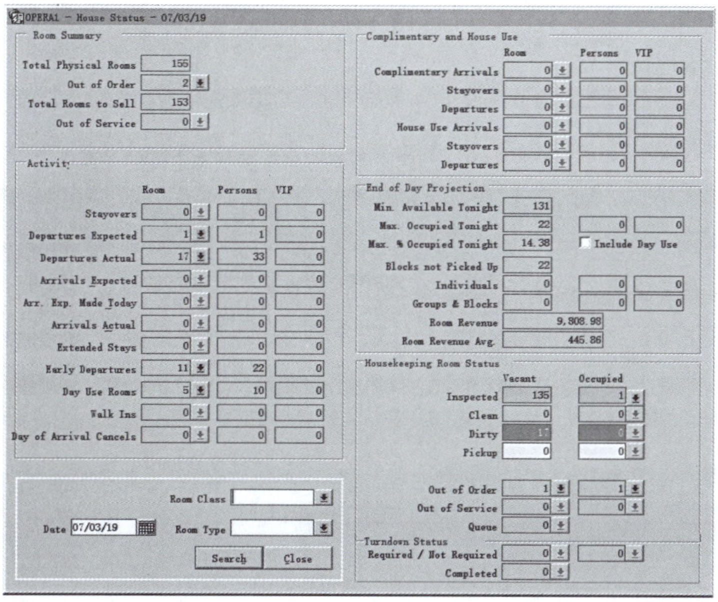

图 2-15　客房信息概览对话框

行业链接

出租率到底是一个什么样的数字？

在许多酒店有争议，根据图2-16可以看出，在Fidelio（OPERA）PMS中：

出租率（Occupied）=占用房间数量/可售房（Total Rooms to Sell）数量

可售房（Total Rooms to Sell）数量=总房间数（Total Hotel Rooms）－OO房数量

酒店服务与客房状态之间的关系，如图2-16所示。

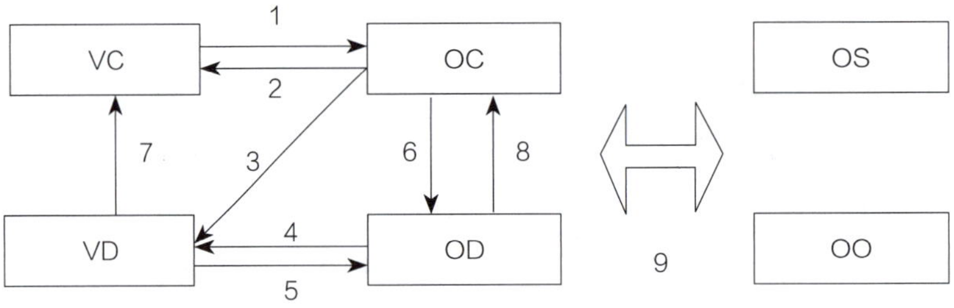

图 2-16　酒店服务与客房状态之间的关系

总之，房态管理是客房管理模块的核心功能，图2-16标示了酒店对客服务流程与客房状态之间的关系。各个操作项目的解释，如表2-5所示，需要注意的是，每个箭头可能代表多个操作。

表 2-5　酒店服务流程与客房状态之间的关系

操作编号	操作内容	说明	备注
1	入住（Check In）	离店操作会将客房状态由“空闲”变为“占用”，清洁状态不变	如果酒店预分房间，则房态由“预期入住”状态变为“占用”；如果客人拼房入住，则不改变客房原有状态
2（可能对应多个操作）	离店（Check Out或Early Departure）	离店操作将客房状态由“占用”变为“空闲”，清洁状态不变	如果客人拼房入住，则最后一个客人操作时，改变客房状态
	取消入住（Cancel, C/I）	取消入住操作将客房状态由“占用”变为“空闲”，清洁状态由前厅员工操作而定	同上
	换房（Room Move）	换房操作后，原住客房状态由“占用”变为“空闲”，清洁状态由前厅员工操作而定	同上

续表

操作编号	操作内容	说明	备注
3（可能对应多个操作）	取消入住（Cancel，C/I）	取消入住操作将客房状态由“占用”变为“空闲”，清洁状态由前厅员工操作而定	同上
	换房（Room Move）	换房操作后，原住客房状态由“占用”变为“空闲”，清洁状态由前厅员工操作而定	同上
4	离店（Check Out或Early Departure）	离店操作将客房状态由“占用”变为“空闲”，清洁状态不变	同上
	换房（Room Move）	换房操作后，原住客房状态由“占用”变为“空闲”，清洁状态由前厅员工操作而定	同上
5	取消离店（Reinstate）	取消离店将客房状态由“空闲”变为“占用”，清洁状态不变	需要注意取消离店的条件
6	夜审（Night Audit）	每次夜审后，所有“占用”状态客房，客房状态变为“脏”	
7、8	客房清洁（Housekeeping）	客房部服务员完成客房清洁后，由客房部主管或者客房服务中心将客房状态由“脏”修改为“清洁”	7为走客房的清洁，8为住客房的清洁，工作量和操作流程有所不同
9	维修房设置	将客房状态由常规状态设置为“维修”，或者将“维修”状态变为常规状态	

二、客房和房费分配

客房管理模块还用于帮助前台职员在顾客登记入住时分配客房和房费。该模块既可以自动分配，也可以由前台员工手工输入房号或者选房条件后进行客房分配。

自动客房分配将根据酒店管理层确定的参数而实现，客房可以根据预先指定的楼层或者按照客房使用的折旧率来选定，计算机可以跟踪客房使用频率来排列客房，系统根据所有客房存量中平均分布住宿负载的原则分配客房，以保证每间客房的损耗趋于平均，降低酒店损坏率。如果酒店并没有制定特定的选房条件，客房管理模块就按照客房号码的大小顺序来分配，在这样的情况下，往往会造成楼层低的客房使用率过高，最终引发客房状态较差（图2-17），不利于酒店硬件保养。

交互式客房和房费分配程序是客房管理模块的常见功能。在需要提高客房分配的针对性和速度时，这样的功能对前台员工很有帮助。例如，在一个拥有800间客房的酒店，前台员工可以通过对楼层、客房朝向、无烟楼层、连通房等的一系列查询来缩小分配的范围，这样登记入住、更换客房（Room Move）等操作就可以更加方便快捷（图2-18）。

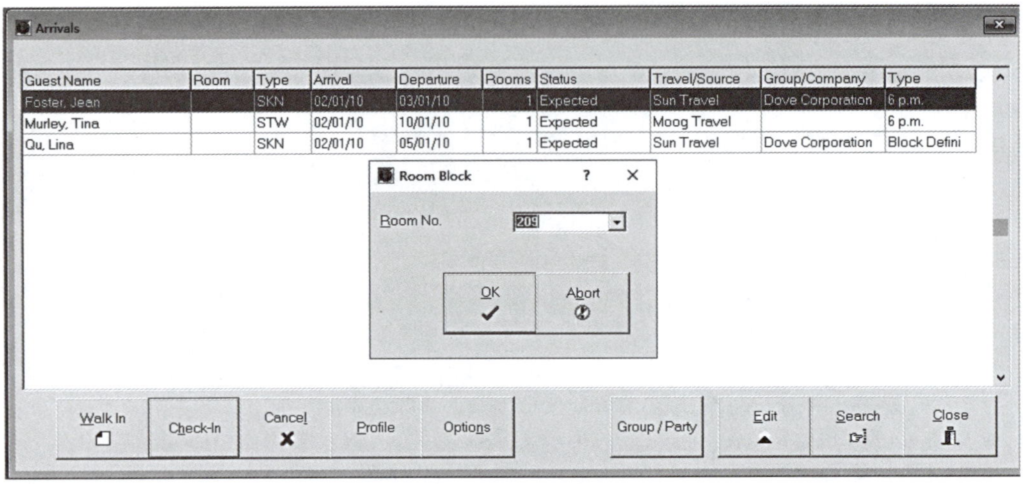

图 2-17　当存在可售房时，入住时 PMS 客房分配模块会自动分配房间

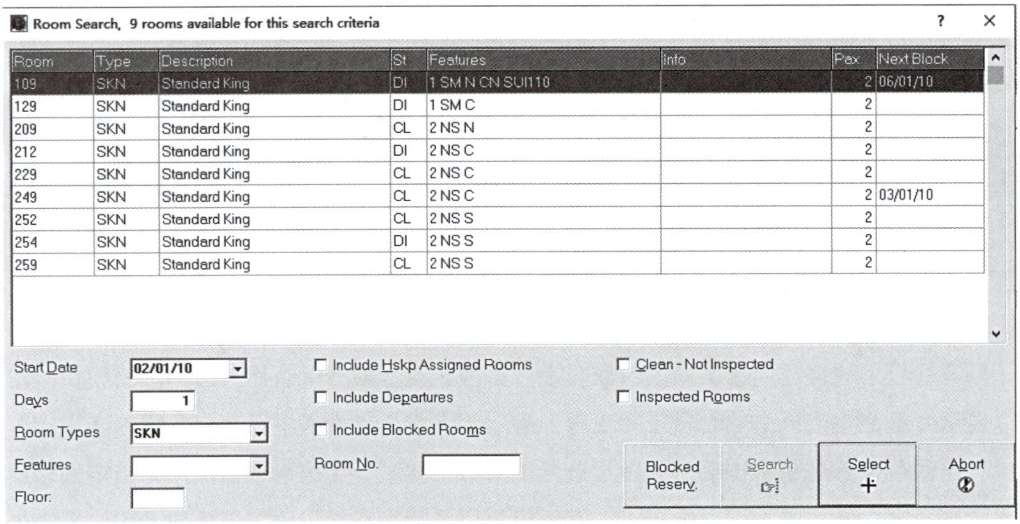

图 2-18　交互式客房分配对话框可以输入搜索条件进行客房筛选

为了迎合顾客偏好并确保登记入住流程的流畅，客房管理模块通常具备超驰功能：即前台员工强行分配非VC房给客人（图2-19），这一功能可以应付很多常见的场合，如客人早晨来到酒店，恰好此时客房尚未清扫完毕，客人的客房处于脏（Dirty）状态，此时可以使用超

图 2-19　系统提醒分配了一间非正常状态客房

驰功能为客人先分配一间脏房同时告知客人客房暂时不可以使用，但客人可以将行李寄存后去用餐或者办理其他事宜，这样的处理无疑比告知客人“暂时没房，请等待，且不要走太远”要容易接受得多。

在酒店出租率高峰期和有大型团队入住时，为了提高客房使用率，让客房分配得更合理，如让同一团队的客人尽可能入住统一楼层，让低价订房的旅行客人和高价渠道的商务客人尽可能不住在同一楼层，酒店前厅经理经常会提前将客房分配，或者专门设立客房分配（Room Control）的职位来专门负责这一工作，这样做的目的是在大型酒店中更好地、更合理地分配客房资源。

最后要明确的是，客房类型（Room Type）总是被设定了房价（Room Rate），当客人入住的房型发生变更时，如客人所预订房型无房，客人要升级到高一层房型，客房管理模块必须将房价进行修改，以防止发生因遗忘而导致的损失。

三、住店客人信息

客房管理模块还提供了查询顾客信息的功能，这一查询功能必须区分不同的员工权限，如礼宾员、总机接线员、前台接待员分别可以查询详细程度不同的顾客信息，包括姓名、到店时间、房号等，具备权限的员工还可以查询详细的客人喜好、消费历史等，这样的设定对于提高员工对顾客的认知、增强对客的个性化服务很有帮助。

顾客信息也有可能从客房管理模块传送到销售节点（POS），以加速对顾客购买行为收费的确认和授权过程。当一个客人在餐厅用餐完毕后，餐厅收银员通过询问客人的房号和入住登记的姓名，可以确认特定客房的客人。这样就防止费用过账到错误的房号，如果没有这些审核功能，这些费用会被错误的过账到已经退房的顾客，甚至是某一个并不存在的客人账单下[①]。尽管酒店一卡通的流行使得酒店可以通过刷客人房卡来实现“验明正身”的效果，但通过核实信息确认顾客依然是一个有效的核实方法。

客房管理——其他功能

四、服务员清扫分配

客房清洁是客房部服务员的重要工作，每日客房部早会的工作分配是一天工作的基

① 这也是酒店前台在登记入住时，禁止大声说出客人姓名和房号的原因之一，因为姓名和房号两项信息就可以用来审核消费。

础，客房管理模块提供了完整的客房服务员分配的功能，能够帮助酒店客房管理者完成清扫、夜床服务等工作的分配，分配这些工作需要以下信息：

① 酒店客房分布、楼层与毗邻关系（便于将相邻的客房集中分配，便于提高工作效率）。

② 每间客房不同工作类型的工作量（例如，住客房清扫Stayover Credits、退客房清扫Departure Credits、夜床Turndown Credits等）。

③ 每日客房状态。

④ 员工信息（包括员工姓名、工号、每日计划工作量、排班状态等）。

PMS的客房管理模块通过处理现有客房数量和预计抵达客人数量来预测需要清理的客房数量，根据客房数量、房态、入住人数的不同来计算工作量，如图2-20可以看出，在这家酒店1003住客房（OD）的清洁为2个工作量，而走客房（VD）的清洁为3个工作量。最后，在酒店的工作量标准基础上，结合酒店楼层区域分布和员工信息实施客房工作分配（图2-21）。

在初次进入客房去清理时，客房服务员可以使用PMS的客房电话接口模块输入他的员工号码、房间号（不一定是必需的）以及房态修改码来修改客房状态，这样酒店管理系统会记录下这个修改的时间，这样客房管理模块就可以统计劳动生产率。劳动生产率由计算一个客房服务员花在一间客房的平均时间和一个班次里清洁的客房数目（或完成的工作量）得出，生产力报告使管理者能够在整个班次跟踪客房人员分布的同时，也清楚潜在的效率提升点。

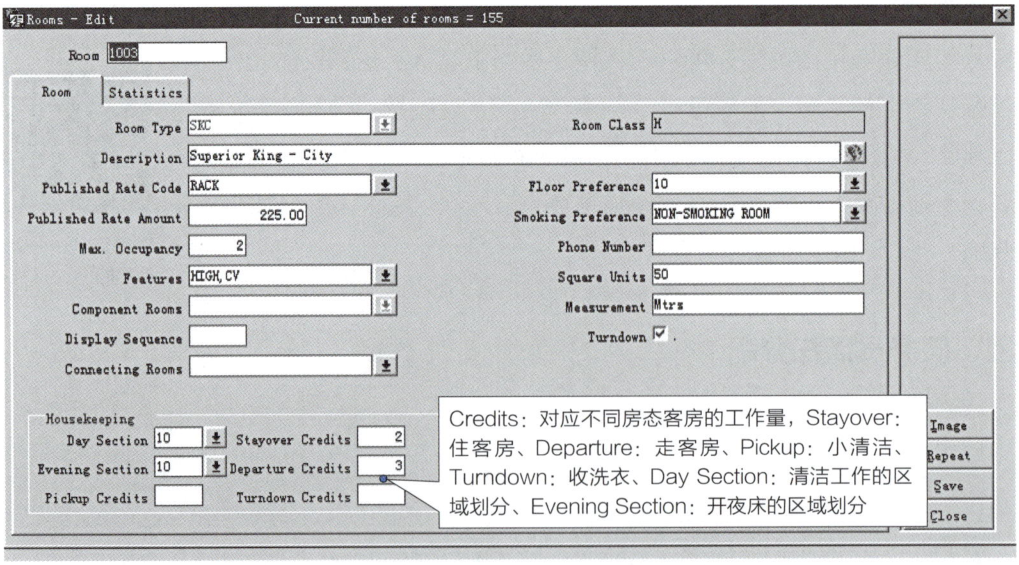

图 2-20 在 PMS 中设定不同房态的工作量信息，来提高客房工作分配的合理性

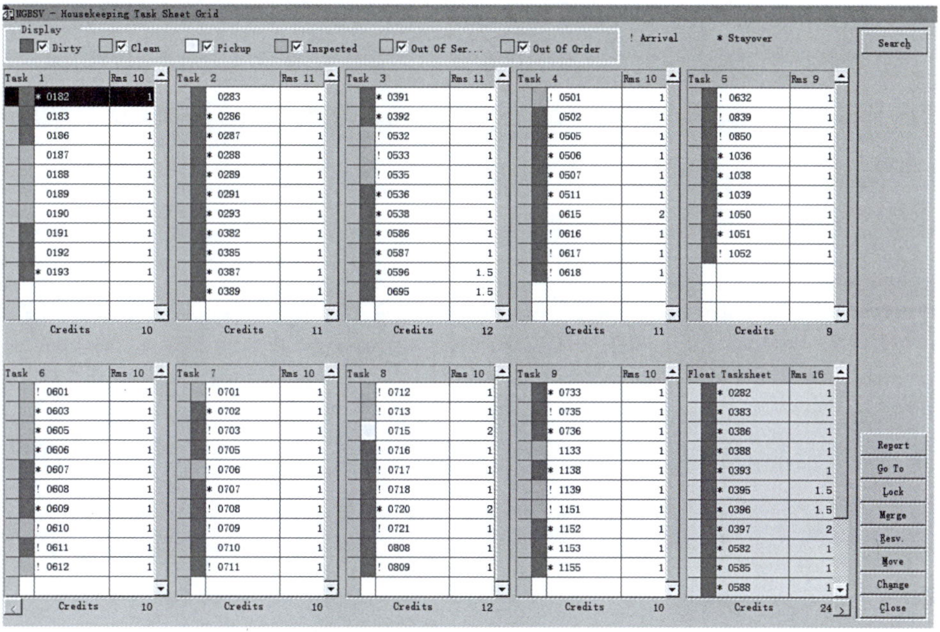

图 2-21 PMS 根据客房信息、房态生成的客房工作分配信息

客房工单（Housekeeping Task Sheet）记录了工作量，并提供顾客信息和预订信息，如图2-22所示。

在客房管理模块生成客房工单过程中，调用客户资料管理模块和业务管理模块，将

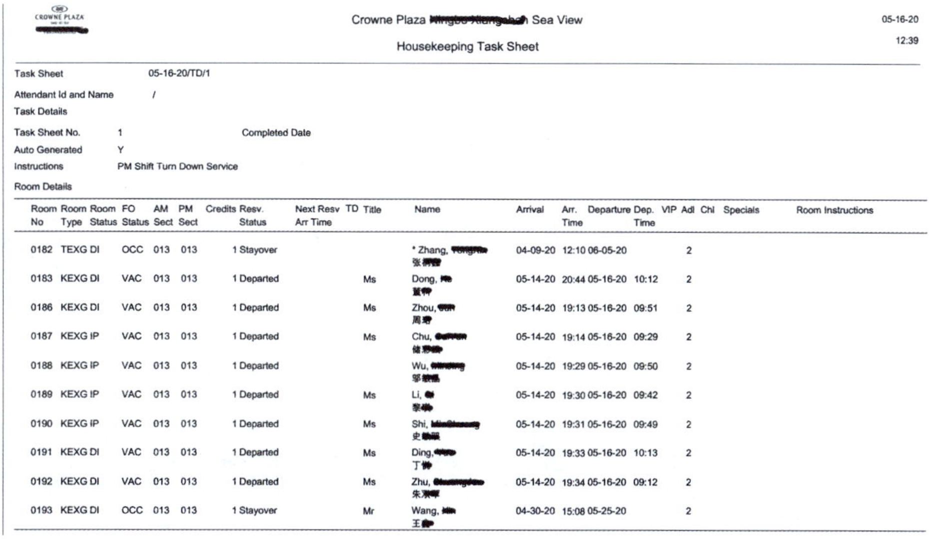
CROWNE PLAZA
[redacted]

Crowne Plaza [redacted] Sea View
Housekeeping Task Sheet

05-16-20
12:39

Task Sheet 05-16-20/TD/1
Attendant Id and Name /
Task Details
Task Sheet No. 1 Completed Date
Auto Generated Y
Instructions PM Shift Turn Down Service
Room Details

Room No	Room Type	Room Status	FO Status	AM Sect	PM Sect	Credits	Resv. Status	Next Resv Arr Time	TD	Title	Name	Arrival	Arr. Time	Departure	Dep. Time	VIP	Adl	Chl	Specials	Room Instructions
0182	TEXG	DI	OCC	013	013	1	Stayover				* Zhang, [redacted] 张[redacted]	04-09-20	12:10	06-05-20			2			
0183	KEXG	DI	VAC	013	013	1	Departed			Ms	Dong, [redacted] 董[redacted]	05-14-20	20:44	05-16-20	10:12		2			
0186	KEXG	DI	VAC	013	013	1	Departed			Ms	Zhou, [redacted] 周[redacted]	05-14-20	19:13	05-16-20	09:51		2			
0187	KEXG	IP	VAC	013	013	1	Departed			Ms	Chu, [redacted] 储[redacted]	05-14-20	19:14	05-16-20	09:29		2			
0188	KEXG	IP	VAC	013	013	1	Departed				Wu, [redacted] 邬[redacted]	05-14-20	19:29	05-16-20	09:50		2			
0189	KEXG	IP	VAC	013	013	1	Departed			Ms	Li, [redacted] 李[redacted]	05-14-20	19:30	05-16-20	09:42		2			
0190	KEXG	IP	VAC	013	013	1	Departed			Ms	Shi, [redacted] 史[redacted]	05-14-20	19:31	05-16-20	09:49		2			
0191	KEXG	DI	VAC	013	013	1	Departed			Ms	Ding, [redacted] 丁[redacted]	05-14-20	19:33	05-16-20	10:13		2			
0192	KEXG	DI	VAC	013	013	1	Departed			Ms	Zhu, [redacted] 朱[redacted]	05-14-20	19:34	05-16-20	09:12		2			
0193	KEXG	DI	OCC	013	013	1	Stayover			Mr	Wang, [redacted] 王[redacted]	04-30-20	15:08	05-25-20			2			

图 2-22 客房工单（Housekeeping Task Sheet）记录了工作量，并提供顾客信息和预订信息

相应的顾客信息和预订信息一并生成至工单中，可以有效提高客房服务员的服务质量，如客房工单中记录了客人非常喜欢香蕉这种水果，客房服务员在送水果时就可以选择客人更喜欢的品种，而当客房服务员得知客人对花粉过敏时，客人的欢迎鲜花这一项服务则应该被取消。

行业链接

客房清扫工作分配与移动互联网的结合

自PMS出现以来，基于PMS信息分配客房工作是效率最高的做法，Fidelio、Opera等国外PMS这一功能具有代表性，PMS中记录了关于客房方面的详细信息，包括房型、楼层、房态等，但PMS中没有存储客房服务员的信息，如姓名、计划工作量、联系方式等，原有方式存在两方面的局限性：一是员工信息不足，需要在PMS中输入姓名和计划工作量等信息，否则PMS输出的工单上只有Attendant1、Attendant2这样的名字，针对性不强；二是信息无法实时更新，如客房状态的变化、前厅抢房等操作，需要通过电话等方式进行进一步的沟通，效率不高。

结合移动互联网的发展，通过手机APP、微信小程序等工具，构建客房管理实时沟通的移动平台成为可能，国产软件在这一领域创新很多，下面的流程图展示了这一平台对酒店客房流程的变化（图2-23～图2-25）。

在互动服务平台上，服务员不仅仅"读取"信息，如工作分配、客房状态、客户信息等，还可以"上传"信息，如将客房消费入账、顾客洗衣信息、工程故障上报等，也可以及时获取其他信息，如前台的抢房通知、顾客入住信息等，提高了客房服务与管理的效率（图2-26、图2-27）。

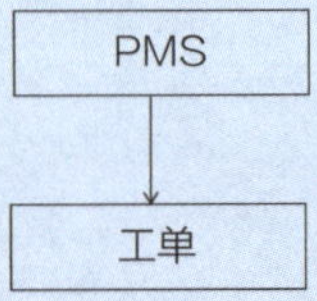

图2-23　原有管理模式，PMS工单为静态管理

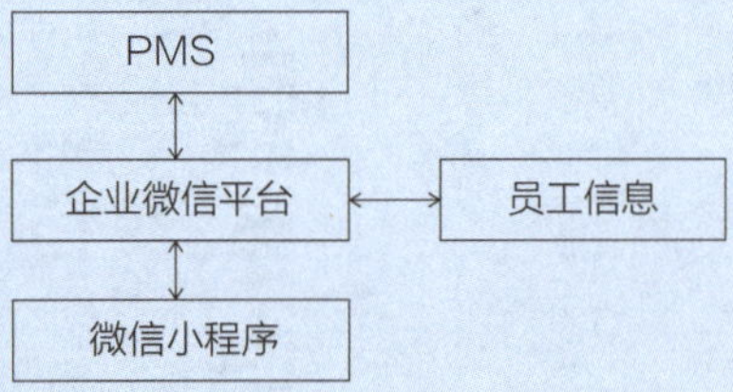

图2-24　改进后管理模式，基于微信的互动管理

图 2-25　微信从 PMS 中获取实时信息生成工作量分配方案

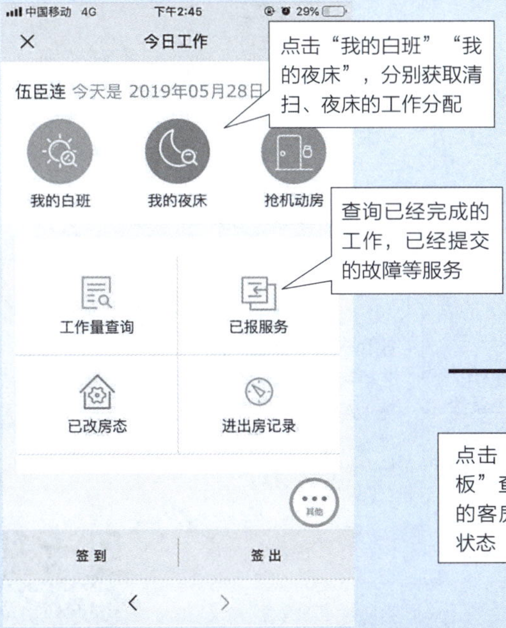

图 2-26　运用智能手机，将 PMS 中工作任务分配信息发送至楼层服务员

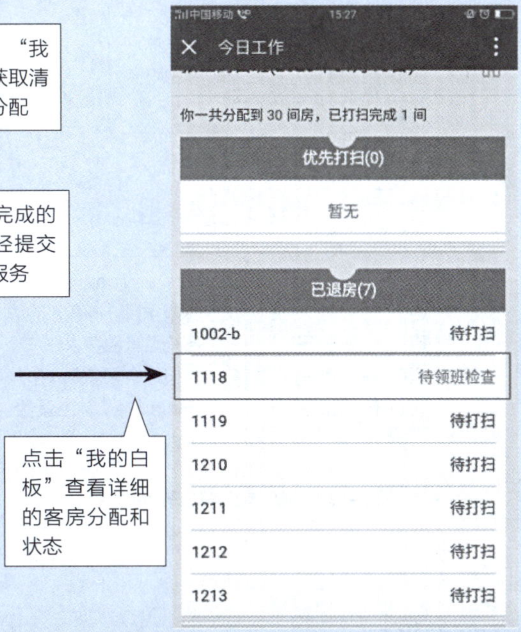

图 2-27　客房服务员使用智能手机及时更新 PMS 信息

第五节 顾客账务模块

账务管理——概述

从财务的角度来看，酒店管理系统最重要的部分是顾客账务模块，酒店管理层可以对电子账单进行实时控制，包括账单权限控制、金额审核、费用计入等，远程销售点（POS）将费用直接抛至（Posting）住店客人和非住店客人账户上，实时一单结账成为可能。这一模块主要负责费用抛账（Posting）、自动更新（审核）账户信息、显示/打印账单，此外，顾客账务模块还给诸如账户处理、账户余额、收银员对账、财务审计、应收账款等领域提供了信息化的控制手段。从技术层面，PMS只包括部分收入部门，如客房收入、电话费、餐饮等，但酒店通常将其他营业收入也汇入PMS系统，如场地租金、宴会收入、会员积分收入、停车场等，由PMS生成统一收入报表，实现更加规范的营业收入控制。顾客账务操作与酒店服务之间的关系，如图2-28所示。

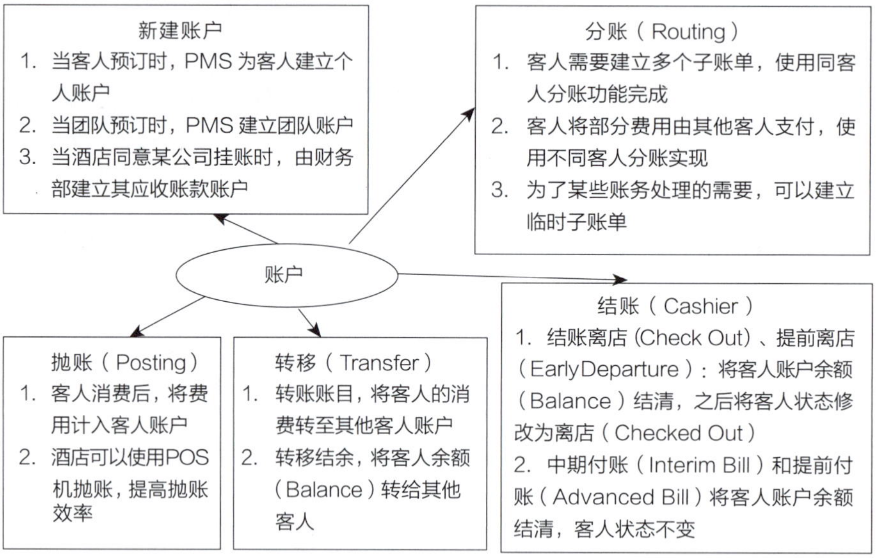

图 2-28 账户操作与酒店服务和管理的关系

账务管理——操作实务

一、账户类型

PMS中存在5种账户：个人账户、团队账户、非住客账户、半永久账户和永久账户，其主要功能，如表2-6所示。

表 2-6　PMS 中的账户类型及其功能

账户类型	主要功能	建立账户时间	关闭账户时间
个人账户（Individual Folios）	住店顾客，包括个人顾客、公司顾客等	预订时（无预订顾客在入住时建立）	结账后
团队账户（Master Folios）	团队顾客，一般包括多个个人顾客、公司顾客等	团队预订确认时（团队预订变为DEF时建立）	团队结账后
非住客账户（Non-guest Folios）	产生店内费用的非住店顾客，如会议客人、餐饮顾客等	单独建立（一般是签订销售合同或购买会员卡时）	结账后
半永久账户（Semipermanent Folio）	处理应收账款而设立的特殊账户	开设信用账户后	终止信用授权后
永久账户（Permanent Folio）	处理有合同付款程序的机构，比如银行、信用卡公司、团购、移动支付、第三方支付机构等	确定合同付款程序后	终止合同付款

行业链接

结账离店是两个互相独立的操作

在日常工作中，酒店经常将结账离店一起进行，但从实践角度结账与离店可以分离，顾客可以在离店前结账（提前结账，Advance Bill），如顾客可以在离店前一天下午进行结账操作，以避免次日早晨离店时的排队。提前结账时，需要将顾客预期费用进行提前处理。

顾客也可以在离店后结账，这样可以提前释放客房资源，有助于提高酒店客房使用效率，如顾客外出后不能在中午12：00前返回，电话通知酒店先办理退房操作，账务待顾客返回后再处理（顾客账户中有足够的保证金）。

酒店提供了不同的账单类型，其中个人账单（Individual Folios）也叫作“客房账单”或者“顾客账单”，指派给住店顾客，其作用是处理住店顾客和酒店之间的服务与费用。图2-29展示了一张个人账单。团队账单（Master Folios）一般对应于多个顾客或房间，包含着不转账至个人账单的一些交易记录，团队账单一般用于给多数团队和会议提供所需的记账服务。

非住客账单（Non-guest Folios）是为那些没有入住、但产生消费的顾客设立的账

Mr Lin Mu

Mr Lin Mu
United States

INFORMATION INVOICE

帐单号	:	3	
房号	:	203	
人数	:	1	
到达日期	:	06/03/19	15:06
离店日期	:	07/03/19	16:27
收款员	:	STU002	/ 102
页号	:	1 of 2	
飞行计划	:	NQR	

Qingdao Hotel Management (18/01/21 16:31

日期	项目	帐单号	时间	借方	贷方
06/03/19	Accommodation	39310	15:23	450.00	
07/03/19	Restaurant Lunch - Food		16:19	698.00	
07/03/19	Room Service Dinner		16:20	368.00	
07/03/19	The Bar		16:20	3,120.00	
07/03/19	Mini Bar		16:21	160.00	
07/03/19	SPA		16:21	598.00	
07/03/19	Laundry		16:22	210.00	
07/03/19	Telephone		16:22	102.00	
07/03/19	Parking		16:22	80.00	
07/03/19	Internet Access		16:23	88.00	
07/03/19	Cash		16:27		5,874.00
			总额	5,874.00	5,874.00
			余额	0.00 USD	

客人签名______________________

本人同意支付所有款项

图 2-29　某酒店顾客消费明细（个人账单）

单，如会议客人、餐饮顾客、购买会员卡等，非顾客账户号在账户建立时指派，并可以制作在专用的账户卡[①]上。如果消费行为由非顾客账户收费，收银员一般会要求顾客出示账户卡，以确认转账有效。

顾客账务模块的功能在于能够执行持续的转账和审核流程，这通常依赖于控制账单的存在，可以为每个营业点创建一个控制账单（Control Folios），并用它来跟踪转账至其他账单（个人账单、非住客账单）的所有事务，控制账单是强有力的内部控制文件，并极大地简化了正在进行的审计功能。

① 经常以储值卡、代金券等形式出现。

半永久账单（Semipermanent Folio）用于跟踪转账的应收账款，一个在登记入住前就建立了信用授权的顾客，可以在付款时将入住期间的费用计入应收账款（City Ledger），酒店将该顾客的账单余额转至一张半永久账单，以跟踪记账和随后从认可的第三方收取付款，一旦未结算的余额被付清，半永久账单就会被关闭并删除。

永久账单（Permanent Folio）能够用来跟踪由信用卡公司、团购、移动支付等结算的顾客账单余额。酒店将为每个有付款程序的实体建立一张永久账户。例如，可以为中国银联、支付宝、微信支付、美团网、美国运通卡、Visa、万事达卡建立永久账单，如果顾客要使用相应的支付方式，顾客账务模块就会将该余额转至该机构的永久账单，永久账单使得酒店在顾客逗留时间之外仍能够跟踪应收账款，只要酒店继续和该实体保持业务联系，对应的永久账单就会一直存在。

二、将费用转至账户

一般来说，客人账单下的消费有两种来源：一种是PMS本身或者POS终端生成被称为抛账（Posting），如客人的餐饮消费抛账（Posting）、通过电话交换机接口计入客人账单下的电话费；另一种是由PMS自动生成，如在系统夜审期间，房费、服务费及其他固定费用自动转账至住店客人账户。尽管顾客账务模块在操作时的细节不尽相同，大多数模块为了确保金额正确地转账到对应的账单，将依靠特殊的数据录入格式。一般包含的信息：一是房号（或账户号），用于标识顾客账户；二是消费项目，用于账单打印时的消费项目，同时也用于酒店收入统计；三是识别码；四是参考码；五是费用信息，包括单价、数量和总价等。

行业链接

从信用卡预授权、移动支付到信用住

信用卡预授权就是商户在持卡人消费前先冻结一部分资金，消费完成后持卡人签字，商户才能正式扣掉这部分资金，信用卡预授权相当于发卡方担保（国内信用卡发行方通常为银行，国外则为独立的信用卡发卡机构），确保持卡人具备支付能力。信用卡预授权的使用会改变酒店信用审核流程，当顾客使用信用卡预授权作为入住押金时，酒店并未收到现金，对于国内信用卡，只要顾客正常刷卡输入密码则视同授权消费，不存在拒付的可能，相关费用会在次

日自动进入酒店账户，境外信用卡存在拒付的可能，如果发生非本人消费、签字不符或者对服务产生纠纷的情况，180天内均有可能发生拒付，需要酒店进行专业的应对。

移动支付是近年来兴起的新支付方式，移动支付也具备类似信用卡的功能，如支付宝花呗、京东白条等，在酒店内部的处理流程与信用卡类似，酒店应当设立应收账款账户和相应处理流程。

除了信用卡，电子商务企业或旅游企业还推出了酒店、机票的单独信用产品，如阿里巴巴推出的信用住、携程推出的入住通等，其本质是根据顾客的消费历史进行信用审核，并为顾客设立相应的信用额度。

在输入一个房号（或账户号）后，顾客账务模块会要求再输入一个识别编码，这是当一个客人有多个子账单时区分子账单使用。参考码中通常填写该比交易对应的原始凭证号码，是为了更好地实现酒店内部控制。

最后的数据录入要求输入一个费用总额，在接受一个费用并将之转账到某个账单之前，顾客账务模块会启动一个信用监控程序，对顾客账单余额和预先设定的信用限额进行比对，如果该费用没有超过信用限额（通常称为High Balance）转账操作成功，否则转账不成功，系统会弹出转账失败提示。

三、夜审程序

在酒店管理系统（PMS）出现之前，夜审意味着大量的工作，夜审员需要手工完成所有房费、服务费和部门转账费用的操作，夜审员还要平衡所有顾客、非顾客的账户并制作各种报表。在PMS出现之后，夜审程序会完成所有这些任务，PMS使夜审更加简化。

夜审程序执行的主要内容包括制作各种报表、房态更新、费用过账，最后将系统日期更新一日。在夜审期间，顾客账务模块会自动地把房费、服务费和其他固定费用（Fixed Charges）转账给每个出租客房的账单下，此外该模块会根据收银员班次自动平衡部门账户，并生成一张试算平衡表。顾客账务模块还能够在两个账单之间传递费用（Transfer）。

四、账务结算

打印清晰细化的顾客账单（附带详细的参考码），可以显著地减少顾客对账单费用的争议。例如，某次结账时，刘小姐认为出现在她账单上的长途电话费用有误，此时前台员工可以根据账单上参考码找到对应的电话记录，随后就可以确认电话打出的源头（房间号）以及所拨叫的电话号码，这个过程使酒店能快速、有针对性地解决个人账单金额争议问题。而对于许多争议账单，客人消费的原始凭证、签字就成为非常重要的依据。

可以通过程序设定的夜审程序，提前打印当天预计结账离店的顾客账单（通常在早晨7：00），预先打印账单可以明显地加速结账过程，使顾客投诉量减少，同时预先打印账单也可以减少停电等故障带来的风险。如果客人账单在打印后发生变更（如有新的费用抛账至账单），可以将预先打印的账单作废，重新打印后按照新费用结算。

在账务结算中，滞后收费是指顾客结账离店后才将顾客的消费费用转到账单上，信用卡授权的使用让酒店可以追讨该费用。在这样的背景下，快速结账服务随即产生，即客人提前签署授权支付入住期间费用，在客人结账离店日，酒店提前打印客人消费明细并由客房门下塞入客房，客人在客房内审核费用无误并签字后直接离店，这样的服务使结账离店操作更加快捷。

第六节 接口模块（外围设备）

随着酒店业信息化、智能化的发展，酒店用到的各种设备越来越多，通过接口实现由PMS对外围设备的控制是提高酒店信息化程度的重要方法。是否具备接口是PMS是否先进的关键技术指标，支持的接口多少也代表了PMS的主要性能，目前主流PMS系统普遍支持电话交换机、电子门、信用卡设备、POS收银设备等外围设备。详细的接口管理将在下一章介绍。

行业链接

接口对酒店服务的影响不仅仅体现在速度方面，还有质量上的提升，如支持电话交换机数据写入功能，当客人在前台入住之后，入住的姓名等信息被写入电话交换机，这样当该客房客人打电话到酒店总机时，总机可以在屏幕上直接看到客人姓名、房号等信息，有效提高了对客服务质量。

还有的酒店安装了客房数字化设备，可以将客人本次入住的客房设置（空调温度设置、电视频道、灯光亮度）等信息存入客人资料，当客人下次入住时，酒店可以“现场还原”，将客人上次离店时的状态重置，令客人宾至如归。

常见酒店外围设备及接口

1. 预订系统（酒店官网、集团网站、第三方预订等）
2. 电话交换机（电话计费、等级控制、电话Mini吧报账、房态控制）
3. 网络交换机（宽带计费）
4. VOD点播（VOD计费）
5. 信用卡（信用卡支付）
6. 电子门锁（发卡、制卡）
7. 收银点（抛账、收银等）
8. 客房数字中心（客房电话、客房移动电话）
9. 能源控制（客房温度控制、灯光、电视频道等）
10. 公安传输（身份证自动上传）
11. 身份证扫描仪（身份证扫描、客人信息输入一体化完成）
12. RFID识别（客人远程识别）
13. 收益管理（根据出租率、历史数据等信息，动态计算合适的房价等）
14. 自动Minibar（实现Minibar自动计费功能）

第七节 常见PMS系统

一、国外PMS系统和企业

1. Fidelio和Opera

Fidelio Software GmbH于1987年10月在德国慕尼黑成立，同时推出Fidelio PMS系统，是PMS发展过程中的里程碑产品，标志着PMS从“以流程为中心”进入“以客户为中心”的时代，20世纪90年代末已经成为全球高星级酒店业的主流产品，并被美国MICROS公司并购。MICROS先是支持美国饭店协会开发HITIS数据标准，并在此基础上推出OPERA PMS系统，作为企业级软件解决方案，包含了OPERA前台管理系统，Opera销售宴会系统、OPERA中央预订系统、OPERA中央客户信息管理系统等，其中Opera酒店管理系统是其核心部分，简称Opera PMS，它可以根据不同酒店之间运营的需求多样性，来合理地设置系统，以贴合酒店的实际运作。除单体酒店模式外，还提供多酒店模式，通过一个共享的数据库为多个酒店进行数据存取甚至相互访问。除了针对酒店集团和高星级酒店的Opera以外，MICROS公司还开发了精简版的Opera Express，其缩减了一些高端功能以适合小规模的商业运营，节约使用成本，Opera PMS最新版本为5.06。Opera PMS是符合HITIS数据标准的最早产品，具有划时代的意义，但近年来在研发、技术方面发展迟缓，在行业的垄断地位有所减弱。

2. Sinfonia与康桥（Cambridge）

2006年，石基信息购得Fidelio V7源码，与Micros-Fidelio共享版权，石基在Fidelio技术基础上陆续推出过三款软件，分别是Sinfonia、西软R8和最新的康桥系统（Cambridge）。2009年，石基信息推出Sinfonia Version 1.0，Sinfonia在Fidelio基础上针对中国用户做出了改进，2018年前后推出Cambridge康桥云酒店管理系统。Sinfonia与康桥是国产软件系统，但其沿用了Fidelio的技术基础和源代码，故归类到国外软件中。

3. HIS与HMS

HIS（hotel information system）1977年成立，推出的HIS系统是酒店产业早期PMS中的代表性产品，在全球拥有很多酒店客户。被Fidelio逐渐取代后，2009年公司并入Infor公司，Infor是美国上市公司，全球第三大企业软件务供应商，INFOR推出了HMS，HMS将移动互联、云计算和社交媒体作为主要卖点，成为INFOR酒店业解决方案的核心（除PMS外，还包括NCR POS、收益管理EzRMS、财务Sun system、客户关系管理系统Infor CRM Hospitality、资产管理EAM等）（图2-30）。

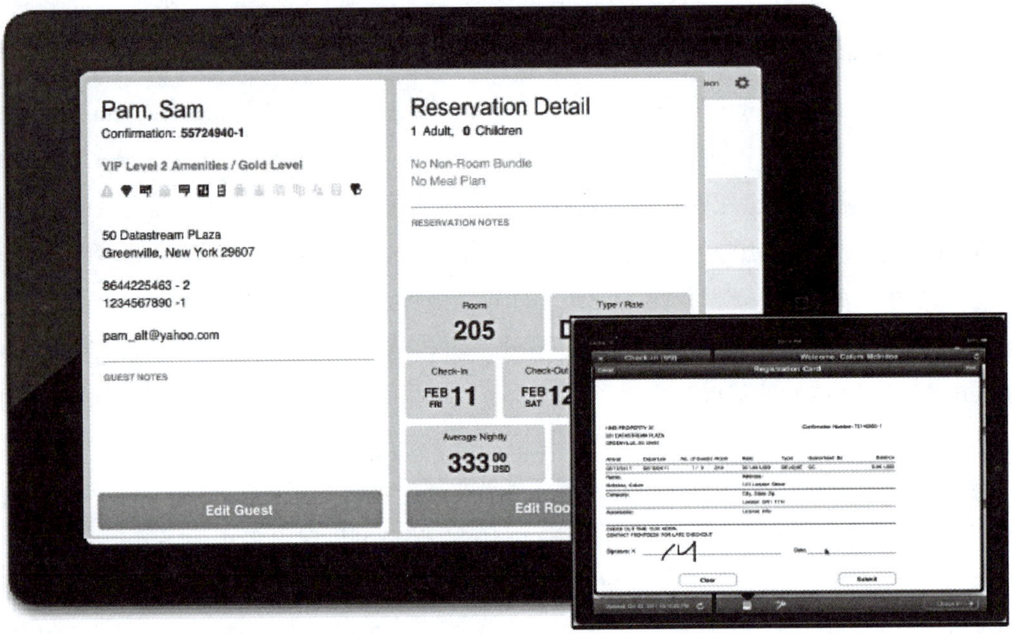

图 2-30　HMS 系统是最支持移动设备的 PMS 之一

二、国产 PMS 系统

1. 西湖软件

浙江大学人工智能研究所于1987年开始研究酒店业的信息化应用并成立了课题组，1988年以国外软件Lodgistix系统为原型，在北京东方饭店首次开发了酒店管理软件，1993年6月在原课题组的基础上创建了杭州西软科技有限公司，研发了西湖软件（即Foxhis系统），逐步发展成为最大的国产酒店信息系统公司。

西软公司旗下拥有XCS产品、XMS产品及移动产品三大系列，几乎涵盖所有类型的酒店集团和单体酒店，截至2019年底，西湖软件拥有酒店客户8 000家，其中星级酒店2 800家。

2. 中软好泰与慧云

北京中软好泰酒店计算机管理系统工程有限责任公司（以下简称中软好泰公司）成立于1995年，研发中软好泰系统CSHIS。2008年中软好泰公司被携程网收购，2015年同慧评网合并成立北京众荟信息技术股份有限公司，将旗下PMS更名为慧云，2018年携程将众荟信息旗下PMS业务板块重组成立中软好泰。截至2020年初，中软拥有酒店客户4 000多家。

3. 绿云

杭州绿云创建于2010年，其核心团队是西湖软件的创始团队，具有很强的酒店业背景和服务能力，依托云计算、移动互联等技术优势快速成为国内酒店PMS的领头羊，2017年6月成为OPERA等系统的国内代理机构，截至2020年签约酒店客户超过18 000家。

三、PMS 产业的发展趋势

PMS价格曾经很高，但随着我国信息技术的发展，尤其是互联网和云计算的崛起，软件价格越来越低，除OPERA、HMS、西湖软件、绿云等公司外，大多数PMS企业难以靠软件销售和服务维持公司运作。而需要创新商业模式，用其他领域的收入弥补软件开发成本，其中“并入渠道企业，分享佣金收入”是最常见的方式，渠道企业为PMS企业提供资金，PMS企业为渠道企业提供数据，逐渐形成了“酒店渠道企业+PMS企业”的格局，主要有以下派系。

1. 阿里石基系

阿里巴巴是中国电子商务领域的龙头企业，2014年在美国、2019年11月在中国香港上市，总市值超过4万亿元。“飞猪”是阿里巴巴提供机票、酒店、旅游线路等商品的综合性旅游出行网络交易服务平台，阿里巴巴2014年9月28亿元人民币入股石基信息成为其第二大股东。

石基信息通过持续的开发、收购，控制了一系列的PMS，包括代理的Fidelio，自行开发的Sinfonia、康桥，控股的华仪、西湖软件、千里马、泰能等，海外收购的Hetras、StayNTouch[①]等，通过飞猪渠道进行销售，形成完整的企业布局。石基信息

① Hetras 和 StayNTouch 分别是德国和美国的云 PMS 企业，于 2016 年被石基信息所收购，2020 年 3 月 6 日美国发出总统令，以国家安全为由，阻止外国企业收购美国云系统信息科技公司 StayNTouch。

2006年和2011年分别收购餐饮信息化企业Infrasys、上海正品贵德，2016年起连续收购海外酒店信息化企业Snapshot、Mycheck、ICE Portal、Concept等，同时石基开发了畅联（ChinaOnline，后更名为Shiji Distribution Solutions）、石基人力资源系统（HRMS）、成本控制系统（PICC）等，形成了完整的产业链。

2. 携程百度系

携程是中国旅游产业的巨头，2003年在美国上市，2020年4月市值约1 000亿元人民币，控制了去哪儿、艺龙、途家、MakeMyTrip、Skyscanner等在线旅游企业，并与Booking、同程、途牛等企业有股权合作，是中国酒店旅游产业最大的OTA企业，携程在2018年已经是全球最大的OTA企业，百度是携程最大的机构股东。携程通过收购、并购，陆续控制中软好泰、客栈通、佳驰、住哲等PMS企业，并拥有慧评酒店点评系统。2020年4月，携程投资绿云，携程系PMS力量进一步壮大。

3. 美团腾讯系

美团是一家生活服务电子商务平台，包括美团、大众点评、猫眼电影、摩拜单车，主要以餐饮、外卖、美容等本地生活服务内容起家，2018年9月20日，美团点评正式在港交所挂牌上市，截至2020年3月30日，市值超过4 000亿元，位列中国上市互联网公司第3名，全球第8名，美团的最大股东为腾讯。2015年7月美团宣布设立酒店旅游事业群，正式进入酒店旅游市场，8月收购酷讯，与酷讯的母公司猫途鹰（TripAdvisor，全球第一大旅游点评网站）加强合作关系，美团酒店通过团购、低佣金等方式入局，避开一二线城市、高星级酒店，获取流量之后再逐渐进入高星级酒店市场。2020年3月30日美团年报显示，2019年国内酒店消费间夜量同比增长38.2%至3.924亿元间/夜，超过携程、去哪儿、艺龙同程的总和。

在PMS领域，美团于2015年投资别样红、番茄来了，并于2018年5月全资收购别样红，别样红在中小型酒店中较为广泛，番茄来了在民宿客栈中用户较多。

总之，国内酒店PMS发展已经非常成熟，酒店企业应当从渠道层面入手进行选择，无论选择哪一个PMS，对外应广开渠道，与尽可能多的渠道开展合作并实施在线推广，对内需加强客户管理，完善会员体系、顾客满意度评价体系、忠诚度计划体系等，在不断提高顾客满意度的基础上提高酒店业绩。

背景知识——预订的前世今生与信息技术的发展

案例
选错 PMS 很麻烦——酒店企业 PMS 的选型

案例背景：崧舍酒店是位于广西壮族自治区桂林市阳朔的一家中档酒店，毗邻古朴阳朔西街，距漓江水畔仅 50 余米。酒店建筑面积 1 万平方米，于 2019 年开业，拥有客房 214 间，餐厅 300 平方米，两个会议室（100 平方米 1 个、80 平方米 1 个），另有儿童活动区、清吧、树屋露台等特色空间。酒店在开业时选择了某国内品牌 PMS 系统，该软件系统在国内拥有数万家用户，用户口碑非常不错。

发现问题：2019 年底，酒店新任总经理上任后，发现酒店各部门与 PMS 有关的操作效率很低，主要表现在以下方面：

（1）与团队相关的各种功能，操作效率均很低，如团队预订、团队排房、团队入住、团队账务操作、团队退房、团队账务处理等。

（2）与应收账款有关的各种功能，如应收账户开设、账务审核、账期控制等。

（3）复杂账务处理，如团队账务审核、转账审核等。

酒店 + 运营软件，1+1 是大于 2 还是小于 2？此时的崧舍酒店，明显出现了 1+1<2 的现象。

分析问题：这些问题的出现主要在于酒店 PMS 选型失误，PMS 与酒店经营模式不够匹配导致。

（1）该 PMS 软件商为行业知名企业，价格比较便宜（几千元至几万元不等），国内用户众多，口碑也很好，但经分析发现该 PMS 用户主要是有限服务酒店，客源以散客为主，销售渠道非常简单，主要集中在散客、协议公司散客、网络渠道等少数几种。该软件的散客管理功能非常强大，预订、入住、收银、结账等功能简捷，方便快捷，但该软件在团队管理、应收账款处理、复杂账务处理、复杂报表等方面不够强大。该软件非常适合散客为主、客房为主的有限服务酒店，而不适合用于客房数量比较大、团队业务很多的全服务酒店。

（2）崧舍酒店客房数量较多，拥有较为完善的会议、餐饮设施，客源结构趋向于多样化，除了散客、协议单位之外，团队是非常重要的客源群体，占据酒店 30% 左右的客源，而团队业务在预订、入住、账务处理、离店、收入审计等环节与散客差异巨大，对 PMS 要求很高，在团队业务中，同进同出的旅行团业务最简单，非同进同出的团队（一般称为 MICE 团）复杂度最高，需要专业的 PMS 软件。

（3）团队业务对 PMS 提出的另一个挑战是应收账款处理，目前国内许多经济型饭店和中档酒店实行现收现付的财务制度，不支持应收账款功能，有些酒店甚至不设置财务部门，由前台人员将当日收入存入银行账户而完成收银操作，而全服务酒店接待团队业务，信用审核和应收账款操作是必备的支付类型。

（4）复杂账务处理与审核，团队业务往往涉及大量账目分类和转账操作，如团队成员房费统一支付、其他消费自行支付。

解决问题：通过以上分析，崧舍酒店发现问题的根源在于经营模式与 PMS 的不匹配，首先通过联系 PMS 厂商进行定制和软件升级，但这一方案失败——崧舍酒店的需求是小众需求，该厂商 99% 的客户并不需要这些功能，对崧舍酒店这些需求的满足并不能增加企业收入、反而会带来软件商复杂度和成本的指数级提升，这并不符合该软件商发展战略。经综合研判，崧舍酒店计划更换 PMS 系统，初选系统为绿云软件、西湖软件和中软好泰三家，这些软件能够很好地支持团队、应收账款、复杂账务处理等功能，更符合酒店经营模式。

结论：PMS 是酒店运营的核心系统，尽管都具备客户管理、业务管理、账务管理和客房管理等基本功能，如散客预订、散客入住、账务处理、结账离店等基本功能，但软件之间功能差异巨大，酒店企业应当结合自身经营模式进行选择，多征求同档次、同模式酒店企业的建议，其中团队业务、应收账款审核、复杂账务处理、多渠道管控、接口数量等业务和功能是全服务酒店与有限服务酒店的主要需求差异点，应当在系统选型时格外注意。

自我评估

一、选择题

1. 客户资料管理模块是酒店管理系统PMS的重要部分，以下信息中不属于客户资料的是（　）。

A. 顾客基础信息　　B. 顾客业务统计信息

C. 顾客消费偏好信息　　D. 顾客隐私信息

2. 以下关于顾客与PMS信息之间的关系，正确的是（　）。

A. 一个顾客只能有一个客户资料　　B. 一个顾客只能有一个预订

C. 一个顾客只能有一份账单　　D. 一个顾客只能订一间客房

3. 顾客完成一次入住和支付后，顾客资料的以下信息一定发生变化（　）。

A. 顾客基础信息　　B. 顾客业务统计信息

C. 顾客消费偏好信息　　D. 顾客联系方式信息

4. 酒店管理系统PMS是酒店经营的重要基础软件，现代PMS的运行基础是（　）。

A. 客户管理　　B. 业务管理　　C. 客房管理　　D. 账务管理

5. 以下关于客户资料的描述，不正确的是（　）。

A. 客户资料不仅用于个人顾客信息的存储，也用于非个人顾客信息的存储

B. 在有些国产软件中，个人客户资料被称为“宾客档案”

C. 在有些国产软件中，非个人客户资料被称为“协议单位”

D. 客户资料信息应该都打印出来，以纸质形式妥善保存

6. 协议单位包括公司、旅行社等，是酒店业务的重要来源，协议单位的信息存储在以下（　）模块中。

A. 客户管理　　B. 业务管理　　C. 客房管理　　D. 账务管理

7. 按照顾客历史消费情况统计顾客消费潜力，是酒店企业顾客分级的重要手段，应当对以下（　）模块中查询顾客历史消费信息。

A. 客户管理　　B. 业务管理　　C. 客房管理　　D. 账务管理

8. 当一个顾客拥有多个客户资料时，会影响酒店统计信息的正确性，此时应当（　）。

A. 做好备份等准备工作后，将资料合并　　B. 马上删除一个

C. 不予理会　　D. 马上合并

9. 在以下（　）情况下，需要新建客户资料（New Profile）。

A. 签订新的销售合同时　　B. 销售合同续约时

C. 新建预订时　　D. 销售合同终止时

10. 作为一家单体酒店，下列（　）对象的资料一般不会收集成为本酒店基本档案的记录。

A. 重要顾客 VIP　　B. 逃账者　　C. 本酒店总经理　　D. 酒店客人

11. 入住操作是酒店前台接待的重要工作，在酒店信息系统中，该功能通常包含在（　）中。

A. 前台管理系统（PMS）　　B. 营业点系统（POS）

C. 销售与宴会系统（S&C）　　D. 采购库存系统

12. 来自美国的卡尔先生提前预订酒店客房并于预抵日来到酒店办理入住手续，前厅部员工马克使用到达者（Arrivals）功能为卡尔先生办理入住手续后，卡尔先生的客人状态（Status）为（　）。

A. 入住（Checked In） B. 离店（Checked Out）

C. 无预订（Walk In） D. 预期到达（Expected）

13. 来自美国的卡尔先生并未预订客房，直接来到酒店前台办理入住手续，假设酒店目前有可用房，前厅部员工马克使用到达者（Arrivals）功能为卡尔先生办理入住手续后，卡尔先生的客人状态（Status）为（ ）。

A. 入住（Checked In） B. 离店（Checked Out）

C. 无预订（Walk In） D. 预期到达（Expected）

14. 无预订的顾客，办理预订（Reservation）操作后，业务状态会变成（ ）。

A. 预订（Expected 或 6PM） B. 在住（Checked in）

C. 离店（Checked out） D. 在住（Walk in）

15. 对于第一次预订酒店的客人，酒店PMS系统中不存在客人的资料（Profile）。预订操作时会（ ）。

A. 预订（Reservation）同时系统自动生成客户资料（Profile），不需要额外操作

B. 需要员工手工建立一个客户资料（Profile）

C. 先完成预订操作，预订完成之后再为客人建立一个客户资料

D. 不需要处理，预订和客户资料没有关系

16. 以下关于预订（Reservation）和客户资料（Profile）之间关系的描述，正确的是（ ）。

A. 每个预订（Reservation）必然与一份个人资料（Individual Profile）相关联

B. 每份个人资料（Individual Profile）必然与一个预订（Reservation）相关联

C. 一个预订可以对应多个客户资料

D. 预订可以脱离客户资料而独立存在

17. M酒店集团管理的MO酒店在接受集团例行检查时，被发现酒店客户资料（Profile）库中存在大量姓名为“1”的客户资料。经调查，发现并非软件故障，而是酒店员工为了节省时间而随意输入“1”而完成预订。针对此现象，M酒店集团对MO酒店做出了严厉的处理，这主要是因为（ ）。

A. 这样的预订客人将无法入住

B. 这样的预订无法收取客人费用

C. 同名的大量客户资料，影响酒店统计数据的正确性

D. 这样的预订会导致客人投诉

18. 尽管国籍（Country）信息并非预订时的必填项，但大多数酒店要求预订员预订时必须输入该信息，这样做的原因中错误的是（ ）。

A. 输入国籍可以提高预订价格

B. 国籍是客人喜好的重要决定因素，了解该信息可以更好地对客人服务

C. 国籍是客人的消费能力和消费偏好的影响因素，可以帮助营销部更好地制定销售策略

D. 国籍是营销部划分市场的重要依据，可以根据国籍进行市场细分

19. 预订取消（Cancel Reservation）是根据客人要求，取消已经存在预订的操作。预订取消操作时，顾客状态的变化（　）。

A. 客人预订状态（Reservation Status）从预期到达（Expected）修改为取消（Canceled）

B. 客人预订状态（Reservation Status）从预期到达（Expected）修改为入住（Check In）

C. 客人预订状态（Reservation Status）从预期到达（Expected）修改为离店（Check Out）

D. 从系统中将预订删除（Delete）

20. 当客人状态（Status）为下列（　）状态时，客人不属于在店客人（In House Guests）。

A. 预住（Due in）　　B. 在住（Checked In）

C. 无预订（Walk In）　　D. 预离（Due Out）

21. 当状态为在住（Checked In）的客人要求结账离店时，应使用（　）功能来完成。

A. 提前离店（Early Departure）　　B. 结账离店（Checked Out）

C. 取消（Canceled）　　D. 抛账（Posting）

22. 客人刘丽单独预订一间客房，为她办理入住（Check in）手续后，客人所住客房状态（Room Status）变为（　）。

A. 空脏（Vacant Dirty，VD）　　B. 空净（Vacant Clean，VC）

C. 占用脏（Occupied Dirty，OD）　　D. 占用净（Occupied Clean，OC）

23. 客人刘菲入住了0813客房，在客人入住后，在以下（　）情况下，PMS系统中0813客房状态（Room Status）会变更为占用脏（OD）。

A. 当日夜审完毕　　B. 客人要求客房服务（Room Services）

C. 客人在客房洗澡将房间弄脏　　D. 客人客房灯不亮，客房服务中心报修后

24. 经过45分钟的努力，客房部楼层服务员王丽终于完成了退客房（Vacant Room）0816客房的清洁（Housekeeping），按照酒店的标准操作流程（SOP），王丽致电客房服务中心（Services Center）要求改房态，此时客房服务中心对0816客房的操作为（　）。

A. 将客房状态由空脏（VD）修改为空净（VC）

B. 将客房状态由空脏（VD）修改为在住净（OC）

C. 将客房状态由空脏（VD）修改为在住脏（OD）

D. 将客房状态由空净（VC）修改为空脏（VD）

25. 客房差异（Room Discrepancy）经常被称为客房矛盾，是指客房部与前厅部对某间客房信息存在差别，其中的沉睡房（Sleep）是指（　）。

A. 前厅部显示该客房为“空房”，客房部显示客房为“占用”

B. 前厅部显示该客房为“占用”，客房部显示客房为“空房”

C. 前厅部显示该客房为“空房”，客房部显示客房为“空房”

D. 前厅部显示该客房为“占用”，客房部显示客房为“占用”

26. 客房差异（Room Discrepancy），也经常被称为客房矛盾，是指客房部与前厅部对某间客房信息存在差别，其中的逃账房（Skip）是指（　）。

A. 前厅部显示该客房为“空房”，客房部显示客房为“占用”

B. 前厅部显示该客房为“占用”，客房部显示客房为“空房”

C. 前厅部显示该客房为“空房”，客房部显示客房为“空房”

D. 前厅部显示该客房为“占用”，客房部显示客房为“占用”

27. OS（Out of Services）与OO（Out of Order，也称OOO房）均是酒店客房特殊房态，当客房处于锁房、维修、保养等状态时设置，两种状态均不可以对客销售，二者的区别在于（　）。

A. OS是因小维修，OO是大维修　　B. 因客人原因是OS，因酒店原因是OO

C. 客房没坏但不卖是OS，坏了是OO　　D. 因管理方原因是OS，因业主原因是OO

28. 对高星级酒店产业，将VC客房设置为OO或OS状态，是否会影响可售房数量（　）。

A. 两者都不影响　　B. 设置为OS影响

C. 设置为OO影响　　D. 两者都影响

29. 可售房（Total Rooms to Sell）数量的计算公式是（　）。

A. 实际客房数量　　B. 实际客房数量－OO房

C. 实际客房数量－OS房　　D. 实际客房数量－OO房－OS房

30. 某酒店一共有100间客房，卖掉10间过夜房（Stayover），酒店目前有90间房处于OO（Out of Order），0间处于OS（Out of Services）。酒店当前出租率是（　）。

A. 10%　　B. 11.1%　　C. 100%　　D. 不确定

31. 酒店收到某公司的100间客房的预订询价，市场营销部尚未回复顾客询价。酒店市场营销部将该预订录入PMS中，该团队预订应该处于（　）状态。

A. 询价阶段（Inquire或Prospect）　　B. 发送报价阶段（Pending，PEN）

C. 临时预订阶段（Tentative，TEN） D. 确定预订阶段（Definite，DEF）

32. 酒店收到某公司的100间客房的预订询价，销售经理小李将酒店报价发送给公司联系人刘经理。酒店市场营销部对团队预订进行了更新，该团队预订应该处于（ ）状态。

A. 询价阶段（Inquire 或 Prospect） B. 发送报价阶段（Pending，PEN）

C. 临时预订阶段（Tentative，TEN） D. 确定预订阶段（Definite，DEF）

33. 酒店收到某公司的100间客房的预订询价，销售经理小李经过与顾客持续的沟通跟进，明确了顾客需求和价格，起草合同并发送给顾客，尚未收到顾客的合同盖章签字，也没有收到保证金。酒店市场营销部对团队预订进行了更新，该团队预订应该处于（ ）状态。

A. 询价阶段（Inquire 或 Prospect） B. 发送报价阶段（Pending，PEN）

C. 临时预订阶段（Tentative，TEN） D. 确定预订阶段（Definite，DEF）

34. 酒店收到某公司的100间客房的预订询价，销售经理小李经过与顾客持续的沟通跟进，明确了顾客需求和价格，起草合同并发送给顾客，收到顾客的合同盖章签字，并收到保证金。酒店市场营销部对团队预订进行了更新，该团队预订应该处于（ ）状态。

A. 询价阶段（Inquire 或 Prospect） B. 发送报价阶段（Pending，PEN）

C. 临时预订阶段（Tentative，TEN） D. 确定预订阶段（Definite，DEF）

35. 某酒店高级大床房为100间，已经散客预订13间，团队预订INQ状态10间，TEN状态9间，DEF状态8间。酒店可售房为（ ）。

A. 87 间 B. 79 间 C. 70 间 D. 60 间

36. 对于团队和宴会业务，在团队刚刚建立时并不占用客房资源，当团队状态变更为（ ）时，将实际占用客房资源。

A. Inquire 或 Prospect B. Pending C. Tentative D. Definite

37. 专业化运营的酒店，将散客与团队业务进行分类处理的原因中，错误的是（ ）。

A. 团队订单成功率更低 B. 团队订单成功率更高

C. 团队预订具有更高的复订率 D. 团队业务需要通知高层进行资源协调

38. X酒店拥有100间客房，已经收到10间散客预订。目前，销售经理甲正在跟进一个60人的团队预订需求，销售经理乙正在跟进一个50人的团队预订需求，则S&C系统中的正确处理流程是（ ）。

A. 优先选取更大的团队预订

B. 优先选取更小的团队预订

C. 按照抢占资源，选择率先达到 DEF 状态的订单

D. 优先选择建立订单更早的预订

39. 某酒店拥有客房100间，5名销售经理同时与5个客户洽谈团队业务，假设5个团队均需预订80间房，合计需要400间客房。酒店正确的团队管理策略是（ ）。

A. 5 个团队同时跟进，团队状态最早变更为 DEF 的预订有效

B. 先来后到，最先询价的团队预订有效

C. 5 个团队同时跟进，先来后到，入住时最早到达酒店的团队预订有效

D. 5 个团队同时跟进，价格优先，入住时出价最高的团队预订有效

40. 与国外软件相比，我国的酒店管理软件在下列（ ）功能存在明显劣势。

A. 界面的美观性　　B. 移动互联网支持　　C. 团队业务管理　　D. 中文汉化支持

41. 某酒店一共有100间客房，卖掉10间过夜房（Stayover），酒店目前有N间房处于OO（Out of Order），M间处于OS（Out of Services）。酒店当前出租率是（ ）。

A. 10/100　　B. 10/（100-M）　　C. 10/（100-N-M）　　D. 10/（100-N）

42. 服务员分配，即分配客房服务员对客房的清洁工作，是客房管理的重要工作，PMS中的服务员分配是客房管理模块的重要功能，进行客房分配时系统的考虑要素包括（ ）。

A. 每间客房房型工作量　　B. 客房内的人数

C. 客房的楼层与毗邻关系　　D. 以上全包括

43. 原有的PMS客房分配功能的局限性是（ ）。

A. 没有存储客房信息　　B. 没有存储房态信息

C. 没有存储楼层信息　　D. 无法进行信息实时互动

44. 服务员分配，即分配客房服务员对客房的清洁工作，是客房管理的重要工作，关于服务员分配最好的方法是（ ）。

A. 综合 PMS 中客房数量、房态、入住人数等因素来分配

B. 由管理人员根据客房数量平均分配

C. 由管理人员根据楼层平均分配

D. 由员工自行分配

45. 顾客账务模块是酒店管理系统的重要组成部分，对于个人顾客，PMS在（ ）环节为顾客建立个人账户。

A. 办理预订时　　B. 办理入住时　　C. 第一次消费时　　D. 结账离店时

46. 前厅部员工Lisa在凌晨6：00上班时，客人Tom前来办理入住（Check In），但目前

PMS系统日期还是前一天，如果Lisa没有发现该问题，采用正常方法为客人办理入住手续，客人的账目会（　）。

A. 多收一天房费　B. 少收一天房费　C. 房费正确　D. 不一定

47. 前厅部员工Lisa在凌晨6：00上班时，客人Tom前来办理离店（Check Out）手续，但目前PMS系统日期还是前一天。如果Lisa没有发现该问题，根据客人当前账户余额进行收银操作，则Lisa此次收银操作（　）。

A. 多收一天房费　B. 少收一天房费　C. 房费正确　D. 不一定

48. 关于"夜审"（Night Audit）功能，下列描述错误的是（　）。

A. 夜审之后，酒店所有账目都不可以再操作

B. 夜审是酒店一天经营结束的标志，每次成功的夜审会使酒店前台系统（PMS）日期前进一天

C. 夜审将完成"承前启后"的作用，功能包括收入统计、客房情况统计、客人情况统计、报表输出、房价审核和房费记录等

D. 由于现代酒店前台系统（PMS）的功能越来越强大，极大地降低了夜审的专业化程度和工作量，出现了夜审工作由财务部门向前厅部转移的趋势

49. 酒店要求，当酒店员工操作客人账户时，每次操作完毕，需要尽快退出客人账户，这样要求的原因是（　）。

A. 当客人账户被一个收银员打开，那么该账户处于"被操作"状态，此时其他收银员无法对该客人账户进行操作，会造成"有钱收不了"或者"有账不能结"的结果

B. 这样做会让计算机变得缓慢

C. 这样会使客人账户出现错误

D. 这样会造成收银账户出现错误

50. 对比之前的PMS系统，Fidelio PMS在客房销售模式上的创新在于最早实现（　）。

A. 基于房号可用性售房　B. 基于房型可用性售房

C. 基于房价可用性售房　D. 基于客户可用性售房

二、拓展思考

1. 酒店管理系统的主要功能有哪些？在酒店工作期间，你曾经使用酒店管理系统完成过哪些服务工作？

2. 国内有哪些常见的酒店管理系统，假设你是一家（五星级连锁酒店/四星级单体酒店/中档有限服务酒店/经济型酒店/家庭旅馆）的负责人，在酒店开业前需要进行系统选型，你应当选择何种酒店管理系统？

三、调研与实践

酒店管理系统是酒店企业经营的基础系统，在酒店市场营销、对客服务、运营管理中应用广泛。对酒店管理系统的良好应用是提供优质服务的重要保障，而对系统的错误操作，也容易导致服务缺陷和管理漏洞。回顾和整理你在酒店企业的实践经验，结合网络信息，总结并回答以下问题：

1. 酒店各部门正确应用酒店管理系统，实现高质量服务的案例（比如优质服务、提高效率、避免危险等均可），请写出一例（案例注明执笔人，不超过2人）。

2. 酒店各部门不当使用酒店管理系统，导致低水平服务的案例（比如顾客投诉、服务事故、收银漏洞、员工盗窃等），请写出一例（案例注明执笔人，不超过2人）。

3. 在上述问题中选择一项，尝试分析：如何通过管理的方法和手段，提高管理水平，避免服务缺陷。

3

第三章

外围设备的信息化

学习与素养目标

1. 了解外围设备与接口和酒店服务和管理之间的关系
2. 了解常见的酒店管理外部设备，能够正确认识这些设备的作用和价值
3. 了解技术标准和接口技术的技术意义和应用价值，体会物联网技术支撑下“万物互联”时代的新内涵

导入任务

通过实地走访、实习期间调查、网络调查等方式，了解周围酒店所使用的外部设备有哪些，这些设备在日常服务和经营过程中起到了哪些作用。

一个完全集成的酒店信息系统为管理提供了监控前台和后台各种活动的有效方法，酒店业务的其他领域也可以从中获益。尽管这些信息化系统可以独立工作，但如果它们建立起与酒店管理系统的接口，这些系统就能够更好地发挥其功效。接口使酒店管理系统可以访问各种系统，而不需要改变酒店管理系统的主要结构。

本章将详细叙述酒店管理系统的各种接口，其中主要接口包括：一是预订系统接口；二是POS；三是电话接口；四是门锁；五是客房控制（空调、灯光）；六是身份证扫描、公安上传系统；七是其他（自助设备）。

以上只是最常见的外围系统，许多酒店还根据自身需要设立了更丰富的外围设备，也需要PMS 提供更加完善的接口。例如，顾客自助系统（Kisok）和视频点播系统（VOD），而PMS 支持的接口种类和数量是 PMS 先进程度的关键指标，接口的多少也反映了酒店信息化的先进程度。例如，Opera PMS 系统分为全服务版（Full Services）、简化版（Express）和精简版（Lite），且三个版本在功能上完全一样，唯一的区别在于开放的接口数量，全服务版没有数量限制，精简版可以开放 40 个，而 Lite 版本可以开放 20 个。随着世界各地的旅行者越来越习惯使用计算机，酒店行业信息化程度的不断提高，酒店 PMS 接口数量将呈现持续增加的趋势。

第一节 预订系统接口

预订是酒店业最早实现信息化的领域，早在1958年，喜来登就实现了电子化的预订，1969年PMS诞生后，酒店业把预订系统和PMS系统的自动对接作为酒店预订的基本功能，20世纪70年代流行的全球分销系统（global distribution system，GDS）具备了自动接口的功能，各大酒店集团建设的集团中央预订系统（central reservation system，CRS）也具备自动连接PMS的功能。例如，万豪酒店集团的MASHA、洲际酒店集团的Holidex等，大幅度降低预订的工作量，提高了预订的实时性。

但在中国，由于酒店以单体酒店为主，且中国酒店信息化的进程是“先有PMS，后有预订系统（这里的预订系统主要指集团预订和第三方网络预订等）”，所以许多酒店并没有建立网络预订系统与PMS的自动接口，网络预订的背后依然需要人工操作，大幅度地提高了人工成本，也造成了预订相应速度不及时、价格更新缓慢和房间数量不同步等问题。

预订与PMS的接口，可以实现将预订系统（包括酒店官方网站、第三方预订平台等）与PMS系统自动对接，预订系统的信息可以直接进入PMS系统从而完成预订，从而实现预订的无人化，预订接口通常可以实现以下功能（图3-1）：一是新建预订；二是预

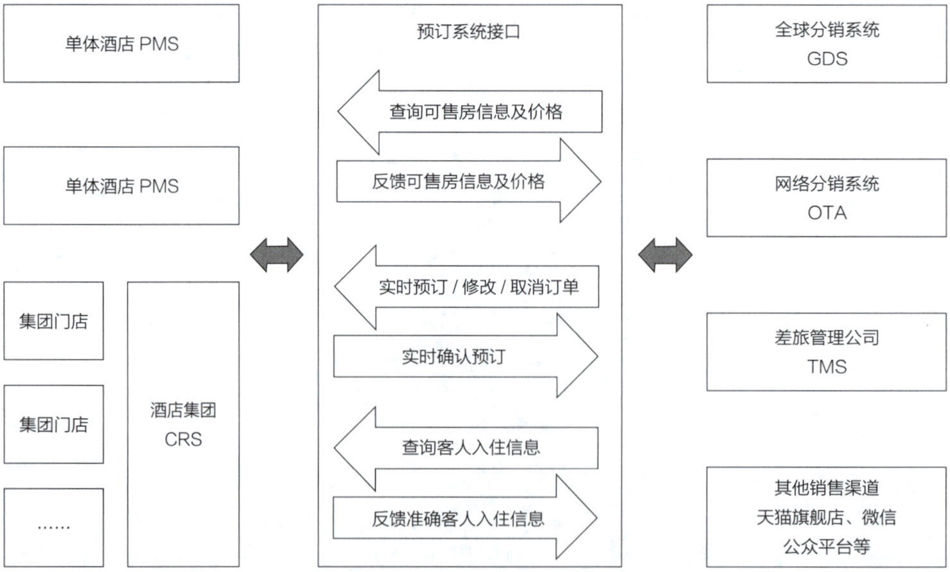

图 3-1　预订系统接口可以实现多种预订渠道的管理和实时操作

订变更（通常必须将原预订取消后再次预订，以防止产生数据变更不及时的现象）；三是预订状态确认（依据客人入住与否可以分为入住CHECKED IN、取消CANCELED、未入住No Show）；四是佣金自动计算；五是管理众多网络渠道，包括新兴渠道的实时数据通信。

预订系统接口优化了预订的流程（图3-2、图3-3），大幅度提高预订的速度，改善客户体验，在这一技术背景下，集团预订中心、区域预订中心等管理模式逐步建立。另外，在预订系统接口的建设过程中，由于预订网站、第三方预订平台与PMS分属不同企业，系统的兼容性是最重要的指标，而双向信息互通故障是最容易出现的问题。例如，万豪MASHA系统虽然经过多年的使用，但MASHA与Opera系统之间的数据互联依然不够完美，从技术角度来看，预订系统、PMS的融合开发是解决这一问题的有效途径。例如，MICROS公司（Opera的开发商）开发的Opera ORS（Opera Reservation System）可以将预订系统、Opera PMS和Opera S&C系统进行连接，另外石基信息的畅联系统

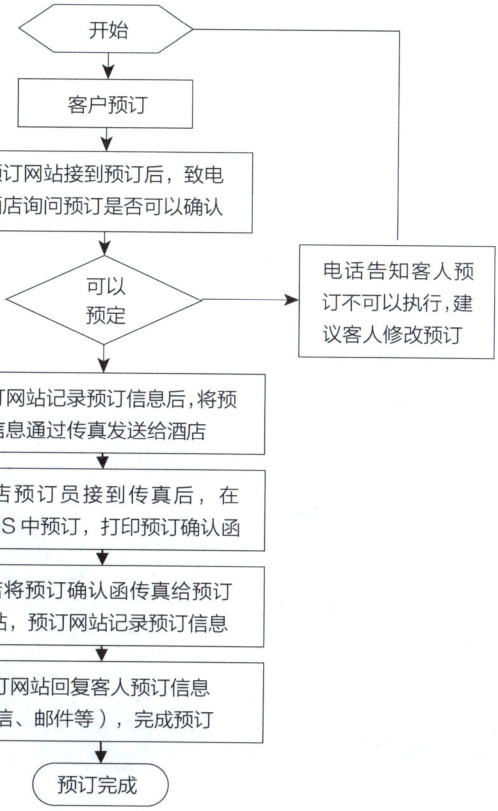

图3-2 不使用预订系统接口的预订流程

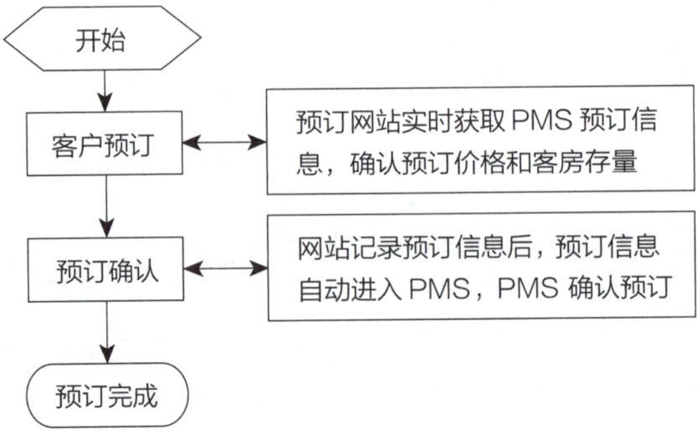

图 3-3　使用预订系统接口的预订流程

（2018年英文名更改为Shiji Distribution Solutions，译为石基渠道管理更为合适）、上海德比软件开发的DHotelier在兼容性方面也有不错的性能。

第二节　POS系统

一、概述

POS（Point of Sales）原本的含义是销售节点，被广泛用于零售、酒店等多个行业，在酒店业中，POS是安装了收银软件的电子收款设备，可以被酒店运用在各个营业部门。这样的设备使得收银员服务与结账的效率更高，更重要的是，收银员可以直接操作顾客账户，完成抛账（Posting）操作，而不需要再使用烦琐的传统流程。

在中国，POS这个词除了用来被描述销售节点，还用来指信用卡设备（图3-4），在本书中，POS特指酒店营业区域使用的营业点。

图 3-4　信用卡刷卡机

行业链接

在1993年国家旅游局颁布的《旅游涉外饭店星级的划分》（在2003年的第五版中，该标准名称修改为《星级饭店的划分与评定》）中，明确要求三星级及以上酒店，必须提供一次性总账单结账服务。

这就要求顾客在每一个营业点消费后，收银员除了现金结算外，必须提供将客人的消费金额计入客人账户的操作，即“抛账”（Posting）（详细内容见第二章—顾客账务模块）。

在没有POS的时代，收银员应先打电话到前台询问客人账户余额是否足够挂账，在确认可以挂账后，在挂账单（俗称“水单”）上填写房号、客人姓名、消费项目、消费金额等信息，客人签字后送至前台入账。

在使用POS后，各营业点收银员可以直接操作顾客账户，实时完成抛账操作，如果顾客账户超过限额，POS接口会返回账户超限额而拒绝抛账操作。

酒店POS与酒店管理系统（PMS）通过接口相连，数据就可以直接从POS系统传送到不同的前台模块和后台模块，以做进一步的处理（图3-5）。POS接口的使用极大地减少了转账错误，并将收费之后的工作量降到最低，与此同时，接口的使用使得每一次抛账都是“实时”完成，即抛账时间就是消费的发生时间，这又为酒店的决策提供了时间信息。例如，餐饮管理系统可以设定营业时段，将6：00—10：00的营业收入计入早餐收入，而10：00—14：00的收入计入午餐收入。

POS/PMS接口是一个双向接口，不仅可用于POS将消费信息传递给PMS系统，这一接口还可以传递以下信息：一是账单编号；二是顾客账户当前状态［是否住店客人，状

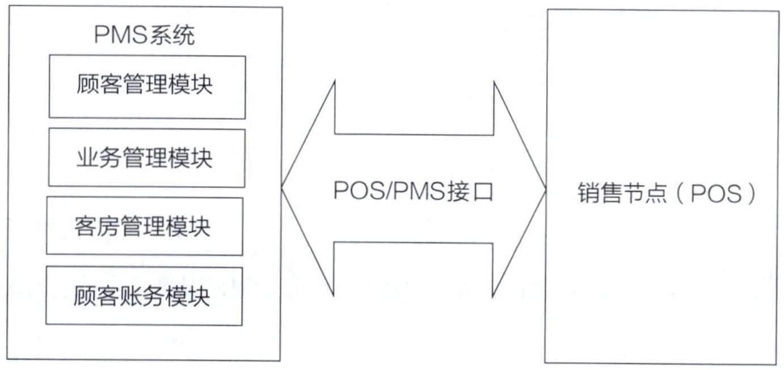

图3-5 POS/PMS的功能

态是在店（Checked In）、离店（Checked Out），还是客人是非住店客人（Pass By）]；三是顾客账户是否余额超过限额（High Balance）。

配合优秀的PMS系统和POS系统，不仅可传递费用方面的信息，还可传递顾客的消费信息，如将客人点餐明细记录在顾客管理模块，这样在客人下次入住时，就可以查阅顾客上次点餐信息，有效地提高顾客满意度。所以，POS/PMS接口还可用来传递以下信息：一是顾客基本信息（如顾客预订电话号码，客人结算方式）；二是顾客消费信息（如点单明细、餐台号、用餐人数等）。

酒店POS系统在整个酒店的数目和使用位置取决于一系列因素，需要注意的是，一旦设置POS点，不仅仅意味着需要在开业时增加硬件设备购置费用和软件费用，也需要增加必要的人员开支。在POS设置时，需要考虑以下因素：一是业务的规模和类型（比如，酒店出售储值卡，尽管涉及营业收入，但由于发生次数少、金额大，就没有必要设置POS，可以将该操作由营销部或者财务部来完成）；二是实际情况限制（比如，有些酒店商场采用外包的营业模式，POS的设置就会因为账期等问题存在难度）；三是通信需求（比如，营业点是否有网络接口，如果是外卖营业点就很难提供稳定的网络接口）；四是安全考虑。

通常，一个大型度假酒店可能将POS放置在以下营业区域：餐厅、酒吧和休闲区、大堂吧、客房服务中心、商场、康乐部、客房送餐。

而在另一家规模较小的商务型酒店，POS仅被设置在餐厅，其他营业点可以这样处理：一是大堂吧（未设置POS，因为大部分大堂吧消费采用现金结算，由于距离前台很近，个别的挂账操作由收银员将水单送至前台入账）；二是商场（外包，不接受挂账）；三是客房送餐和客房服务中心（未设置POS，直接操作PMS完成挂账操作）。

尽管PMS/POS接口给酒店带来了明显的好处，但除了硬件与维护的成本外，还有一些潜在的风险需要考虑在内：一是从POS传送来的数据可能不符合PMS的数据格式，即接口不匹配或不兼容；二是在PMS夜审时，可能导致POS的数据丢失；三是接口技术扩大了酒店信息系统的规模，存在潜在的故障点。

二、发展趋势

以上内容分析了POS接口的内涵与风险，但随着POS和PMS技术的不断成熟，POS与PMS的接口已经成为行业的通行做法，选择成熟的PMS和POS产品也成为降低故障的有效方法。另外，随着酒店信息化的不断发展，POS设备不断丰富，进一步提高了服务质量。

第三节 电话交换机系统

电话交换机接口是酒店管理系统（PMS）与电话交换机（PABX）之间的接口，用来将酒店电话费用进行计时计费、转账、统计等操作。一般来说，电话交换机接口可以实现如下功能：一是自动识别外拨电话；二是自动线路选择；三是识别特殊电话号码（400和800电话、声讯台等）；四是电话计费，为不同的电话机设定不同的电话费率；五是电话级别设定（如散客入住自动开通国内长途，团队入住仅开通内线电话，客人离店后一律关闭外线电话）；六是客房状态修改；七是客房Minibar入账；八是语音信箱。

电话计费系统（CAS）不仅是顾客的电话控制，还可同时控制酒店办公电话的计费、统计，用于酒店进行合理的成本控制。电话交换机接口给酒店带来了许多显著的优点。例如，增强了对顾客的服务，大幅度减少了总机接线员的工作，改进电话计费方法，降低电话费用支出，自动将电话费用转至顾客账户，自动的通话详细记录，详细的通话统计，如按照主叫号码、被叫号码统计，按照部门统计、时段统计等。

CAS/PMS接口减少了总机接线员的工作量，酒店的总机部门既减少了时间，也节省了人力。另外，详细的通话记录减少了顾客对话费的争议，提高了酒店结账操作的时间，使前台业务更加流畅。

随着信息化的不断发展，在酒店通信领域，有两个重要的趋势不断涌现出来：一是互联网的发展、移动通信流行使得客人对固定电话的依赖度大幅度降低，很多客人通过互联网软件进行交流（如QQ、微信或Skype），而移动电话不但拨打更加方便，资费也比酒店固定电话更低；二是内部通信机制的多样化，如除了固定电话，内部网络移动电话等，还有将内部通信、PMS、手机短信等进行融合的趋势。总之，依托电话交换机与PMS的接口，酒店可以实现更多信息的推送和更好的客户体验，酒店电话机已经成为酒店与顾客交互的新渠道（图3-6）。例如，FCS公司发布的新产品Mobile Tel可在客房里安装手提电话。客人离开房间时随身携带该电话，因此不耽误其接听客房来电。客人用手提电话呼叫后，客人的账面会自动显示话费。

图 3-6 移动互联网时代，酒店将客房电话功能融入智能音箱（洲际酒店集团）

第四节 电子门锁系统

电子门锁系统（ELS）是基于计算机加密技术的客房门锁，用来代替传统机械门锁，电子门锁的安装需在酒店装修时实施，后期的更换往往会带来许多不必要的麻烦。酒店业最早的电子锁来自瑞典Vingcard公司，它目前是亚萨合莱集团的品牌。

从外形和使用的介质来看，电子门锁分为多种，从总体结构来看，主要分为离线式和在线式两种。这里的在线和离线主要指门锁与钥匙[①]制作设备（通常是一台计算机）是否通过线路相连。离线式中每一把门锁均是独立的，只需装入电池即可正常工作。而在线式中每一把门锁均通过专用线路与钥匙制作设备连接。在使用客房控制系统的酒店，门锁可以通过客房控制系统“间接”地与酒店PMS连接，也算作在线式的门锁，表3-1对在线式门锁与离线式门锁系统进行了对比。

从门卡介质来看，电子门锁主要分为IC卡（感应卡）门锁和磁条卡门锁，前者门锁价格低，但门卡较贵，在国内酒店使用较为广泛，而后者门锁价格较高，但门卡成

---

① 尽管电子门锁采用磁卡作为开门介质，外形与传统钥匙差别很大，经常被称为门卡，但为习惯起见，在本书中依然使用钥匙的称谓。

本很低，在连锁酒店使用更广泛，如喜达屋、万豪等酒店集团均使用磁条卡门锁，客人离店时可以将门卡带走（图3-7），可以实现门卡和会员卡的一体化，更有利于酒店的推广。

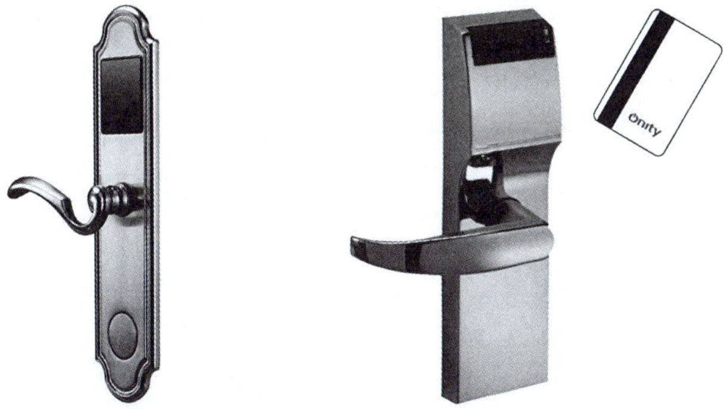

图 3-7 感应卡门锁与磁条卡门锁

表 3-1 在线式与离线式门锁结构对比

项目	离线式门锁系统	在线式门锁系统
特点	门锁与钥匙制作设备独立	门锁通过线路与钥匙制作设备连接
门锁成本	高（每把门锁需要独立的控制芯片）	低（每把门锁不需要芯片）
施工成本	低（每门锁独立施工，不需要布设线路）	高（每个门均需布设专用线路）
供电方式	电池供电，需定时更换电池 电池电量不足时，门锁将无法打开，有些型号门锁电池电量耗尽后会自动开门	线路供电，不需更换电池，但需要可靠的供电设施，否则停电系统将无法使用
时钟同步	需要定时同步	自动同步
安全性	高	高
优点	结构简单，施工方便 对供电系统要求低	线路布设成本高 需要稳定的供电系统 可以了解实时客房状态 不需要更换电池和同步时钟 可以根据客人状态对客房门锁实行动态管理
缺点	需要定期同步时钟 需要定期更换电池	对管理水平要求高 停电时，造成的损失更大

行业链接

刘先生9月1日入住酒店202客房，9月2日离店，前台员工为客人制作了钥匙，9月2日中午11：30分，刘先生匆匆赶回客房急着退房，却发现钥匙无法打开，客人急忙联系前台员工开门，刘先生等开门收拾完东西来到前台时，已经是12：30，根据酒店规定收银员要求刘先生补交半天房费，客人不满产生投诉。

除了密码不同步，电子门锁还存在时钟不同步的情况，即门锁制作设备的时钟与门锁内部时钟时间不同步，此时也会使门锁无法打开。这一案例反映的就是门锁的时钟同步问题。

在理论上，刘先生客房钥匙会在9月2日中午12：00前有效，但由于长期没有做时钟同步，202客房的门锁时钟已经有了误差，客人11：30开门时，202客房门锁时钟已经是12：03，超过了钥匙的有效时间，所以客人的钥匙自然无法打开房门。有些酒店集团对VIP客户直接多做一天房卡，以此避免时钟问题导致的顾客投诉。

避免时钟误差的方法，除了选择高质量的门锁外，酒店应制定门锁管理规定，定期使用数据卡全面同步门锁时钟。

电子门锁系统一般可以产生不同等级的控制钥匙。例如，客房部员工使用的能够打开若干个楼层的钥匙（经常被称为“楼层卡”），还有用于酒店保安部的钥匙，还有能够打开整个酒店的万能钥匙，与此同时，每一把门锁还拥有一把机械钥匙，用于在特殊情况下打开门锁（如门锁不同步、时钟不同步、电池耗尽等情况）。

电子门锁内部还具备了安全机制，当客人房门没有闭紧或者房卡没有拔出时，门锁发出警告声音提醒客人。如果要是插在锁中的时间超过了规定的时间间隔，系统就会自动抹掉钥匙上的密码，以防止钥匙丢失产生的损失。

使用电子门锁的显著优点就是管理者可以查阅钥匙进出记录，这对于降低客房安全事故等效果明显。

行业链接

客人李先生一家入住了两间连通房（2501和2503），即两间客房中有一个相连的房门，客人打算父母住其中的一间，孩子住另一间。客人登记入住时他们领取了两间客房的钥匙，一同进入了第一间客房（2501），他们发现两间客房中的门早已打开。第二天早晨一家人结账离店，在整个入住期间他们都没有使用过第二间客房的钥匙（2503的钥匙）。

在这样的情况下，如果酒店使用的是离线式的门锁，当2503客房再次被售出，客人拿着前台员工给他制作的钥匙来到客房时，他的钥匙将不能打开房门（可以称为密码不同步），此时前台员工需要使用一种特殊设计的钥匙牌给客房门锁重新编程，这个过程一般被称为“同步”。

如果酒店使用在线式门锁，当2503客房再次被售出时，客人的钥匙依然可以打开房门，因为在线式门锁的钥匙制作设备与门锁保持实时通信。

电子门锁领域是酒店普及率非常高的基本装备，而用来开门的设备逐步变得多样化，已经出现了客房密码门锁，客人可以在网上完成登记入住手续并获取密码，这样就可以不经过前台而直接进入客房。通过物联网技术将智能手机作为房门钥匙的技术也非常成熟（图3-8）。

电子门锁的另一个趋势就是酒店会员系统、会员卡与门锁钥匙的融合，如杭州黄龙饭店当客人离店时可以将房卡带走，带走的房卡就是会员卡，客人下次入住时，只要身上带着会员卡，系统就会自动识别客人并办理好登记入住手续。

图 3-8 使用手机作为钥匙

第五节 客房控制系统

客房控制系统又称客房管理系统，是通过信息化手段，对客房供电系统、门锁、照明、空调、门窗开闭、电视等多个设备进行集中管理控制，并通过接口与酒店管理系统PMS进行连接，是酒店设计和酒店信息化发展的新趋势。

在客房控制系统诞生之前，将客房的设备与PMS系统相连是一种“各自为政”的做法。例如，有的酒店将空调系统与PMS连接，做到客人入住后空调能及时打开，起到节能降耗的作用，有的酒店将客房门锁与PMS连接，实现门锁的实时控制。但随着客房设备的增加，这种分散的做法难度越来越大，客房控制系统的使用使各种设备的连接“集中管控”。

行业链接

作为同一业主的两个不同酒店，金茂三亚度假大酒店一、二期（即金茂三亚希尔顿酒店和金茂三亚丽思卡尔顿酒店）拥有非常相似的地理位置，而两家酒店分别使用了不同的客房设备的管理方法，是对比理解客房控制系统的优秀案例。希尔顿酒店客房沿用传统客房门磁插卡取电系统，而丽思卡尔顿酒店客房采用了客房控制系统。

客房控制系统有两大节能措施：一是通过自动红外扫描探测有无客人来确定开断客房电源，这样可以避免因客人出门忘记拔出门卡造成的电能浪费；二是增加了阳台落地窗限位开关并接入客房管理系统，在阳台窗达到一定开度时，系统会自动把空调设定为低速运行以节约电能。

客房控制系统与门磁插卡取电系统相比有以下优势：一是有效节约电能；二是提高客房舒适度；三是便于管理。

客房控制系统将各种客房设备集中管控，对于酒店提高服务质量、降低维护成本有较强的支撑作用，是未来酒店客房智能化发展的重要方向。

第六节 常见酒店外围设备与接口

常见酒店接口及产品（表3-2）。

表 3-2 常见酒店接口及产品

模块	常见产品
预订系统接口	美国MICROS 中国畅联系统 中国德比软件

续表

模块	常见产品
POS	中国香港Infrasys
	美国MICROS
	杭州西湖软件
	中软好泰
电话交换机	中国华为
	瑞典诺基亚-西门子
	美国阿尔卡特-朗讯
	日本NEC
	美国AVAVY
	中国中兴
电话交换机接口	马来西亚FCS
	马来西亚JDS
	中国美爵三信
门锁系统	瑞典Vingcard
	美国SAFLOK
	中国爱迪尔（ADEL）

案例
正确运用接口技术，提高酒店管理水平

× 酒店是一家北京市的四星级度假酒店，拥有客房 200 间，客房部 25 人，每人每天完成 12 间客房的清洁。

× 酒店客房部的工作流程和大多数酒店相同：楼层服务员清洁客房之后，需要告知客房服务中心，客房服务中心再通知客房主管，主管查房合格后在房态表中签字并送至客房服务中心，客房服务中心才能“放房”，即在 PMS 中将已经清洁好的客房状态修改为“Clean”。这样的工作流程存在以下的缺陷：

（1）由于酒店客人离店、入住时间集中，短时间大量的客房被清洁后主管没时间查房和放房，做好的房间无法销售，影响了客房销售，前厅部和客房部矛盾多。

（2）使用对讲机沟通效果差，由于员工许多说方言，经常出现房号修改错误

而引起顾客投诉，投诉后由于无法追溯责任，员工互相推诿扯皮。

（3）客房部早班清洁高峰，客房服务中心只有2名员工经常电话占线，引起客人投诉。

经过一段时间的调研后，酒店决定增加PMSI接口，通过该接口将PMS与酒店电话交换机连接，楼层服务员就可以通过电话直接修改房态，比如208客房清洁完成后，员工直接使用208客房电话拨打××0035，在听到一声长“滴——”响过之后，PMS中的208客房被修改为“清洁待检查”状态，系统自动发送短消息给客房主管告知查房，主管查房后再通过电话直接修改房态为“清洁”。对于优秀的员工，可以直接授权修改房态“清洁”，减少了查房环节。

在系统升级后，客房部效率明显提升，主要表现如下：

（1）通过接口方式自动完成房态修改，系统根据来电号码判断房号，减少了出错的可能性，客人投诉降低。

（2）明显提高了工作效率，客房服务员人均客房数量提高到14间，减少楼层人员编制2人，减少客房服务中心人员2人，减少主管1人。

自我评估

一、选择题

1. 接口是外部设备与酒店管理系统PMS信息互联的途径，接口的使用大幅度提高了系统操作的效率，通过酒店接口系统连通的外部系统包括（　）。

   A. 预订系统　　B. 门锁系统　　C. 电话系统　　D. 以上全是

2. A酒店经常出现前台员工跳过PMS系统，私自制作房卡的作弊行为，影响了酒店的正常经营。酒店可以通过以下（　）设备减少此类作弊行为的产生。

   A. 预订系统接口　　B. 门锁系统接口　　C. 电话系统接口　　D. 餐饮系统接口

3. 叫早（Morning Call）是酒店常见的服务项目，尤其在团队接待中非常常用。叫早服务使用了以下（　）技术。

   A. 预订系统接口　　B. 门锁系统接口　　C. 电话系统接口　　D. 餐饮系统接口

二、拓展思考

在酒店各营业部门，将费用转账至相应的客户账单需要通过哪些外围设备和接口？

第四章 营业点信息化

学习与素养目标

1. 了解餐饮管理系统（POS）主要功能，掌握信息技术的应用对餐饮服务流程的影响
2. 熟悉常见餐饮管理系统功能、品牌，能够结合餐厅经营特点进行系统选型
3. 了解互联网外卖、共享厨房等新平台，分析新技术对餐饮企业服务流程和经营流程的影响

导入任务

回顾一次你经历的 VIP 用餐过程，并回答以下问题：

1. 本次用餐的基本情况，用餐人数、座次情况、宴请人数、消费情况等。
2. 用餐的买单人是？关键人物是？
3. 让你印象深刻的地方是？
4. 信息技术和信息系统在餐饮服务和营销过程中的作用如何？除了 POS 餐饮管理系统外，你所在的餐饮企业还应用了哪些信息系统？

POS 是 Point-of-Sale 的缩写，包括收银 POS 和消费 POS 两种，前者是企业购置、用于内部经营的系统，如餐饮、零售等行业，后者是银行或者第三方机构发出、用于商户刷银行卡和信用卡的专用设备，本教材中 POS 指前者。尽管 POS 并不仅限于酒店餐厅，也可以用在酒店多个部门，如康乐、商场等，但餐厅是 POS 最主要的应用领域，所以许多人将 POS 认为是餐饮管理系统。POS 系统由硬件和软件组成，硬件包括 POS 录入设备、POS 打印机和 POS 结账设备，软件协调硬件统一协作，完成销售点管理工作。

第一节 POS录入设备

POS录入设备是指酒店服务人员完成点餐、收银等的工具，各种POS录入设备的对比（表4-1），有些POS设备连有现金抽屉（Cashier Drawer），存在多个现金抽屉连接在一个POS机的现象，这样可以加强对现金的管理和控制，尤其是多个收银员在同一班次工作时，每个收银员都可以分配到一个单独的现金抽屉，在班次结束时便于进行收入审计。

餐饮运营系统的架构与硬件——概述

表 4-1　各种 POS 录入设备对比分析

点餐方式	优点（Strengths）	缺点（Weaknesses）	设备
手工书写点餐	简单，低成本 培训周期短 点餐时记录速度快，可以使用缩写和简称等	服务送单需多处送单，人员成本高且会空岗 收银员依然需要入单，并未减少录入工作量 字迹经常难以辨认 无法记录上菜时间	
普通台式机	成本低廉，操作方便 操作速度一般	操作效率低于触摸屏 占用空间较多	
触摸屏点餐	成本中等，可靠度高 操作速度快 点餐时记录速度快，可以使用缩写和简称等 流程规范，减少送单时间	成本较高 增加维护工作量	
无线设备——点菜宝	成本中等，可靠度高 操作速度较快 不能手工输入，不能定制	不能输入定制要求 需要单独设置信号基站 需要良好的设备维护和充电	
无线设备——iPad	成本较高，可靠度高，操作速度一般，非常直观、时尚 直接代替菜单使用，节省菜单制作费用，节能环保 提高点餐客户体验，可以结合其他应用，如游戏娱乐、观看菜肴制作、观察儿童等	可靠度与无线网络信号有关 需要良好的设备维护和充电	

续表

点餐方式	优点（Strengths）	缺点（Weaknesses）	设备
顾客移动设备	使用顾客智能手机，成本低廉，操作方便 通过微信、支付宝等操作，兼容性好，支持移动支付与外卖产业良好结合	对系统开发要求，兼容性要求高	

行业链接

顾客移动设备点餐的深入分析

使用顾客手机作为点餐设备，是餐饮领域第一次实现“使用顾客设备完成餐饮流程”，最初只是一个“量变”，降低了餐饮企业菜单制作成本，提升了餐厅点餐效率，但随着量变的积累，移动点餐给餐饮企业带来了越来越多的变化，量变积累触发了质变的发生。

1. 简化了餐厅的收银流程

在传统餐饮服务流程中，顾客用餐结束后，需要“餐厅打印消费明细—顾客确认—顾客支付”等流程，效率低且存在收银作弊隐患，在使用移动点餐后，顾客可以随时查询账单并进行支付，结合移动支付和电子发票系统，实现了“自助结账”，优化了餐饮企业的组织结构，为餐饮企业减少人工点餐、提升餐厅服务效率提供了可能性。

2. 整合营销，助力餐厅会员管理

餐饮企业将管理系统与会员系统结合，顾客使用手机点餐、结账后，自动成为餐厅会员。餐厅可以通过给顾客发送促销活动消息、优惠券等形式，丰富营销

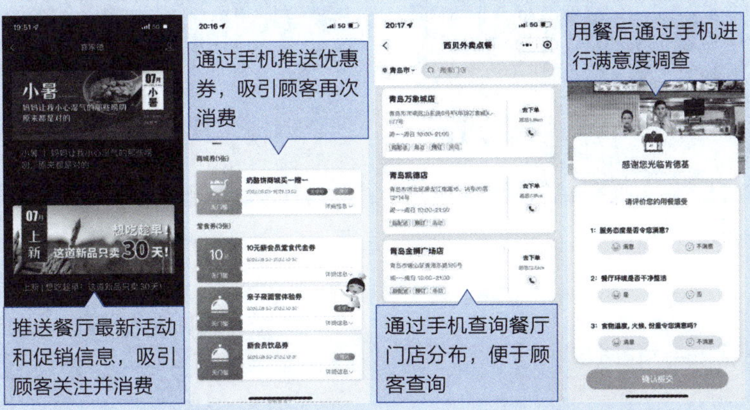

移动点餐丰富了餐饮企业的营销和服务手段（图片引自企业官方公众号）

手段；餐厅还可以进行满意度调查，优化顾客用餐体验。

3. 优化点餐和销售体验

餐饮会员系统中存储了顾客喜好信息、点餐信息等，可以实现更好的点餐体验，如自动提醒顾客喜好、优先显示近期菜品等，进一步优化服务流程。

由于顾客移动设备点餐能够优化餐厅服务流程，提升经营效率，得到了餐饮企业的青睐，尤其适合大众消费的简餐、快餐、茶饮等业态。

在大多数连锁餐饮企业和连锁酒店的餐厅中，触摸屏是使用最为广泛的录入设备，主流POS系统已经将触摸屏作为标准输入设备（如MICROS系统和Infrasys系统），基于触摸屏的餐饮系统已经非常成熟，可以适用于所有类型的餐饮服务业务（从高星级酒店到麦当劳、肯德基等快餐业），包括可以由顾客自己下单而不用和服务员交流，如图4-1、图4-2所示。

触摸屏的一个明显好处是比传统PC机节省空间，可以挂在墙体、天花板上，这样它的使用就更加灵活，这对于空间紧张的餐厅来讲非常有效。

图 4-1 MICROS 的 POS 机

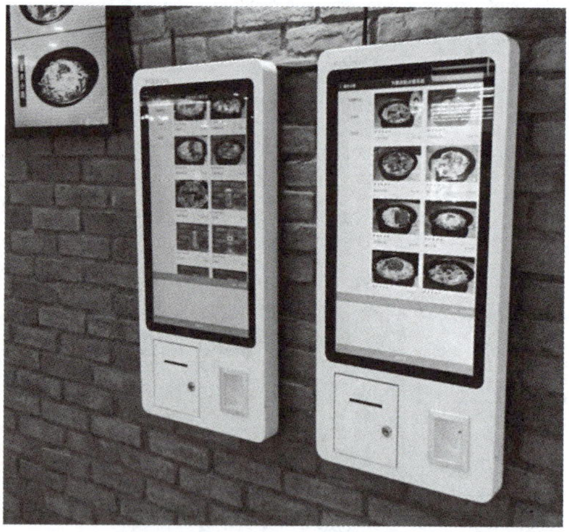

图 4-2 触摸屏的使用大大减少了空间需求

餐饮收银漏洞与信息化的应用

餐饮运营系统流程与软件

第二节 POS打印机

餐饮信息系统中打印机分为两种：账单打印机（也称本地打印机）和厨房打印机。账单打印机放置于收银台用于打印顾客账单、顾客点单明细；厨房打印机则被安装在厨房或者酒吧吧台，用于打印客人点单并由厨房人员开始制作。

餐饮信息系统中的打印机使得餐厅（经常称为厅面）与厨房（也称为后厨）的沟通产生了质变，餐厅服务员或者传菜员不需要再拿着手写的单据前往厨房各个档口送单，在加菜、催菜时，也不需要进行“往返跑”。在服务员录入单据后，账单打印机自动打出客人点单明细（可以一式多联，分别放置于客人台面、服务员上菜控制和收银等），厨房打印机根据菜品制作档口输出制作单据，如热菜、凉菜、面点等。账单打印机与厨房打印机并没有严格的区分，如某酒店当客人点酒水时，账单打印机不但打印客人账单（图4-3），还可以打印收入报表（图4-4）和各种单据。

1. 账单打印机

账单打印机（本地打印机）一般放置于收银台，多数账单打印机能够即时打印账单、延迟打印账单、保留打印账单。

北京临空[redacted]酒店
过往单据
悠西餐厅
(2019-12-24)
打印:2021-01-06 17:16:19 (薛[redacted])
单号: 10102445
台号: 101　　顾客数: 2
开单: 2019-12-24 19:55:42 苏[redacted]

项目名称	数量	菜式总计
澳洲牛眼肉	2	396.00
*食品八五折	-59.40	
娜缇瓦赤霞珠干红，中央山谷，智利	1	58.00
嘉士伯	1	28.00
嘉士伯	1	28.00

小计: 510.00
食品八五折: -59.40
约数差额: 0.40
单据总额: 451.00

埋单: 2019-12-24 22:38:03 苏[redacted]

	金额	小费	找续
银联卡	226.00	0.00	0.00
现金	225.00	0.00	0.00

图 4-3　POS 结账单

北京临空[redacted]酒店
收银报表 (以工作站)
悠西餐厅

列印时间: 2021-[redacted]-06 17:18:35
列印员: 薛[redacted]

营业日: 2019-[redacted]-24
工作站: 西餐厅75

付款方法 / 付款次数	付款金额 / 单据总数	小费 / 总额
营业区: 悠西餐厅		
现金	453.00	0.00
4	4	453.00
房间挂账	17,054.00	0.00
6	6	17,054.00
银联卡	226.00	0.00
1	1	226.00
微信付款	559.00	0.00
8	8	559.00
至悦会	60.00	0.00
1	1	60.00
高职员工餐	334.00	0.00
3	3	334.00
宴请	112.00	0.00
1	1	112.00
总额	18,798.00	0.00
24		18,798.00
单据总数: 23		
付款次数: 24		

图 4-4　POS 每日营业报表

2. 厨房打印机

这类打印机通常被安装在厨房的制作区域和服务吧台，当客人点单信息被录入后，相应的信息被发送至对应打印机上，如热菜发送至中厨房、主食被发送至面点厨房等，也可保存需要多个厨房合作的菜品，会在多个厨房档口出单，如京酱肉丝需要中厨房准备肉丝、面点房准备薄饼等。

无论哪种打印机，都需要相应的维护以保证系统稳定运行，收银员和后厨人员需要保证打印机的供电、网络畅通和纸张供应，以避免因不出单而导致的服务缺陷，对于非常重要的点单（如VIP客人电脑，客房送餐服务等），使用电话等方式核对信息是避免服务缺陷的有效做法。

第三节 POS/PMS接口

POS/PMS接口是POS将费用转至顾客账户的渠道，如果在酒店餐厅使用POS结算设备，POS/PMS接口就是非常重要的结算模块。

第四节 POS软件

餐饮信息系统中，硬件设备只是基础，POS软件指引整个系统的运作，POS软件除了完成日常经营操作外，还可以进行统计和生成报表，POS系统记录了以下重要信息：

① 菜品信息。记录了餐厅的菜单信息，包括菜品编号、价格、出菜档口等菜品信息，还包括菜品配方、材料和烹制时间等信息，用以进行餐饮的成本控制，菜品信息包括菜品数量、沽清信息，以完成餐厅与后厨的信息沟通，减少服务缺陷的产生。

② 菜品销售信息。记录菜品的销售数量、销售时间、价格等，便于未来的销售分析。

③ 员工信息。记录了员工姓名、账号、操作日志等，以便于未来的统计，当发生错误操作时，员工操作日志是检查故障发生点的重要依据。

第五节 常见酒店POS系统

1. MICROS和Simphony

MICROS是美国MICROS公司开发的POS系统，主要用户有万豪集团、雅高集团等，最新产品为Simphony，实现了餐饮管理的云计算，有助于酒店和餐饮集团的管理（图4-5）。

行业发展趋势与信息化

2. Groumate系统

Groumate系统是香港Infrasys（现化）公司的产品，所以也经常被称为Infrasys系统。该公司已经于2007年被石基公司收购，代表用户有香格里拉集团、凯悦集团等，最新的版本为Infrasys Cloud。

3. 国产软件

国内POS软件开发企业众多，典型企业有正品贵德、天财商龙等，在本土高星级酒店，POS一般由PMS供应商一同提供，如西湖软件、中软好泰等。另外，从技术上，国

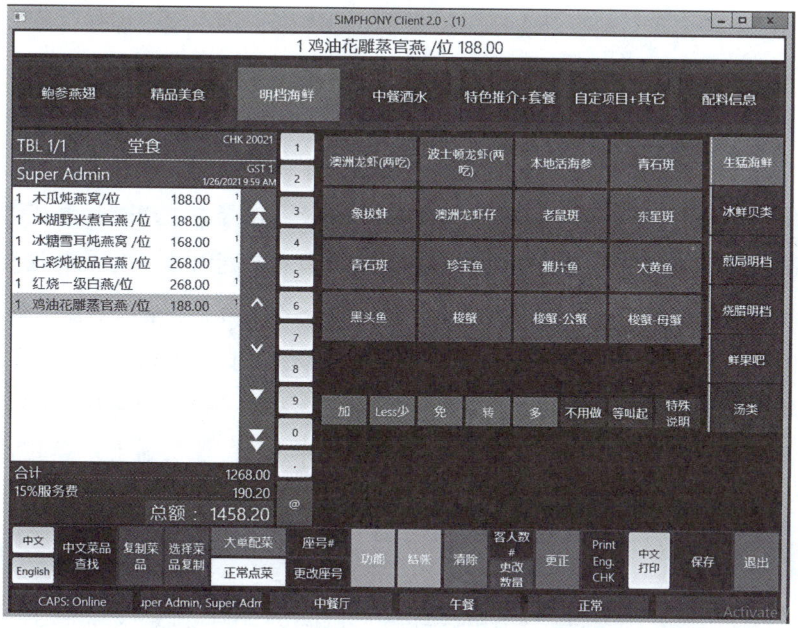

图4-5 POS软件点单界面——MICROS最新推出的Simphony系统

产PMS可以搭配MICROS或Infrasys系统，但由于观念、成本等方面的制约，这一方案使用率较少。国产软件另一个快速发展的领域是基于移动互联网的管理系统，如二维火、客如云、饮食通等，比较适合独立餐饮企业，但与PMS接口衔接比较困难。

案例
从外卖平台到共享厨房——外卖产业的发展及其对餐饮企业的影响

外卖最早起源于顾客自行打包带走和盒饭，在20世纪90年代出现了电话订餐、送餐上门的服务雏形，规模比较小，艾瑞数据显示2011年外卖总体规模仅200亿元左右。外卖行业真正的发展是在2012年前后。受益于移动互联网、O2O[①]、微信、移动支付的发展，2015年餐饮外卖市场为1 615亿元，2019年12月中国饭店协会与美团发布《中国外卖产业调查研究报告》显示，2019年外卖行业交易额达到6 035亿元，8年来扩张30倍，对餐饮业的渗透率从4.2%提高到15.9%，成为餐饮业O2O的典型案例。美团、大众点评、饿了么等本地生活服务企业成为外卖产业的核心企业。

外卖产业的本质在于通过互联网技术、移动支付等技术，顾客选择餐厅、点餐、付款均可在线完成，配合外卖配送，顾客可以在家、办公室或者任何地方用餐。外卖是依托信息技术对服务流程的全新变革，带来了餐饮营销方式、成本结构的变化（图4–6、图4–7）。

外卖产业对餐饮产业带来的变化对企业而言是机会与风险并存的，外卖平台通常抽取销售佣金、配送费等，因此营销成本提升，但带来了增量订单且不占用餐厅营业面积。以美团、大众点评为例，如果商家自行配送外卖平台收取佣金11%，如果签约美团专送佣金为22%，打包费和配送费会另外向点餐者收取。例如，一份20元盒饭，打包费2元，配送费5元，顾客花27元，商家盒饭加打包费得到17元，美团收入约5元，外卖送餐人员5元。在这一案例中，静态看餐厅收入是减少了，社会中出现了三种声音：第一种声音是餐厅说外卖企业是吸血鬼，拿走了餐厅本来的收入，并以此为由降低外卖食品的数量和质量，调查中80%的企业存在外卖分量

① O2O（Online to Offline）是指将线下的商务机会与互联网结合，让互联网成为线下交易的前台，其概念最早来源于美国。O2O的概念非常广泛，只要产业链中既可涉及线上，又可涉及线下，因此可通称为O2O。

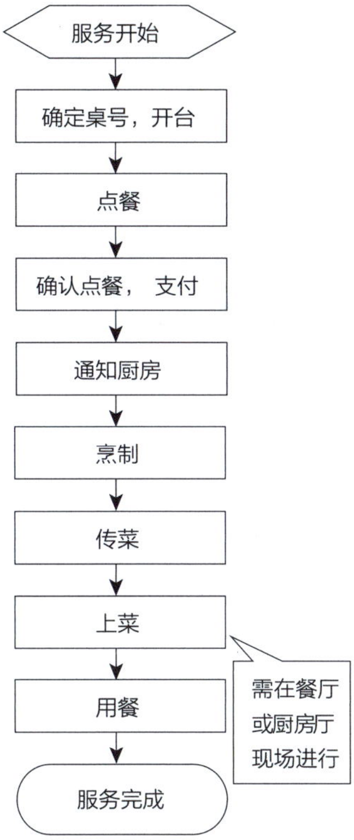

图 4-6 传统快餐服务流程

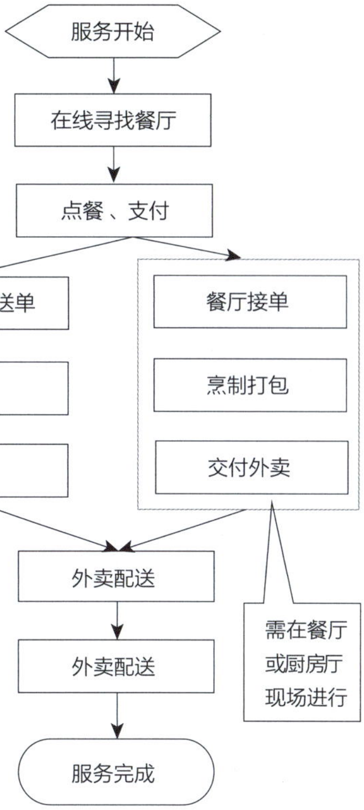

图 4-7 外卖餐饮服务流程

少于堂食的情况；第二种声音是外卖平台的巨额亏损，据美团招股说明书和上市公司年报显示，2015—2017 年其亏损 141 亿元，2018 年美团亏损 110.86 亿元；第三种声音是来自外卖送餐人员，工作强度大、压力大，赚的都是辛苦钱的观点被大众所认可。

客观角度分析，外卖平台利润率处于合理区间，2018 年毛利润率为 13.8%，而餐饮企业应当多个角度看到外卖平台：如果只看到平台的佣金抽成，将外卖平台看作成本中心，22% 的佣金毫无疑问是难以接受的。如果看到外卖在成本控制方面的潜力——外卖可以部分取代餐厅营业空间、传菜员、服务员、收银员、销售员，这些成本和费用远高于 22% 的佣金开支，则外卖企业可以被看作企业成本控制的有效方法。

在这样的思考下，共享厨房在北京、上海等外卖发达的城市应运而生——一个只有厨房，不提供堂食只提供外卖的餐饮企业，没有营业区，没有服务员、收银员、传菜员的餐厅，订单全部来自外卖平台、外卖送餐人员是唯一的顾客。共享厨房的典型企业有吉刻联盟、黄小递和熊猫星厨等。

自我评估

一、选择题

1. 下列说法中，关于POS与餐饮系统的说法不正确的是（　）。

A. POS，即销售节点 Point of Sales

B. POS 不仅用于餐饮服务，也用于其他服务部门

C. POS 只具备收银功能

D. POS 中许多功能专为餐饮管理而设计

2. 餐饮POS系统的主要功能包括（　）。

A. 开台与点餐　B. 结账与收银　C. 各种统计分析　D. 全都包括

3. 某餐厅点餐员小刘在顾客点餐完毕后，还需要将单据分别送至收银、传菜和厨房等部门，由此可以看出该餐厅使用（　）收银设备。

A. 手写纸质单点餐　B. 触摸屏点餐　C. 无线点餐　D. 顾客自助点餐

4. 某餐厅厨房安装了菜单打印机，可以将顾客所点菜品打印告知厨师。由此可以推断，该餐厅使用的收银设备最不可能是（　）。

A. 手写纸质单点餐　B. 触摸屏点餐　C. 无线点餐　D. 顾客自助点餐

5. 移动互联网技术的进步对餐饮业新动力，外卖产业发展以后，以下餐饮服务流程必须在餐厅实施的是（　）。

A. 点餐　B. 收银　C. 烹制　D. 用餐

6. 某餐厅经常出现顾客点餐，点餐员下单后厨房未收到单据的问题，导致顾客投诉，根据所学知识判断，以下方法中没有作用的是（　）。

A. 对厨房网络、供电等进行检查

B. 对软件系统进行检查

C. 对餐厅岗位职责和工作流程进行完善，明确责任人

D. 向软件公司进行投诉

7. 开台操作是餐饮服务的重要环节，在这一环节需要输入用餐人数信息。如果酒店员工为了简化操作，在用餐人数直接输入0的情况下会导致（　）结果。

A. 无法点餐　B. 无法上菜　C. 无法结账　D. 统计数据错误

8. 在餐饮系统操作中，如果酒店员工错误输入用餐人数信息会导致下列（　）统计信息错误。

A. 人均消费金额　B. 用餐人数　C. 总用餐人数　D. 以上全包括

9. 餐位（餐台）状态控制是餐饮系统的基础。以下用餐方式中不涉及餐位状态控制的用餐形式是（　）。

A. 普通散台用餐　B. 包房用餐　C. 加桌　D. 外卖

10. 餐位（餐台）状态控制是餐饮系统的基础。领位员小张收到顾客咨询后，计划将顾客安排至002号桌，由此可以推断002号餐位当前状态为（　）。

A. 空台　B. 已占用　C. 已印单　D. 已结账

11. 餐位（餐台）状态控制是餐饮系统的基础。点餐员小张正在对002号桌的顾客实施点餐服务，由此可以推断002号餐位状态最有可能为（　）。

A. 空台　B. 已占用　C. 已印单　D. 已结账

12. 餐位（餐台）状态控制是餐饮系统的基础。点餐员小张对002号桌的顾客点餐服务，点餐结束后，厨房开始烹制。此时，002号餐位状态为（　）。

A. 空台　B. 已占用　C. 已印单　D. 已结账

13. 餐位（餐台）状态控制是餐饮系统的基础，为用餐顾客实施“打印单据”操作后，餐位状态为（　）。

A. 空台　B. 已占用　C. 已印单　D. 已结账

14. 餐位（餐台）状态控制是餐饮系统的基础，为用餐顾客实施“收银”操作后，餐位状态为（　）。

A. 空台　B. 已占用　C. 已印单　D. 已结账

15. 以下不属于酒店餐饮管理POS系统的是（　）。

A. Opera PMS　B. Infrasys POS　C. Micros POS　D. Simphony POS

16. 星级酒店餐饮部门POS与普通社会餐厅POS最大的差别在于（　）。

A. 是否通过接口与 PMS 相连　B. 是否可以接受团购和外卖

C. 是否支持移动支付　D. 是否支持移动设备点餐

17. 外卖产业的本质是对传统餐饮服务流程和服务人员的革新，外卖小哥取代了餐厅部分工作。某餐厅以外卖作为主要渠道，下列（　）人员最不容易被替代。

A. 收银员　B. 传菜员　C. 点餐员　D. 厨师

18. 外卖产业的发展，对传统餐饮企业既带来了新客源，也增加了佣金成本，以下餐饮企业中，引入外卖业务后，最有可能利润率提升的企业是（　）。

A. 市中心某高星级酒店餐饮部　B. 实施薄利多销策略某拉面馆

C. 压根没有餐厅的某共享厨房　D. 某五星酒店的宴会厅

19. 外卖产业的发展，对传统餐饮企业既带来了新客源，也增加了佣金成本，以下餐饮企业中，最不适合做外卖的企业是（　）。

A. 实施薄利多销策略的某拉面馆　　B. 以精工细致、慢火烹制为特色的某高端餐厅

C. 压根没有餐厅的某共享厨房　　D. 以大众口味、上菜快为特色的某大众餐厅

20. 外卖产业的发展，对传统餐饮企业既带来了新客源，也增加了佣金成本，餐饮企业应对佣金上升最合理的方法是（　）。

A. 将菜品成本降低20%以弥补佣金成本　　B. 通过调整企业租金、人工费用等应对

C. 将菜品售价提高20%以弥补佣金成本　　D. 向政府投诉外卖企业不正当竞争违法

二、拓展思考

1. 餐饮管理系统（POS）的主要功能有哪些？在酒店工作期间，你曾经使用餐饮管理系统（POS）完成过哪些服务工作？

2. 国内有哪些常见的餐饮管理系统（POS），假设你是一家（高档商务餐厅/连锁简餐/快餐小吃）的负责人，在餐厅开业前需要进行系统选型，你应当选择何种餐饮管理系统（POS）？

第五章

餐饮管理信息化

学习与素养目标

1. 了解餐饮企业其他信息系统，熟悉各种信息系统的功能与作用
2. 能够运用信息系统对餐厅经营进行优化和完善
3. 了解餐饮产业最新发展趋势，建立运用信息技术解决管理问题的思维方式，强化互联网思维

导入任务

通过实地走访、实习期间调查、网络调查等方式，了解餐厅在（菜单分析 / 成本控制 / 员工管理 / 客户关系管理 / 采购库存管理）等领域所使用的软件系统，分析该系统的功能。

酒店管理者一直致力于实施成本控制的同时提高营业收入，而实施这些工作最大的障碍在于缺少关于酒店业务详细、及时的信息，管理者需要用准确、及时的信息去评估现有业务的效率。采取手工方式收集详细信息的成本非常高昂，只有充分使用的餐饮信息系统才能低成本地提供准确、及时的信息，以便于提高营业收入和实施成本控制。

餐饮管理信息化

餐饮信息系统的功能与结构，如图 **5-1** 所示。

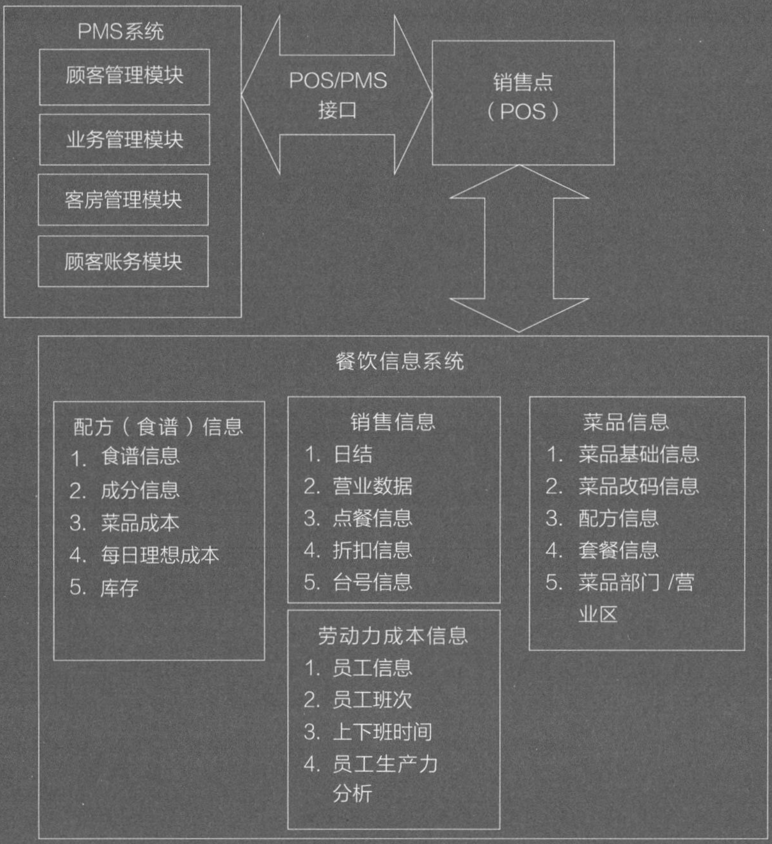

图 5-1　餐饮信息系统的功能与结构

销售点（POS）系统不仅是一个点餐、收银的营业系统，还是一个辅助餐饮企业进行管理的系统。POS存储了餐饮营业信息，并通过POS/PMS接口传递至PMS系统，成为收集顾客餐饮信息的手段；POS还保存了菜品、销量、员工操作数据，成为酒店成本控制和员工工作效率的工具，具体如下：

① 菜品信息：关于菜品、酒水饮料的名称、编码、价格、数量等静态信息。

② 销售信息：关于菜品、酒水饮料的销量、数量、销售价格等动态信息，可以用来评估菜品的收入、利润和受欢迎程度。

③ 配方（食谱）信息：菜品主料、辅料、佐料调料等信息，结合产品销售信息可以对原材料使用情况进行估测。

④ 员工操作信息：主要包括点餐员、收银员的上下班时间、点餐、收银信息等，可以对员工工作效率进行评估。

餐饮信息系统不仅是产生收入的工具，更是成本控制的利器，成熟的餐饮信息系统，除了完成点单、收银操作，还可以帮助酒店管理者实施成本核算和控制，控制内容不限于可变成本（如原材料、辅料），也可以定量评估人员和空间的使用效率，提高企业经营业绩。

餐饮管理中的新指标

行业链接

餐饮企业的人与空间的效率度量

日营业额、人均消费、每单消费、毛利润率这些餐饮经营指标已经被行业人员所熟悉，这些指标均关注收入和可变成本，在餐饮产业高原料成本、低毛利润率、低场地租金、低员工工资的年代，能够很好地描述餐饮企业的盈利情况。

但随着时代的进步和人民生活水平、消费观念的改变，餐饮企业经营成本结构变化很大，表现为低原料成本、高毛利润率、高场地租金、高员工工资的结构，除了对原材料的核算与控制，对营业空间的使用效率、员工的工作效率进行定量考核成为餐饮管理的趋势。每餐位每小时营业收入、每平方米营业面积营业收入、每平方米营业面积每小时营业收入、员工每小时工作营业收入等指标被逐渐关注。

要得到员工每小时工作营业收入等指标，需要精确度量每位员工每日工作时间，通过在POS系统中进行上班、下班考勤签到就可以准确得到该指标，结合服务员的点餐数据、收银员的结账数据就可以分析每位服务员（点餐员）每小时工作营业收入，为员工绩效考核提供新的依据。

第一节 菜品信息

菜品信息是餐饮业最基本的信息，主要包括菜品基础信息、菜品改码信息、菜品部门/营业区、配方信息、套餐信息等。

POS系统的后台设置

1. 菜品基础信息

每一个餐厅的产品（尽管该产品有可能是一道菜品或者一份酒水，也有可能是场租、破碎赔偿、外卖盒等，但在本书中把所有餐厅的产品都称为“菜品”），都需要在餐饮信息系统中进行设置，其中包含以下信息（图5-2）：

（1）菜品编号：用于标识菜品，结合红外条码扫描系统实现迅速入单。

（2）菜品名称：英文名、中文名、账单名。

（3）部门：用于数据分析时的分类，如分类统计菜品、主食、酒水等。

（4）类别：用于点餐时的区分，如开胃菜、头盘、主菜、汤品、甜品等，对于厨房制作时非常有用。

（5）折扣等级：用于对折扣权限进行控制，如海鲜、酒水不打折，代购物品不打折。

（6）价格：菜品在不同营业区域的价格可以不同，如客房送餐的价格比餐厅的更高。

（7）打印机信息：根据该菜品的制作部门，由不同的厨房打印机出单，如中厨房存在一些菜品需要多台厨房打印机出单的情况；再如，京酱肉丝需要中厨房和面点间共同配合。

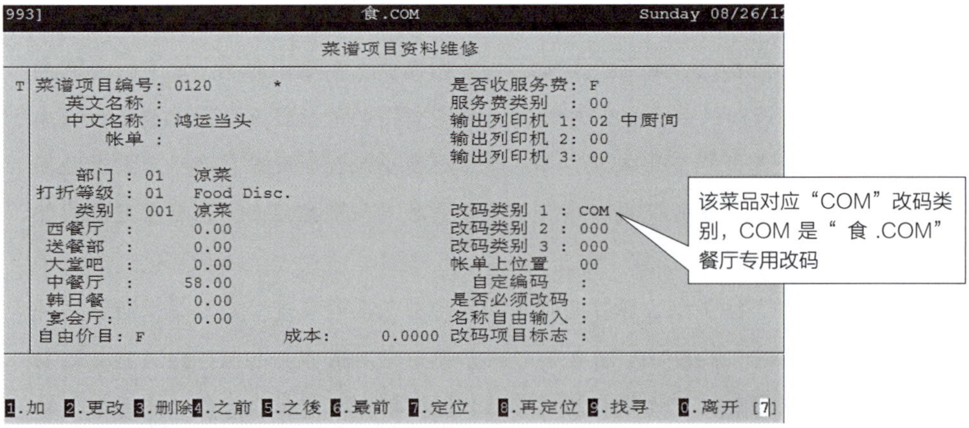

图5-2 菜谱管理——菜品基础信息（Infrasys系统）

（8）改码：即客人对菜品的特殊要求，既有关于菜品的，如牛排的火候、配料，也有关于客人的口味，如不要葱、姜、蒜、八角等。

（9）在基本信息之外，菜品还可以设置“自定义”，即菜品名称、价格等信息可以自由输入，这样就可以应付客人非常规菜品要求，需要注意的是，使用自定义会降低POS操作的速度，在管理中应特别注意。

2. 改码信息

改码信息中存储了顾客对菜品的特殊要求（图5-3），对应菜品信息中的改码信息，改码既可以用来描述客人对菜品的口味要求，如不放葱、姜、蒜、香菜、不放辣椒等，也可以用来对菜品进行定制，如牛排的成熟度、蔬菜的做法等（图5-4），对于时令蔬菜，经常使用原材料+烹制方法改码来实现，如菜品选择生菜，在改码中选择做法清炒、蚝油、蒜蓉、白灼等。

3. 菜品部门 / 营业区

菜品部门/营业区是对应关系，如有些酒店西餐厅与中餐厅只提供西餐菜品和中餐菜品，而有些酒店可以在西餐厅进行中餐菜品的点餐，这些需求可以通过菜品部门/营业区对应关系来设置。

4. 配方信息

配方信息是指各菜品的原料成分，正确输入配方信息后（图5-5），餐饮管理系统可以根据菜品销售量对原材料使用情况进行计算，并结合采购库存系统中的原材料价格计算理想菜品成本，是餐饮成本核算时的重要功能。

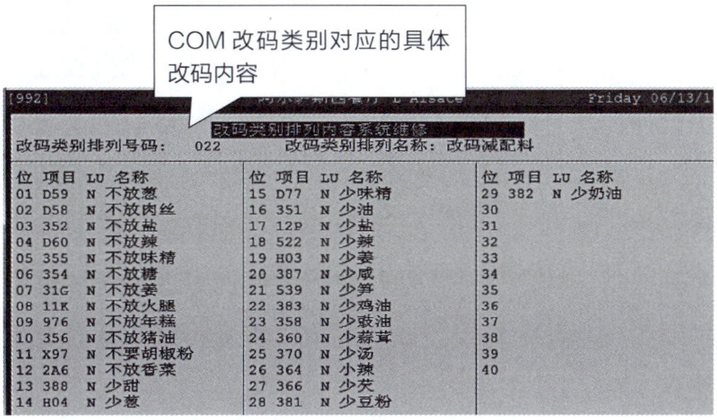

图 5-3　改码类别的设定

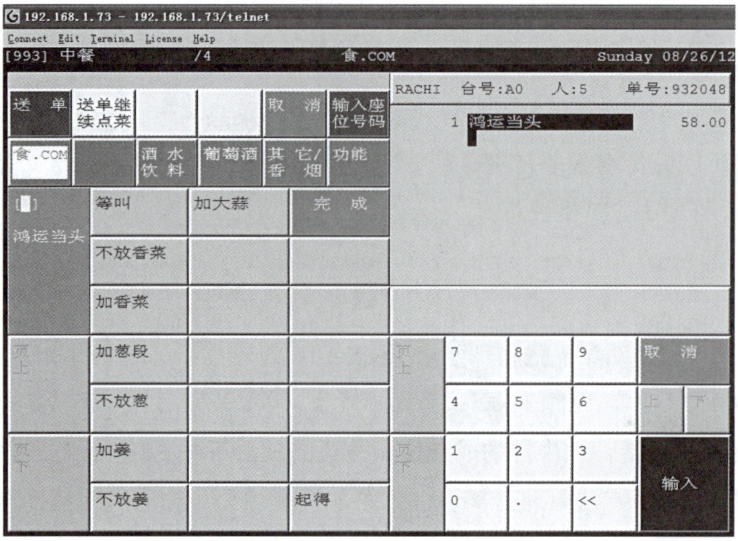

图 5-4 点餐时对菜品进行改码设定

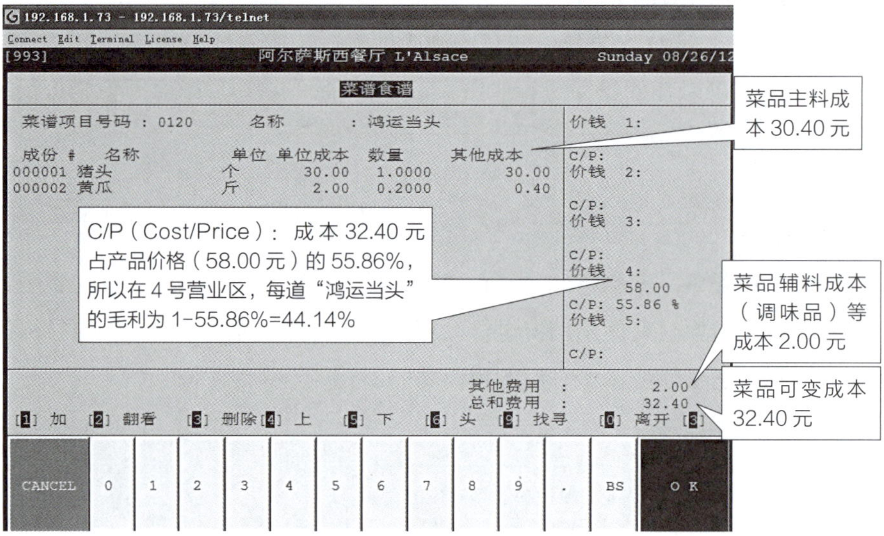

图 5-5 菜品“鸿运当头”的配方（食谱）信息

5. 套餐信息

套餐是酒店为了取得长期用户并实现利益最大化而采取的一种销售形式，是多个产品的组合。餐厅可以预设套餐，餐饮管理系统可以将套餐销售分解为菜品，以便于实现销售统计和成本核算。

第二节 销售信息与菜单工程

餐饮信息系统存储和维护着餐厅业务相关的数据，精确记录了菜品的销售信息，包括“谁，在什么时间，点了什么菜品”，这样的数据是销售分析的基础，是餐厅菜品调整、价格变化和促销活动的重要依据。与PMS不同，餐饮信息系统以日结作为经营结束的标志，日结后生成并打印餐厅当日营业报表，汇总一天的营业情况（图5-6）。

拥有详细的点餐信息后，餐饮企业通常使用菜单工程销售分析并不断改进产品和销售，菜单工程也称ME分析法，是英文Menu Engineering的缩写，是通过对餐厅菜品的畅销程度和毛利额高低的分析，将菜品分为以下4个类型：

菜品编号	菜品名称	销售量	收入金额
101	捞汁扇贝	1	28
102	黄瓜酱肉	5	162
104	酱牛肉	15	329
105	白菜拌蜇皮	1	16
106	果仁苦菊	26	250
107	马家沟芹菜拌	8	90
108	木瓜百合	19	304
109	乡村小木耳	6	72
110	手撕风干鸡	5	100
111	老醋花生	41	403
112	凉拌黄瓜	24	192
113	皮蛋豆腐	12	144
114	大丰收	9	162
115	油炸花生米	5	35
117	青岛凉粉	5	50
118	辣根木耳	1	12
120	鸿运当头	2	116
199	凉菜	22	337
201	爆炒腰花（大）	1	32
202	沙茶牛腩煲（大）	1	35
203	铁板牛柳（大）	23	815
205	香辣大排（大）	3	82
207	油渣白菜烩饼	3	125
208	家乡炒土鸡（大）	10	372
209	干香辣子鸡（大）	12	335
210	油炸冰激凌	5	140
211	香椿炒土鸡蛋	4	120
214	风味牛排	5	189
216	新派毛血旺（大）	11	452

图 5-6　POS 生成的菜品销售量统计报表（按菜品编号排序）

（1）明星Star。畅销、高利润菜品，既受顾客欢迎又有盈利，是餐厅的盈利项目，在计划菜品时应该保留，并坚持原有的做法和风味。

（2）金牛Cow。畅销、低利润菜品，畅销、低利润菜品一般可用于薄利多销的低档餐厅中，如果价格不是太低而顾客又较受欢迎，可以保留，使之起到吸收顾客到餐厅来就餐的诱饵作用，顾客进了餐厅还会点别的菜。对于盈利很低而又十分畅销的菜，明显影响盈利高的菜品的销售，就应果断地取消这些菜。

（3）问题Question。不畅销、高利润菜品，通常的高档菜肴大多为该类型，如燕鲍翅、高档海鲜等，应当加大促销力度、提高对员工点餐的奖励等方法，刺激产品销售。

（4）瘦狗Dog。不畅销、低利润菜品一般应取消。但有的菜品如果顾客欢迎度和销售额指数都不算太低，又在营养平衡、原料平衡和价格平衡上有需要的仍可保留。

行业链接

什么是受欢迎的菜品

在菜单的评估过程中，只考虑单个菜肴所获的信息是片面的，每个菜肴的毛利和销售比例会为菜肴的获利性和受欢迎程度的水平提供依据，但还需要与其他菜肴相比来确定相对的数据。例如，某一菜肴的销量为总销量的10%，这对于菜肴种类非常多的餐厅是一个很高的数字，而对于菜肴数量极少的快餐店来说只是一个一般的比例。

“受欢迎度指数”用来衡量每一道菜受欢迎的程度，一般来说，当一道菜的单位销量大于或者等于平均销售量的70%，就可以说它是受欢迎的。例如，在一个有10道菜的菜单中（菜单的平均销售量为10%），如果某菜肴的销量占总销量的7%或以上（10%×70%=7%），就可以认为它是受欢迎的。70%的数字是大量实践经验的总结，对于特定的餐饮企业则可以根据企业实际情况进行调整。

专业的POS均可以根据系统中数据对菜品进行评估，销量信息可以自动完成，利润率计算时需要经营者输入成本信息以评估毛利润率后才能进行，图5-7显示了POS系统自动生成的菜单工程结果。

菜单是餐饮经营中控制的基础，菜单设计、评估、改进的过程永远没有终结，根据

Menu Item 菜单名称	PLUO	Qty.Soid 总销量	% Ⅲ Ⅲ 销售比例	Item Smles Price 销售价格	Item Food Cost 单位成本	Food Cost% 成本率	CM 单品毛利	Merm Revenue 总收入	Menu Food Cost 总成本	Menu C Ⅲ 总毛利	Menu CM% 总毛利率	Ⅲ Ⅲ 销售等级	C Ⅲ 毛利等级	分类
Outlets（营业区）：食.COM餐厅				Category（分类）：饮料（Beverage），CAT.（编号）：17										
果粒橙 1.25L	1 705	15	7.21	15	0.583 3	3.89	14.417	225	8.75	216.25	19.07	HIGM	HIGM	STAR
王老吉	1 707	68	32.69	6	0	0	6	408	0	408	35.98	HIGM	HIGM	STAR
汇源果汁	1 711	12	5.77	20	4.125	20.62	15.875	200	49.5	150.5	13.27	HIGM	HIGM	STAR
可乐 330mL	1 701	16	7.69	3	1.531 2	51.04	1.469	42	24.5	17.5	1.54	LOW	HIGM	PLOWHORSE
雪碧 330mL	1 703	28	13.46	3	1.105 7	36.86	1.894	81	30.96	50.04	4.41	LOW	HIGM	PLOWHORSE
红牛	1 708	17	8.17	7	2.11	30.14	4.89	119	35.87	83.13	7.33	LOW	HIGM	PLOWHORSE
六个核桃	1 710	16	7.69	6	2.775	46.25	3.225	96	44.4	51.6	4.55	LOW	HIGM	PLOWHORSE
可乐2L	1 702	9	4.33	12	4.888 9	40.74	7.111	108	44	64	5.64	HIGM	LOW	PUZZLE
雪碧2L	1 704	7	3.37	12	5.502 9	45.86	6.497	84	38.52	45.48	4.01	HIGM	LOW	PUZZLE
营养快线	1 712	5	2.4	6	0.2	3.33	5.8	30	1	29	2.56	HIGM	LOW	PUZZLE
冰红茶	1 706	3	1.44	5	3.666 7	73.33	1.333	15	11	4	0.35	LOW	LOW	DOC
崂山矿泉水	1 709	11	5.29	3	2.13	71	0.87	33	23.43	9.57	0.84	LOW	LOW	DOC
冰糖雪梨	1 713	1	0.49	5	0	0	5	5	0	5	0.45	LOW	LOW	DOC
sub-total(小计)		208	100				74.381	1 446	311.93	1 134.07	100			
avg（平均）		16		6.95	1.499 7	21.57	5.722							

图 5-7　项目销售分析报表

当前和潜在顾客的需求和期望，运用餐饮信息系统中获取的数据，持续、动态地实施菜单管理，这一过程对于餐饮企业至关重要，尤其是在大数据、社交媒体的时代，顾客之间的影响变得越来越快捷，菜单管理对于餐饮企业愈发重要。需要牢记，当菜单被设计出来并展示在顾客面前，餐饮服务的整个过程就得以开始，菜单影响甚至决定着以下的餐饮环节：产品与服务流程、采购与成本控制、设备需求、卫生与食品安全、布局与空间要求、人员配备、菜肴营养含量。

第三节 配方管理与成本核算

成本控制始终是餐饮管理的核心内容，与客房不同，可变成本在餐饮成本中占据重要部分，对餐饮原材料的管理和控制就是餐饮成本控制的核心，成本核算与控制并不完全靠厨房和厨师进行，还需要财务部门的深入配合，有些餐饮企业和酒店企业设立了成本控制部门进行餐饮成本的核算工作。配方管理是根据菜品的成本卡，对每道菜品设定配方信息，这样餐饮信息系统就可以根据菜品的点击量来计算原材料的理论使用量，结合原材料成本，计算出每道菜品的理论成本总额、成本率等关键参数。将每道菜的理论成本与菜品的销售量结合，餐饮信息系统就可以动态地得出理想成本（或最优成本）。

成本核算与控制

之所以称之为理想成本，是指在理论状态下的成本总额，由于各个方面的原因，如物料的损耗（既包括合理损耗，如切配中的损耗、酒水的损耗，也包括非合理损耗，如客人投诉、退菜导致菜品成本提高），实际的成本通常会高于理想成本，但餐饮信息系统所给出的理想成本与实际发生成本的差额，可以大致反映酒店餐饮成本控制的水平，而努力使实际发生成本趋近于理想成本的过程就是餐饮成本控制的主要工作。

配方管理使得每日酒店消耗的原材料可以及时统计，对酒店采购提供了方便。由于市场行情的波动，采购价格也经常发生变化，将餐饮信息系统与库存采购系统进行连接，直接读取采购系统中的采购价格，就可以精确、实时实施餐饮成本核算。

行业链接

吃标准不能成为一笔糊涂账

H餐厅是一家以高端商务宴请为目标市场的餐厅，大多数顾客采用吃标准的用餐形式，即顾客确定人均消费金额，由餐厅（通常是行政总厨或厨师长）为顾客定制菜单，待顾客确认后下单制作。在Infrasys系统设置上，由于点餐员无法确定顾客菜单，H餐厅在POS系统中设定了不少“用金额标识的菜品”，如人均50元标准、人均80元标准、人均100元标准、人均200元标准等，具体菜品则由厨师长现场确认。

这种方法可以正确地计算顾客的消费金额，满足了收银的需要，但由于菜单内容全凭厨师长一张嘴，点餐员、传菜员均不清楚顾客菜单，既制约了服务的有效开展，也带来了厨房控制和成本核算的难题。

为了加强餐厅管理，H餐厅进行了以下改进：

① 使用“可选项目套餐”来管理所有“吃标准”的用餐形式，增加50元套餐、80元套餐、100元套餐等。

② 厨师长与顾客确认菜单后，由点餐员将菜单明细录入POS系统中。

③ 厨房根据单据制作菜肴，拒绝口头下单的方式。

通过以上方法，H餐厅服务效率明显提升、成本核算更加清晰。

第四节 劳动力成本

餐饮企业的管理者应该对餐饮行业的人力成本控制有非常清楚的认识，在实际工作中以下因素应当被充分考虑：

① 餐饮业是劳动密集型产业。哪怕科技的发展已经日新月异，也出现了许多方便食品和自动烹饪设备，但在生产制作、服务、清洗打扫和设备维护等方面仍然需要大量的员工。而员工素质低下的现状不但不会缓解，反而会更加严重，如有关辞职、跳槽、意外事故、缺勤、旷工、迟到等也许在别的行业不常见的现象，在餐饮行业却时有发生。

餐饮中的效率与人力资源成本

② 劳动力成本日益上涨是必然的趋势。尽管符合要求的员工越来越少，却并不妨碍劳动力成本的日益上涨，这不仅仅由于工人工资的不断提高，也缘于员工餐、员工工装和员工宿舍等费用的日益提高。

③ 人工成本的增加一般不会带来生成效率的提高，或者说人工成本的增加一般不与生产效率的提高成比例。

④ 在任何行业里，员工管理都不容易，在酒店餐饮业尤其如此，除了员工本身的原因，如工作态度、信仰、个性化等；行业特征也与其他行业存在差异，如工作周期、工作时间段、节假日等。

⑤ 在中国，由于人口红利的逐步结束、行业观念差异等问题，如很多家庭有“宁可在家闲着家长养你，也不去端盘子”的观念，餐饮业的用工压力会越来越恶化。

在这些背景下，餐饮企业的用工将会有许多变化，具体如下：

① 用工形式的多样化，如小时工、临时工等。

② 计薪方式的多样化，如从过去的按月计酬变为按天、按小时、按工作量等计酬。

③ 通过多种方式提高员工参与程度和绩效水平，如将固定工资变为固定工资+销售奖励的方法，是餐饮企业提高员工效率、降低用工压力的有效方法。

员工成本是餐饮成本中的另一个主要组成部分，餐饮信息系统也为度量员工工作效率、实施劳动力成本分析提供了工具，系统根据服务员的上下班操作记录、点餐和收银操作记录，统计每一位员工的工作时间、点单数量、点单金额等信息，为餐厅管理提供更多的依据（图5-8），其中展示的某员工生产力报表体现了他的工作效率。

为了精确计算每位员工的点餐效率，POS需要进行以下操作并收集相关信息：

① 每位员工的上班时间、下班时间，从而计算出精确地工作时长。

② 每一次点餐的信息，从而记录该服务员的营业收入，如果POS中存储了成本信息

收银员截数报告
(2019-12-24)

列印时间:　2021-01-06 17:19:25
列印员:　薛昱

收银员: 苏峰
营业区: 悠西餐厅
值班: 当前值班

付款方法 / 付款次数	付款金额 / 小计:	小费
现金	453.00	0.00
4	453.00	
房间挂账	17,054.00	0.00
6	17,054.00	
银联卡	226.00	0.00
1	226.00	
至悦会	60.00	0.00
1	60.00	
高职员工餐	334.00	0.00
3	334.00	
宴请	112.00	0.00
1	112.00	
微信付款	559.00	0.00
8	559.00	
单据总数:	23	
客人总数:	182	
付款次数:	24	
单据总额:	18,798.00	
小费:	0.00	
付款总额:	18,798.00	

图 5-8　员工生产力报表统计了员工在某段时间的收入总额

员工生产力报表

员工 :梅雪飞 (00012)

PLU	餐名	数量	总数
1701	可乐330ml	22.00	66.00
1702	可乐2L	30.00	336.00
1703	雪碧330ml	35.00	105.00
1704	雪碧2L	26.00	315.00
1705	果粒橙1.25L	25.00	363.00
1706	冰红茶	12.00	81.00
1707	王老吉	42.00	222.00
1708	红牛	13.00	76.00
1709	崂山矿泉水100ml	18.00	68.00
1710	六个核桃	22.00	132.00
1711	汇源果汁	6.00	94.00
1712	营养快线	8.00	48.00
1713	冰糖雪梨	6.00	30.00
1714	六个核桃	6.00	36.00

图 5-8 员工生产力报表统计了员工在某段时间的收入总额（续）

则可以计算出该服务员带来的毛利润总额。

③ 结合以上信息，得到该员工“每小时工作营业收入”和“每小时工作毛利润额”等指标，作为员工定量考核指标，对员工进行横向比对并与收入挂钩。

行业链接

劳动效率评估有效的前提条件

劳动效率评估功能是餐饮企业提高劳动生产率的重要手段，可以对点餐员、收银员的工作量和工作效率进行有效的评估，在许多餐饮企业得到了广泛应用。

劳动效率评估功能的使用，需要具备以下3个前提条件：

（1）餐厅为每一个员工（包括点餐员、收银员）建立自己的账号，避免出现“管理员账号人人用”“公用账号”等现象。

（2）员工应确保账号的规范使用，禁止互相借用。

（3）每一次操作都正确地使用账号进行操作。

通过以上方法，将每一次操作都计入相应账号下，形成正确的统计信息，餐饮信息系统才可以确保劳动效率评估的有效性。

总之，提高餐厅的劳动效率是酒店管理中的重要课题：一方面要合理地控制人员编制以降低成本，另一方面要尽可能地激发员工主动性，从而达到提高餐厅利润的目的。餐饮管理系统为解决这一问题提供了良好的解决方案，通过点餐员劳动效率评估和收银表现评估，可以较好地实现员工量化绩效评估，而员工之间的竞争也有助于提高工作效率。但目前国内大多数餐饮企业依然使用“按月计酬”或“按天计酬”的方式，造成了优秀员工与普通员工之间激励不足，尽管一些餐厅采用菜品销售奖励和酒水销售奖励，但实现起来增加了餐饮管理的工作量，难以从根本上促进员工劳动效率的提高。“按时计酬”和“按利润计酬”是餐饮收入管理的新思维，借助餐饮管理系统采集的餐厅经营数据，可以实现精细化的管理，对于提高餐饮企业员工工作效率具有变革性的作用。

第五节 常见餐饮信息系统

成熟的POS产品本身就是非常完善的餐饮信息系统，所以MICROS和Infrasys系统都以可以看成是优秀的餐饮信息系统，而早期国产软件在这一领域发展较弱，国产POS所配套的餐饮信息系统在配方管理、成本分析、员工劳动生产率分析等方面尚存在一定差距，而国际品牌酒店依托成熟的产品线，形成PMS+POS+餐饮信息系统+采购、库存与成本控制系统（MICROS公司MC系统或石基PICC系统）+财务总账系统，打造了融合前后台应用的销售——成本信息集成产品，同时搭配无线点餐、排队系统、iPad点餐等外围系统，竞争性很强，可以说餐饮信息系统已经不仅仅是单独的软件和硬件，而逐步发展成为集餐饮预订、服务、收银、厨房管理、成本控制为一体的餐饮管理平台。

伴随着移动互联网、餐饮云管理系统的出现和发展，我国餐饮管理系统也越来越重视数据分析和营销、会员管理，而且与移动设备的结合走在了国外同行的前面，国内的二维火（阿里巴巴投资）、美味不用等（百度、阿里、腾讯三家投资）、客如云、屏芯科技（美团投资）等成为代表企业。

依托信息系统实施成本控制——日本玉子屋外卖的策略启示

案例
依托信息系统实施成本控制——日本玉子屋外卖的策略启示

中餐是重视口味的餐饮品类，强调色香味和食材。随着经济的发展，租金价格、人工费用快速提升导致企业不得不采取高毛利润策略，从而导致产品品质下降，如何在原材料成本、场地租金、人工费用之间保持平衡是餐饮企业发展的核心话题。日本玉子屋是日本最大的外卖企业，每天卖出外卖便当13万份，年营业额180亿日元（约10.8亿元人民币）。

1. 单品制胜以达到规模效应

通常餐饮企业为了迎合客户的不同口味，会制作多种不同的菜单，但这样的策略会导致生产成本和管理费用的大幅度提高。而玉子屋却反其道而行之，它每天只提供一个单品，但每天的菜都不同，周一到周五每天不重样。这样的策略带来的是产品供应链、管理体系、人工配送的精简，玉子屋员工人数700人，人均年营业额771 285万日元（人民币77万元）。玉子屋的人工成本和其他费用比其他企业低15%，可以采取低毛利润率的策略，50%成本用于食材，单份外卖价格450日元，不接受10份以下的预订，这些策略都有助于形成规模效应。

2. 强化信息系统，预测需求数量

玉子屋并不使用一次性餐具，而是使用可回收饭盒，这有两方面的意义：一是可以采用较高品质的餐具提升用餐体验，也省却了扔垃圾的麻烦（在日本垃圾分类要求极其严格，饭盒属于塑料垃圾，需要自行清洗后保存，定期回收）；二是在每次回收饭盒时与顾客沟通，了解顾客满意度和剩饭情况，形成了庞大的历史数据库和预测模型，并结合收入情况、天气等因素精准预测需求数量。一次日本电视台随机抽取一天检测玉子屋的预测准确率，系统根据历史数据计算第二日需求为63 100份，而第二天实际销售数量为63 126份，准确率很高。

看似很简单的预测需要大量的历史数据并结合专业的模型，如根据玉子屋长期的经验发现，在下雨或酷热酷冷的日子会接到更多订单，因为人们不想外出。反之，在阳光明媚的日子，尤其是长期阴雨天之后的晴天，他们会接到比较少的订单，因为人们不介意散步到餐厅或便利店吃午餐。

最大的订单往往是在下雪天，尤其是前一天晚上的天气预报未能准确预测的下雪天。此外，玉子屋发现，在薪水日之前或国家法定节假日之后他们会接到更多的订单：因为在这些日子里，人们可能已经用光所有现金，无法出去吃更昂贵的午餐。相形之下，玉子屋订单最少的日子是周末和国家法定节假日之间的日子，因为有些上班族可能会选择休息一天，便当的平均需求量就会下降，不确定性也随之上升。

3. 优化供应链，降低废弃率

当然，再准确的预测也需要根据实际情况进行修正，为此玉子屋构建了非常科学的采购和制作流程，总结起来可以概括为：信息共享、及时更新、按需采购、快速生产。

玉子屋的生产基地距离供应商非常近，目的是在出现意外需求时拥有更高的采购灵活性。

假设某个工作日，玉子屋的初步订单预测是 67 000 盒，最低预测为 58 000 盒。这两个数字都向供应链的所有合作伙伴共享了。

在前一天晚上，玉子屋按照最低订单预测 58 000 盒向供应商订购食材并于次日进行生产。在上午 9 ： 00 开始接受订单后，玉子屋每 15 分钟更新一次数据库，并与包括五大供应商在内的所有合作伙伴共享。这五大供应商地理位置靠近玉子屋，能够参与最后时刻的需求满足过程。他们按照最新订单，每 15 分钟给玉子屋送一次食材。玉子屋将食材进行烹饪，制作菜单食品，而这过程又需要 15 分钟。至 10 ： 30 截止接受订单时，由于上午的强降雨，订单总数竟然达到 66 880 盒。当最后一批配送车于上午 11 ： 00 离开工厂时，最低预测与实际订单之间多达 8 880 盒的差距已被完全填补。

玉子屋经营看似简单的外卖产业，甚至是单品外卖产业，核心竞争力来自规模优势与成本领先，而其保持竞争力的根源在于庞大的基础数据库、预测模型、信息化的采购系统与快速生产的结合，玉子屋做到了餐饮企业难得的零库存，食物废弃率只有 0.1%，远低于行业平均值 2%。

结合案例进行分析：

（1）从成本结构的角度看，餐饮企业有什么特点？这些特点的变化趋势如何？

（2）玉子屋主要的竞争优势有哪些？

（3）信息技术在玉子屋发展过程中的作用如何？

自我评估

一、选择题

1. 某餐厅“红烧狮子头”菜品价格为38元，现根据经营情况将该菜品价格调整为36元，需要调整POS系统的（　）。

A. 菜品基础信息　B. 菜品改码信息　C. 菜品图片信息　D. 菜品配方信息

2. 某餐厅“红烧狮子头”菜品价格为38元，现根据经营服务情况，顾客对该菜品可以提出“低油”“不放辣”两个选项，需要调整POS系统的（　）。

A. 菜品基础信息　B. 菜品改码信息　C. 菜品图片信息　D. 菜品配方信息

3. Q餐厅为了应对顾客“自由点菜”的需要，设置“自定义”菜品，菜品名称和价格由点餐员自行输入，这样操作所带来的隐患中，不正确的是（　）。

A. 自由输入导致点餐效率极低　B. 存在收银漏洞

C. 自由输入导致统计数据混乱　D. 导致厨房无法烹制

4. 菜单工程是指（　）。

A. 依据POS中的信息，对菜品进行分类管理的方法

B. 对菜单的样式、排版、颜色进行改进

C. 对菜单中的图片进行美化

D. 对菜单的材质进行优化

5. 菜单工程是餐饮企业管理的重要方法，需要综合分析产品的利润率和受欢迎程度，其中受欢迎程度的依据是（　）。

A. 根据POS系统中记录的销量信息

B. 依据餐厅领导试菜的评价信息

C. 依据顾客的网络点评信息

D. 依据行业美食家试菜的点评信息

6. 菜单工程中，使用POS系统数据生成菜品分类方法，其中利润低、受欢迎程度低的类型是（　）。

A. 明星　B. 金牛　C. 问题　D. 瘦狗

7. 菜单工程中，使用POS系统数据生成菜品分类方法，其中利润高、受欢迎程度高的类型是（　）。

A. 明星　B. 金牛　C. 问题　D. 瘦狗

8. 菜单工程中，使用POS系统数据生成菜品分类方法，其中利润高、受欢迎程度低的

类型是（　）。

A. 明星　B. 金牛　C. 问题　D. 瘦狗

9. 菜单工程中，使用POS系统数据生成菜品分类方法，其中利润低、受欢迎程度高的类型是（　）。

A. 明星　B. 金牛　C. 问题　D. 瘦狗

10. X餐厅通过合理设置奖励机制，提高点餐员的积极性，极大地提高了问题类菜品“葱烧海参”的点击量，则该菜品最有可能在新的菜单工程被归类到（　）。

A. 明星　B. 金牛　C. 问题　D. 瘦狗

11. 餐厅营销时可以设置一些吸引顾客就餐的菜品，应当选择（　）类别的菜品。

A. 明星类或金牛类　B. 金牛类或问题类

C. 问题类或瘦狗类　D. 瘦狗类或明星类

12. 餐厅通过合理的促销和员工激励手段，提高了明星类、问题类菜品的销量，则POS系统中经营成本率会（　）。

A. 上升　B. 下降　C. 不确定　D. 不变

13. 餐厅通过合理的促销和员工激励手段，提高了明星类、问题类菜品的销量，则POS系统中经营利润率会（　）。

A. 上升　B. 下降　C. 不确定　D. 不变

14. 关于餐饮企业的人工成本，以下说法错误的是（　）。

A. 餐饮企业人工成本快速提升

B. 许多餐饮企业对员工激励不足，薪资采取平均主义

C. 通过 POS 系统记录的点单信息，有助于评估点餐员效率

D. 点餐员的工作业绩是无法定量评估的

15. 关于POS系统在餐饮企业人工成本控制方面能够起到的作用，下列说法中错误的是（　）。

A. POS 可以提高内部运作效率，降低人工成本

B. POS 可以统计员工营业收入，刺激劳动效率

C. POS 可以核算员工工作时间，核算工作效率

D. POS 与人工成本没有关系

16. 以下餐饮企业的经营指标中，可以用来度量员工效率的是（　）。

A. 每员工每小时营收　B. 每餐位每小时营收

C. 顾客人均餐饮消费　D. 餐饮成本率

17. POS在计算餐饮服务员人均每小时营收数据时，以下信息中不需要的是（　）。

A. 每位（桌）顾客点餐信息　　B. 员工考勤信息
C. 餐饮毛利润率信息　　D. 员工账号信息

18. O餐厅计划实施薪酬改革，将员工收入与个人业绩进行结合。如果只考虑对企业的收入和利润贡献，最适合作为餐饮服务员绩效考核指标的是（　）。

A. 月工作小时总数　B. 月出勤率　C. 月营业收入总额　D. 月营业毛利润总额

19. 以下餐饮企业的经营指标中，与营业面积无关的是（　）。

A. 每餐位每小时营收　　B. 每平方米营业面积营收
C. 每平方米营业面积每小时营收　　D. 每餐位占用营业面积

20. 餐饮POS系统的主要作用，以下描述错误的是（　）。

A. POS 有助于提高企业运营效率　　B. POS 可以减少收银漏洞
C. POS 可以辅助降低企业采购成本　　D. POS 可以帮助厨师做出更好吃的菜品

二、拓展思考

除了餐饮管理系统（POS），一家餐厅还可能拥有哪些信息系统？结合你的工作经验或调研结果，你所了解的餐厅还存在哪些信息系统？

第六章

酒店网络营销与电子商务

学习与素养目标

1. 了解酒店销售渠道的基本概念，掌握酒店销售渠道的作用和主要功能
2. 能够区分网络直销与网络分销的异同，熟悉典型的模式和企业
3. 能够对酒店销售渠道进行评价，了解提高流量和转化率的常用方法
4. 理解新媒体在中国的发展历程，认识到中国互联网产业从追逐到赶超的必然性，坚定道路自信和文化自信

导入任务

选择三家你感兴趣的品牌连锁酒店，对酒店直销渠道进行调研：

1. 完成调研后汇总数据，填写下列表格。
2. 3~4 名同学为一组，综合以上信息和所学知识，对酒店的直销渠道建设进行评价，选出你认为最好的。
3. 对该酒店的直销渠道建设进行点评。

所在城市		酒店 A	酒店 B	酒店 C
酒店名称				
所属集团				
集团官网	是否开立?	□是　□否	□是　□否	□是　□否
	预订功能?	□有　□无	□有　□无	□有　□无
	支付功能?	□有　□无	□有　□无	□有　□无
酒店官网	是否开立?	□是　□否	□是　□否	□是　□否
	预订功能?	□有　□无	□有　□无	□有　□无
	支付功能?	□有　□无	□有　□无	□有　□无
官方微信公众号	是否开立?	□是　□否	□是　□否	□是　□否
	预订功能?	□有　□无	□有　□无	□有　□无
	支付功能?	□有　□无	□有　□无	□有　□无
官方微信小程序	是否开立?	□是　□否	□是　□否	□是　□否
	预订功能?	□有　□无	□有　□无	□有　□无
	支付功能?	□有　□无	□有　□无	□有　□无
天猫（飞猪）旗舰店	是否开立?	□是　□否	□是　□否	□是　□否
	预订功能?	□有　□无	□有　□无	□有　□无
	支付功能?	□有　□无	□有　□无	□有　□无
官方抖音号	是否开立?	□是　□否	□是　□否	□是　□否
	预订功能?	□有　□无	□有　□无	□有　□无
	支付功能?	□有　□无	□有　□无	□有　□无
你的评分				

酒店行业的互联网化兴起于 20 世纪 50 年代，主要运用于 B2B 领域，20 世纪 90 年代随着万维网的逐渐普及，进入 B2C 领域，逐渐形成酒店电子商务产业。在我国，到 21 世纪初已经初现规模：携程和艺龙等一批在线 OTA 快速崛起并得到资本市场的认可。从成熟度来看，酒店为代表的 OTA 是中国电子商务模式中最为成熟的细分市场，携程连续多年位列中国旅游企业排名第一。在 OTA 主营业务中，酒店始终都是收入和利润的中心。传统的酒店行业营销渠道效率滞后，给了携程足够大的发挥空间。互联网化的方式让酒店和用户之间沟通的成本快速降低。

酒店网络营销——概述

然而，随着互联网服务模式的不断升级，在移动互联网时代，网络营销策略要求在执行上要按“LO、SO、MO、BO”的标准去衡量，LO（Local）即本地化营销，酒店除了开通酒店微信公众服务号，还需养一个甚至几个小号，通过开通私号的 GPS 定位让附近更多的人可以搜索到并进行互动；SO（Social）即社交媒体营销，通过良好的互动进行朋友圈传播，带来免费的转发和阅读，从而增加流量和交易量；MO（Mobile）即动营销，微信群定期定时主打产品秒杀，随时随地销售，丰富产品和故事，再通过一些抢购、限量抢等饥饿营销方式把客户碎片时间转为酒店产品浏览甚至抢购的时间。BO（Book）即在线支付，开通在线支付，随时随地成单，而且对于酒店而言，移动互联网的客户成单的成本显得更低更快，在 2010 年之前，由于信用卡等远程支付体系发展较弱，非担保预订是酒店的主要模式，随着市场的发展、技术的成熟，尤其是 2014 年移动支付的爆炸式发展，担保预订越来越占据重要的地位，担保预订能够有效降低预订不到（No Show）概率，是酒店产业市场走向成熟的标志。当前，传统酒店爆发出的多元化的营销需求已经难以通过既有的在线 OTA 平台服务得以满足：一方面是 OTA 通过佣金对酒店利润的侵蚀是无法回避的事实，尤其在近年来持续爆发的在线旅游价格战中，OTA 利用其在分销渠道的垄断优势对酒店利润的进一步压榨引发了酒店的不满；另一方面是 OTA 覆盖的酒店数量、类型、区域相对局限，还有大量的线下酒店的推广需求很难被满足。酒店开始积极地寻求在线直销机会，拓展在线营销渠道、发展官网和线上会员体系已成大势所趋。互联网营销以其广泛性（全世界都可以点击登录查看）、即时性（可以实时更新内容）、全时性（24 小时、365 天均可访问）赢得了企业的认可。酒店行业常见的网络营销方式有酒店网络直销、酒店网络分销和酒店网络推广。

第一节 酒店网络直销

酒店网络直销：销售的主体是酒店，既可以是单体酒店自己，也可以是酒店集团的统一销售行为，直销主要是通过酒店官网或其他在线平台，如天猫旗舰店、官方微博、微信公众平台等，直接面对个人用户达成销售，直销模式的支出主要以管理费用（营销部人员支出、酒店集团渠道费用、天猫旗舰店开办费用）、研发费用（开发酒店/酒店集团官方网站、预订平台、微信预订平台等）、营销费用（用户补贴、优惠券等）形式发生。

酒店网络直销

由于电子商务“高固定成本、低边际成本”的特性，单体酒店、小型连锁酒店很难达到酒店电子商务的规模临界值，在酒店开展网络营销初期，固定成本较高，费效比并不明显。我国酒店线上直销渠道拓展重视不够，大部分酒店的线上直销渠道发展弱，主要依赖OTA分销，初期是携程、艺龙、去哪儿等，2015年后逐渐发展为美团、飞猪等渠道。

OTA 兴起之路携程的崛起

有部分营销理念较为先进的酒店，在OTA分销渠道的基础上，开始建立酒店官网开展电子商务，发展会员体系，以摆脱对OTA的过度依赖。但官网在线直销需要较大的成本投入和技术支持，所以主要被具备一定规模和实力的酒店集团和连锁酒店采用，数量众多的非星级酒店和单体酒店要么难以建立完善的直销渠道，要么直销渠道的推广和营销不足、使用率低。

企业的应对策略直销的加强

行业链接

打造直销平台，应对分销挑战

在酒店分销企业快速发展、市场占有率日益提高的背景下，多家国内酒店集团构建直销渠道取得了良好的效果。以铂涛酒店集团（原7天连锁酒店）、华住（原汉庭连锁酒店）等为代表的连锁酒店直销占比极高，铂涛会员占比达到99%。

从策略分析，2005年7天连锁酒店刚刚建立时就致力于打造自有直销体系，曾是携程全国市场营销副总裁的郑南雁，劝说公司董事会同意逐渐划清与携程网的生意关系。

2010年，时任7天连锁酒店集团CEO的郑南雁在接受媒体采访时表示，7天的会员已过千万，今后可实现近100%直销，不再依附任何中介。随着7天连锁酒店集团的门店越开越多，郑南雁表示："大多酒店都和中介多少有合作，有些销售能力不佳的小酒店可能很依赖中介渠道，酒店真正要掌握定价权并自主发展，必须要有直销能力。"

华住集团董事长季琦曾经强调过三大原则：一是永远坚持中央渠道最低价；二是会员最惠，如只有会员才能免费上网；三是APP最方便。在2019年第三季度，会员贡献了超过76%的间夜量；超过85%的间夜量来自华住的直销渠道。

近年来，平台类网站异军突起，加入酒店网络营销大潮中，如去哪儿网以云计算为基础的SAS平台，酒店可以在该平台上建立类似官网的专属经营页面，按用户每次点击付费；飞猪（原淘宝旅行）也是类似的B2C交易平台，但收费模式与去哪儿网的点击付费不同，淘宝旅行向酒店收取一定的技术服务费和少量佣金（3%～5%）。平台类网站的兴起，对非星级酒店和单体酒店而言，很好地弥补了成本不够、IT能力不足的弱点，而对于已拥有官网的连锁酒店或酒店集团，像去哪儿网这样兼具搜索引擎功能的平台则可以将流量直接输送到官网上。不同形式的在线分销和在线直销成本之间存在差异，以500元的房间为例，不同营销模式的成本对比，如表6-1所示。

表 6-1　网络营销直销模式与分销模式成本对比

营销渠道	直销模式			分销模式		
	酒店官方网站	在线旅游平台	微博、微信等社交媒体	OTA	GDS	差旅管理
典型企业	首旅官网、锦江官网等	去哪儿直销（早期）、飞猪、天猫旗舰店等	微博官网、微信官网	携程、艺龙、去哪儿（2016）	Saber、Amadeus、TravelSky	HRS、宝库在线
销售对象	普通散客、协议散客	普通散客、协议散客	普通散客、协议散客	通散客、协议单位散客	协议团队	协议散客
可变销售成本	低	中	低	高	中	中
固定成本	高	中	中	低	低	低

注：酒店官网尽管不变成本较低，但开发网站、维护网站等固定成本较高。

从以上对比可以看到，在线直销成本远低于分销成本，酒店直销水平提高1倍，预订成本可减少46%。不难看出，成本因素是酒店在线直销的核心推动力。在美国，四大在线旅行代理商共同占据美国在线旅游领域38%的市场份额，而航空公司以及酒店的直销网站占据在线旅游40%～50%的市场份额，相比之下，酒店直销比例在中国还有较大的上升空间。

平台类网站在成本和技术上的优势降低了酒店在线直销门槛，使更多的酒店可以参与进来，目前OTA渠道覆盖的酒店数量约为3万家，而像去哪儿网这样的平台类网站酒店覆盖数量已达到15万家，其中包括了数量众多的非星级单体酒店和民宿客栈等。平台类网站的兴起必将加速酒店在线直销发展。

但也应当看到，纵观行业发展，酒店电子商务类网站以某种模式创新切入市场，获取流量后依然会回归“佣金+差价”的模式，酒店“直销之梦”往往难逃“佣金再度来临”的结局。例如，去哪儿依靠搜索引擎、直销模式聚集流量后，最终被携程收购回归佣金模式，到2020年去哪儿用户同样要缴纳高额佣金，美团、飞猪在规模较小、流量不足时也采取低费用、获取流量策略，在规模扩张完成后，进入提高佣金、获取利润阶段；从国外看，Priceline凭借“逆向定价”模式获取高额流量和市场估值，最终通过收购Booking、Agoda等传统订房网站，回归佣金模式，实现流量变现的商业本质。

当前酒店业主流的直销方式有酒店或酒店集团官网营销、微博营销、微信营销、微电影营销、直播营销、短视频营销。

1. 酒店或酒店集团官网营销

官网是官方网站的简称，官方网站是酒店公开体现其意志想法，团体信息公开，并具有权威、公开性质的一种网站。官网一般指的是酒店的“官方网站”。酒店或酒店集团的官方网站应当是酒店对外宣传和销售的主要网络阵地。网站的响应速度、布局风格、多种语言、产品介绍的详尽程度与表达方式、预订的便捷程度、是否支持在线支付、会员信息和各类政策查询等都是消费者非常关注的信息。

从成本角度来看，酒店官网主要体现为研发费用或管理费用，而酒店集团官网有些按预订量向旗下酒店收取费用，可以计入销售费用。

2. 微博营销

微博营销是指通过微博平台为酒店、个人等创造价值而执行的一种营销方式，也是指酒店或个人通过微博平台发现并满足用户的各类需求的商业行为方式。微博营销以微博作为营销平台，每一个听众（粉丝）都是潜在的营销对象，酒店利用更新自己的微博向网友传播企业信息、产品信息，树立良好的企业形象和产品形象。每天更新内容就可以跟大家交流互动，或者发布大家感兴趣的话题，以此来达到营销目的。

微博营销方式注重价值的传递、内容的互动、系统的布局、准确的定位，微博的火热发展也使得其营销效果尤为显著。微博营销涉及的范围包括认证、有效粉丝、朋友、话题、名博、开放平台、整体运营等。自2012年12月后，新浪微博推出了企业服务商平台，为酒店在微博上进行营销提供一定帮助。

微博的广泛使用使酒店业看到了一个新的宣传舞台，微博的特点是“病毒式”传播，速度奇快，接触面以年轻人居多。酒店恰当的微博内容可以让客户和潜在客户感到亲切，但首先面临的问题就是粉丝的积累。有些酒店进行过微博抽奖活动，效果非常好，对粉丝数量的增加很有帮助。针对如何开展微博抽奖活动，有很多很对酒店提出了建议。例如，三亚人间天堂鸟巢度假村提出抽奖活动前期，需要通过不同形式的宣传去聚敛人气；有些酒店提出“抽奖活动最好针对粉丝多、影响力大的意见领袖，请他们转发、评论酒店的消费体验，达到酒店产品宣传的目的”；也有的酒店认为抽奖活动最好注重本地客户。

3. 微信营销

酒店微信营销是网络经济时代企业或个人营销模式的一种，是伴随着微信的火热而兴起的一种网络营销方式。微信不存在距离的限制，用户注册微信后，可与周围同样注册的“朋友”形成一种联系，用户订阅自己所需的信息，酒店通过提供用户需要的信息推广自己的产品，从而实现点对点的营销。微信营销主要体现在以安卓系统、苹果系统的手机或者平板电脑中的移动客户端进行的区域定位营销，酒店通过微信公众号平台建立微信会员粉丝体系，展示酒店微官网、微会员、微推送、微支付、微活动、微商城，已经形成了一种主流的线上线下微信互动营销方式。

4. 微电影营销

微电影营销不同于商业化的影视大片，也不同于大众言论的视频短片，它是介于两者之间的一种新媒体网络化的营销手段。对于酒店来说，微电影营销是完全为酒店而定的影视营销。这点与影视植入广告相同，只不过它没有采用广告那样生硬的宣传方式，而是采用了一种更加柔和的方式融入故事本身叙事风格中，使观众在潜移默化中接受酒店品牌。微电影受到时间限制，因此以情节制胜，与商业大片有些类似，酒店可以比较轻松自然地将品牌信息融入故事情节中，以通过故事主人公的“事与情”达到升华、突出表现或引发关注情感共鸣等目的。

酒店业比较成功的微电影营销案例是2011年桔子水晶酒店为广大粉丝倾力打造的一部以十二星座男生的情感表现为主题的基于互联网自媒体平台和视频媒体平台传播的微电影短片集合。它用直接的方式勾勒出每个星座男生在感情世界及伴侣面前的表现，并且让每个故事都在特定的空间——桔子水晶酒店——展开，既通过细节展现了酒店自身现代而又另类的品质，又将各星座男生的特定作了经典而略带夸张的总结，取得良好品牌定位和品牌推广效果。

5. 直播营销

直播营销是指在现场随着事件的发生、发展进程同时制作和播出节目的营销方式，该营销活动以直播平台为载体，达到企业获得品牌的提升或是销量的增长的目的，知名直播平台，如斗鱼、YY等。直播营销是一种营销形式上的重要创新，也是非常能体现出互联网视频特色的板块。对于广告主而言，直播营销有着极大的优势，尤其是主题酒店、精品民宿等“高颜值”企业，其产品特点更适合进行直播和短视频，效果更明显，具体如下：

第一，某种意义上，在当下的语境中直播营销就是一场事件营销。除了本身的广告效应，直播内容的新闻效应往往更明显，引爆性也更强。一个事件或者一个话题可以更轻松地进行传播和引起关注。

第二，能体现出用户群的精准性。在观看直播视频时，用户需要在一个特定的时间共同进入播放页面，但这其实是与互联网视频所倡扬的“随时随地性”背道而驰的。但是，这种播出时间上的限制也能够真正识别出并抓住这批具有忠诚度的精准目标人群。

第三，能够实现与用户的实时互动。相比较传统电视，互联网视频的一大优势就是能够满足用户更为多元的需求。不再是单向的观看，而能一起发弹幕评论，喜欢谁就直接献花打赏，甚至还能动用民意的力量改变节目进程。这种互动的真实性和立体性只有在直播的时候能够完全展现。

第四，深入沟通，情感共鸣。在碎片化的时代里和去中心化的语境下，人们在日常生活中的交集越来越少，尤其是情感层面的交流越来越浅。直播这种带有仪式感的内容播出形式能让一批具有相同志趣的人聚集在一起，聚焦在共同的爱好上，情绪相互感染，达成情感气氛上的高位时刻。如果品牌能在这种氛围下做到恰到好处并能推波助澜，其营销效果一定也是四两拨千斤的。

行业链接

酒店业比较成功的直播营销案例是2017年碧桂园酒店集团携手联合利华，共同打造美食主题网络直播，“跨界合作+网红直播”的创新模式吸引了近200万人次观看，同时在线人数更高达近16万，创造行业直播观看人数新高，堪称一次完美的跨界共赢合作。由于网络直播如火如荼，尤其当传统的直播已经有了较好的粉丝体验和稳固的粉丝群，其积聚的市场价值将得到全面释放，未来任何企业都无法忽视“直播”这个巨大的流量入口。一向在营销领域敢为人先的碧桂园酒店集团携手联合利华，通过强强联合碰撞灵感火花，共同打造跨界直播新方式。

2017年4月21日，由碧桂园酒店集团和联合利华共同打造的“Brunch美食之旅”在碧桂园酒店集团旗下广州凤凰城酒店正式“开启”，酒店大厨以联合利华招牌好乐门蛋黄酱，打造多款健康Brunch美食，为日益壮大的Brunch族群及酒店控呈现美味又营养的早午餐典范。活动由人气主播Junkey大王进行全程直播，其以“90后”独有的二次元幽默感向广大粉丝及美食旅游爱好者全方位展现Brunch美食新风尚。而“新生活方式”+“新生代人气主播”的搭配，吸引了众多粉丝强势“围观”，活动一上线，同时观看人数即迅速突破10万，并收获最高近16万人同时观看的优秀成绩。而以现场感和互动性取胜的网络直播，其流程及细节呈现尤为重要，为了保证活动效果，碧桂园酒店集团与联合利华经过反复沟通和精心策划，在4月21日直播中融入了更多趣味性的内容和细节。除了Brunch美食，主播也在直播过程中对广州凤凰城酒店及联合利华立顿茶包等产品进行介绍，还“拉来”酒店总经理李清林先生出镜接受采访，向粉丝全方位展现酒店休闲时光的“正确打开方式”——如此有血有肉的场景展现、真实体验及实时互动，相比传统广告的生硬单一，其感染力非同一般，也足见直播营销无可比拟的优势。显然在移动互联网时代，品牌传播方式和营销思路不再单一，而是更加多元化、人格化、内容化。

6. 短视频营销

短视频即短片视频，是指在各种新媒体平台上播放的、适合在移动状态和短时休闲状态下观看的、高频推送的视频内容，时长几秒到几分钟不等，且在互联网新媒体上传播的大多在5分钟以内的视频。短视频内容融合了技能分享、幽默搞怪、时尚潮流、社会热点、街头采访、公益教育、广告创意、商业定制等主题。由于内容较短，可以单独成片，也可以成为系列栏目。短视频是一种互联网内容传播方式，一般是随着移动终端普及和网络的提速，短平快的大流量传播内容逐渐获得各大平台、粉丝和资本的青睐。随着网红经济的出现，视频行业逐渐崛起一批优质（user-generated content，UGC，即用户生产内容，也称user-created content，UCC）内容制作者，微博、秒拍、快手、今日头条纷纷入局短视频行业，募集了一批优秀的内容制作团队入驻。到了2017年，短视频行业竞争进入白热化阶段，内容制作者也偏向专业生产内容（professionally-generated content，PGC）化和职业生产内容（occupationally-generated content，OGC）化专业运作。

不同于微电影和直播，短视频制作并没有像微电影一样具有特定的表达形式和团队配置要求，具有生产流程简单、情节简单明快、制作门槛低、参与性强等特点，又比直播更具有传播价值，超短的制作周期和趣味化的内容对短视频制作团队的文案及策划功底提出了一定的挑战，优秀的短视频制作团队通常依托于成熟运营的自媒体或IP，除了高频稳定的内容输出外，也有强大的粉丝渠道；短视频的出现丰富了新媒体原生广告的形式。

短视频营销通过提前设计的故事情节与计划在线销售的商品性能紧密结合，可以依托故事情节的情感转化与商品销售推广行为高效对接，减少了以往广告推销式的生硬感，更容易引起消费者共鸣，快速达成交易。

短视频制作的参与门槛非常低，消费者创造内容的水平也是参差不齐，为了让消费者产出的内容保持一个较高的水平，酒店应该提前找到一个完整的拍摄线路并转化为脚本，最终体现在酒店产品设计上，让消费者不用长时间去纠结如何创造内容，而是迅捷生成优质短视频。

行业链接

酒店业比较成功的短视频营销案例是2018年拉萨平措康桑观景酒店抖音短视频营销策划。2018年夏天，一条伴随着酒店自动窗帘的缓缓拉开，壮观的布达拉宫随即映入眼帘的场景视频在抖音上火了，短短1个月便让拉萨平措康桑酒店成为网红酒店，众多进藏游客慕名而来。目前平措康桑短视频在抖音上的播放流量已经过千万次，2019年8月份该酒店的出租率达99.99%，Revpar领跑拉萨市场，甚至超过多家国际五星级酒店。平措康桑酒店之所以能在抖音上拥有如此高的曝光量，就是因为它的爆点不是其他酒店能简单复制的。同理，拥有绝佳的地理位置、独特的景观或其他卖点的酒店，一定要将其运营为自己的爆点，并体现在短视频创作上。而好的爆点会直接激发出消费者的拍摄和分享欲望，从而增加酒店的收益。除了绝佳的地理位置，酒店还善于创造方便消费者拍摄的场景。

平措康桑酒店最直接的设计就是将窗户当作一个画框，布达拉宫就是画面本身，随着日出阳光到夜间灯光的变换，可以产生不同风格的风景图画。另外，房间配备的全部是电动窗帘，产生一种帷幕拉开、好景呈现的感觉。除了窗户和电动窗帘的处理，酒店在靠窗处用较为精巧的茶桌代替传统的沙发，也是为了方便住客沏茶和拍摄。在平措康桑可以尽情享受拉萨的美景、阳光，也可以独坐休闲吧静享美好时光。2019年5月上旬，该酒店的顶楼观景餐厅调整优化完毕后，拥有大落地窗下180° 无死角的布达拉宫景观，成为遮挡最少、视野最开阔的拍照观景好去处。餐厅中庭增加了电子琴，晚上夜幕降临时，布达拉宫的灯光亮起来，多才多艺的客人就可以在餐厅即兴发挥边弹边唱，又是一道亮丽的风景线。

为了抓住短视频营销的红利，平措康桑在产品设计的时候就考虑了消费者发抖音时的场景，预埋好拍摄脚本。

酒店在设计初期，在房间细节和酒店的功能区域布局了多项面向流量设计的产品。例如，所有房间的窗户做加大处理，尽可能保留最多的完整面。酒店不仅为所有房间配置了电动窗帘，还在进门处设置了一个电动窗帘的开关，为客人进门后增添了一种随着走近窗帘慢慢打开的仪式感。事实证明，这一创造性的改动非常有效，几乎所有的消费者都按照酒店设计的脚本进行。

拍摄：推门，进房间，窗帘自动打开，镜头推向窗外，布达拉宫尽在眼前。正是观景房型独特的景观体验，使得平措康桑酒店的客人都自觉自发地打开抖音拍摄，记录着这样震撼心灵的一幕幕场景，而这样的画面也吸引着四面八方的游人来到平措康桑。

平措康桑酒店一直以来都明确抖音是需要发力的一个渠道，酒店坚持输出高质量视频内容，引导客人看后模仿，渐渐成为西藏旅游的网红打卡店。

第二节 酒店网络分销

分销：销售的主体是第三方，有可能是旅行社，也可能是专业的网络分销商、全球分销公司、差旅公司等，我国OTA在酒店在线分销中占据统治地位。网络分销有多种收费模式，如佣金模式、差价模式等。

（1）佣金模式（也称代理模式，Agency）：网络分销商为酒店带来一个预订并成功支付，酒店向分销商支付一定比例佣金（通常为10%～25%，视代理商与酒店力量对比综合评定），国内OTA（包括携程、艺龙、去哪儿、美团等大多采取此模式）、GDS大多采用此模式。在佣金模式下，向分销商支付的佣金计入酒店营销费用，会体现在财务报表上，酒店“痛苦指数”比较高，但由于属于“根据效果付费”，初期酒店接受度较高。

（2）差价模式（也称批发模式）：分销商并不收取佣金，而是与酒店确定一个基准价格，超过基准价格的部分成为分销商收入。这一模式的实质是降低了酒店的平均房价，但支出并不体现在财务报表上，隐蔽性更强（如携程买断房即属于此模式），另外还有一部分通过GDS分销。

除了两种主要模式以外，还有非透明模式、广告费模式、打包模式等，这些模式都是以上两种模式的变化，主要网络分销商包括以下类型。

1. 网络预订代理

网络预订代理（online travel agency，OTA）也称在线旅行社，是指利用互联网开展酒店销售并获取佣金的企业。订房中介在中国的典型代表有携程网、艺龙网等，它们大都不直接从住店客人手中直接收取费用，而是让酒店定期支付佣金，所以酒店和中介也经常就客户是否入住了酒店有所争议。国外订房中介的典型代表是Expedia、booking、Agoda等，不同于中国网络订房中介的是：Expedia会在客人预订时收取全额房费，如果客人入住良好没有投诉，Expedia则会在1～3个月内把房费返还给酒店，当然佣金已经被Expedia留在自己账户了。

随着用户群体从PC端向移动端大量转移以及旅游用户预订习惯的转变，移动互联时代下的在线旅游市场极大改善了用户的消费体验之外，移动互联在OTA模式中占据了重要位置。相关移动技术的日益成熟以及为了更好满足用户需求，在线旅游服务商们为用户提供了相当多的新式应用。这些应用主要以多元化、多点式的App客户端为主，应用中包括航班、酒店、旅游产品、攻略、图片分享等各个环节和产品，在产品的使用上进行了大量优化，提升用户体验，主要体现在以下方面：

第一，语音搜索。在移动的过程中，语音功能是非常有潜力的一块，如何便捷地获取信息是用户体验的焦点。

第二，位置服务。基于位置的服务（location based services，LBS）与地理位置密切结合，也是无线渠道和其他渠道的差异化所在，也是移动应用的重要特色。

第三，个性化推送。随着大数据在商业分析领域的大量应用，个性化推送在当前电子商务领域并不鲜见。根据用户的搜索、浏览、购买历史，分析用户相关兴趣爱好，将与用户相关的旅游信息（特别是折扣优惠）直接推送到用户面前，增加用户黏性的同时，进一步提升了用户体验。

2. 全球分销系统

全球分销系统（GDS）是应用于民用航空运输及整个旅游酒店业的大型计算机信息服务系统。通过GDS，遍及全球的旅游销售机构可以及时地从航空公司、酒店、租车公司、旅游公司获取大量与旅游相关的信息，从而为顾客提供快捷、便利、可靠的服务。从GDS的发展过程看，GDS是由于旅游业的迅猛发展而从航空公司订座系统中分流出来的面向旅行服务的系统。如今，GDS已经发展成为服务于整个旅游业的一个产业，除了原有的航空运输业，酒店、租车、旅游公司、铁路公司等也纷纷加入到GDS中来。经过技术与商务的不断发展，GDS已经能够为旅行者提供及时、准确、全面的信息服务，并且可以满足消费者旅行中包括交通、住宿、娱乐、支付及其他后续服务的全方位需求。GDS在激烈竞争中，逐渐形成SABRE、GALILEO、AMADEUS、WORLDSPAN等巨头，中国国内最大的GDS为中国航信TRAVELSKY。

GDS与OTA具有明显的不同。GDS用户主要为机构用户，如国外旅行社、旅行公司等，而OTA主要客户为个人客户；在操作界面上，OTA强调简易操作、图片美观，具备很强的营销属性，而GDS更注重操作效率，业务属性更强。

3. 差旅管理公司

差旅管理（travel management companies，TMC），又叫商旅管理，为企业提供完善、快捷的差旅服务，如出差计划、酒店机票预订、费用报销、费用审计等，目的是节约费用、减轻企业人员负担，为企业管理层提供差旅管理报告以利于差旅费用的控制和提升整个企业的管理水平。在国外有着多年的发展历史，如国际范围内TMC五大企业

BCD Travel、嘉信力旅运公司（CWT）、HRG 、美国运通AmEx及Expedia旗下Egencia等，国内差旅管理起步晚、使用率较低，参与企业分为两种：一种是本身就有预订业务的OTA、旅游企业，也包括航空公司、银行、连锁酒店等机构，如携程商旅、腾邦国际、国旅运通（中国国际旅行社与美国运通合资）、中航嘉信（中国航空服务有限公司与CWT合资）、锦江HRG（锦江集团与HRG合资）、中信银行、华住酒店等；另一种是创业型的差旅管理公司，如宝库在线。受国内观念限制、产业结构的影响，差旅管理发展明显落后于国外，随着国内观念和差旅管理需求的变化，差旅管理有望成为酒店的重要客源之一。

行业链接

差旅顾客变成商务散客

中国是世界上差旅支出最高的国家，2019年达到4 007亿美元，但中国差旅管理公司市场普及率很低，只有10%左右，远低于欧美国家50%的比例。那么，中国众多商业差旅的顾客如何完成机票和酒店的业务?

据调查，大多数的差旅客户依然通过传统的OTA、旅行社进行预订：一方面带来了企业成本的提高，另一方面在企业差旅管理和审核方面存在缺陷，如费用报销、日程管理、行程追踪等功能实现难度大。

4. 团购、点评等新兴预订中介

团购网站的兴起为酒店业开拓了另一个分销渠道，超低的价格吸引了大量消费者的目光，但团购了限量供应餐饮、客房、康乐等酒店产品之后，消费条件往往也比较严格。例如，限定有效期，必须提前2天预约，不能与其他优惠同时进行，还有一些酒店提出节假日不能消费，甚至在周末也以预订满为由拒绝团购客户的预约。

点评网站也是酒店分销的另一种形式。大众点评网、到到网是酒店行业的点评网站的代表，点评网站首先要聚集人气，找到大量曾经在该酒店消费的客人并请他们提供点评信息。点评网站存在的问题之一是如何让消费者确认点评者的真实性，也就是说，能否确信点评信息既不是该酒店自己写来美化自己的，也不是竞争对手来丑化该酒店的。

无论团购、点评等类型企业获取流量之后依然要解决企业盈利问题，即流量变现问题，而回归交易是最常见的变现方法，如美团通过团购获取流量和收购大众点评组建新美团，成为国内第二大OTA企业后，最终也要通过佣金获取利润。

第三节 酒店网络推广

随着互联网产业的发展，尤其是看到阿里巴巴、携程等电子商务类企业成功后，大量的在线旅游、预订网站纷纷建立，酒店也建立官网等直销渠道，各企业对流量的争夺导致获客成本日益提高。酒店网络推广是以营销为目的，通过各种方法提高渠道访问量的过程，包括搜索引擎优化、网络广告、软文营销、视频营销、直播营销等，愈演愈烈的流量争夺大幅度提高了直销和分销的成本，以携程为例，2019年营销费用为93亿元，收入占比26%，其中大多数是客户补贴和广告投入。酒店网络推广主要模式有以下几种。

一、搜索引擎推广

（1）搜索引擎营销（search engine marketing，SEM）：如谷歌、百度等，搜索引擎营销就是基于搜索引擎平台的网络营销，利用顾客对搜索引擎的依赖和使用习惯，在顾客检索信息的时候将信息传递给目标用户，在互联网问世初期主要通过人工进行分类链接，如雅虎。随着技术的进步和网站的爆炸式增长，以谷歌和百度为代表的搜索引擎采用计算机进行排序，排名取决于网站的访问量、内容、更新速度等指标。搜索引擎营销的基本思想是让客户发现信息，并通过点击进入网页进一步了解所需要的信息，酒店或者网络分销商通过搜索引擎优化、付费搜索等方式，提高渠道访问量，最终实现交易。SEM的方法包括搜索引擎优化（search engine optimization，SEO）、付费排名、广告投放等。

（2）搜索引擎优化：利用搜索引擎的规则提高网站在有关搜索引擎内的自然排名。目的是让其在行业内占据领先地位，获得品牌收益。搜索引擎优化设计主要目标有2个层次：首先要被搜索引擎收录，其次是在搜索结果中排名靠前，SEO的目标是以最小的投入在搜索引擎中获得最大的访问量并产生商业价值。SEO的主要手段有主动提交网址链接、优化页面标题、优化关键词、培养链接、提高更新速度等优化搜索引擎的计算方法。搜索引擎的算法也在不断优化过程中，酒店企业需要不断了解算法变化，及时调整策略以提高效果。

除了搜索引擎优化，另一种提高网站排名的方法是付费搜索，即通过付费的方式使推广信息在搜索结果中排名靠前，一般采用按点击进行付费（即CPC模式），付费搜索定价取决于关键词，关键词越大、竞争对手越多价格越高。例如，关键词“北京东单五星酒店”的价格高于“北京密云经济型饭店”，其效果等同于网络广告。

在2016年以前，搜索引擎往往将付费搜索与普通搜索结果同时显示，具有很强的诱导性，2016年8月1日起施行的《移动互联网应用程序信息服务管理规定》明确要求：互联网广告应当具有可识别性，显著标明“广告”，使消费者能够辨明其为广告，付费搜索广告应当与自然搜索结果明显区分（图6-1）。

图6-1　酒店通过搜索引擎优化和付费搜索提高流量获取效果

二、垂直搜索引擎

垂直搜索引擎是针对某一个行业的专业搜索引擎，是搜索引擎的细分和延伸，是对网页库中的某类专门的信息进行一次整合，定向分字段抽取出需要的数据进行处理后再以某种形式返回给用户，也被称为比价网站，酒店行业的垂直搜索引擎的典型代表是国外的Kayak、天巡（Skyscanner）和国内的去哪儿网等。它为消费者提供了同一家酒店在不同渠道的报价，既可以包括分销渠道，也可以包括直销渠道，消费者可以任意选择购买。垂直搜索引擎很像人们买衣服时，通过网络搜索获得哪个商场折扣力度最大，并了解乘坐哪种交通方式去买衣服最为经济。垂直搜索引擎企业一般通过广告获取收入，其盈利能力明显低于OTA，OTA企业出于战略选择会通过收购等方式控制垂直搜索引擎，以实现获取流量、打击竞争对手的目标，如2012年Kayak被Priceline（全球第一大OTA，也是booking、Agoda的母公司）收购，去哪儿网和天巡网被携程网收购，最终的结果是“OTA获得了流量，垂直搜索得到了利润，酒店再一次被出卖”。

三、其他酒店网络推广模式

除了常见的搜索引擎、垂直搜索等，流量争夺已经成为企业网络营销主战场，随着互联网技术的发展和支付体系的完善，在任何网站、应用程序、地图软件、直播，甚至视频中添加销售链接成为可能，如地图（包括百度地图、高德地图等）、视频（爱奇艺、腾讯视频等）、短视频（抖音、快手、西瓜等）、直播（斗鱼、映客、虎牙等）等。另一类新的推广模式是以今日头条为代表的新平台，其本质是根据顾客的浏览记录、通过人工智能进行个性化推荐，结合旗下抖音、西瓜视频等平台实现流量转换，今日头条可以看作“个性化的搜索引擎+浏览器”的结合。

随着技术的发展，出现了两方面的趋势：一是网络推广与网络营销的界限越来越模糊，营销网站可以自带点评、视频、直播等功能，实现“一边推广、一边营销”，而推广网站也可以实现网上商城功能，直接点击完成预订已经很难分清一个网站到底是营销网站还是推广网站；二是推广已经无法区分是直销还是分销，当一个广告或者一段视频推广了某家酒店，如果最终的链接是酒店官网，则可以看作是直销，如果最终连接到某OTA网站，则应当被视为分销（图6-2）。随着互联网的发展，流量都是某一公共平台的，如地图、抖音访问者，被称为公域流量，而特别关注某企业的用户，如抖音、微博的关注者，被称为私域流量。

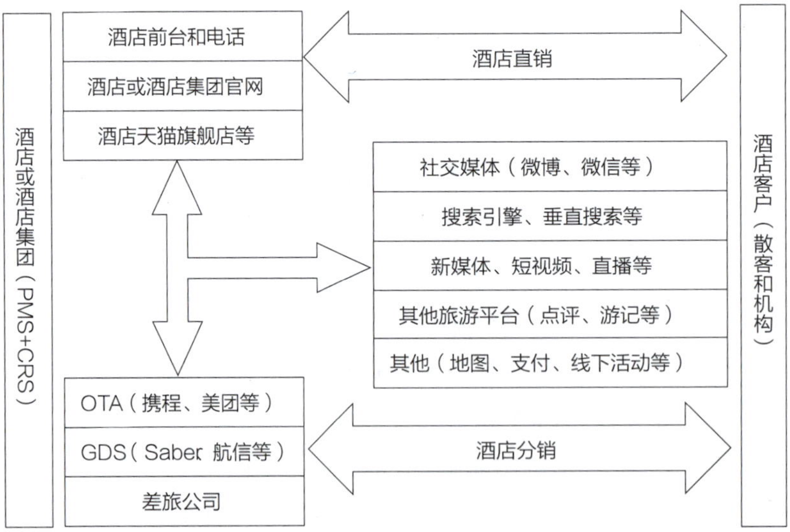

图6-2 酒店网络营销架构图，网络媒体越来越呈现多样性

行业链接

社会营销、新媒体营销

随着互联网、社交媒体等技术的发展和普及，网络传媒、广告、推广和市场营销之间的界限越来越模糊，很难用传统的“直销”或“分销”进行区分，不妨看看以下案例。

某顾客A女士入住酒店后，对酒店服务非常认可，通过转发微信朋友圈“点赞”酒店，该顾客的朋友B女士看到该信息后产生需求，这应该被看作一次“传媒”。接下来B女士有可能向A询问预订方式，A女士有可能推荐了官方App预订（直销），也有可能推荐携程预订（分销）。B女士还有可能直接在百度查询该酒店，从而产生搜索引擎优化，她先是仔细查看了该酒店的点评信息，之后她有可能选择官网预订形成直销，也有可能点击OTA网站形成分销。

社交营销：网络媒体都已经不可避免地加入了社交属性，哪怕只是一个分享按钮，只要通过一次点击即可将信息分享给社交网站的好友，如酒店、OTA都可以将信息分享至社交媒体，从而形成潜在的销售机会。

新媒体营销：在互联网进入社交媒体时代后，出现了网络杂志、博客、微博、微信、SNS（社交网络服务）、RSS（简易信息聚合）、WIKI（维基百科）、大数据等这些新媒体，酒店企业运用这些新型的技术进行营销的过程可以看作新媒体营销。

四、网络推广的核心指标

为了评估网络营销和网络推广效果，酒店制定了一些指标进行效果评估，这类指标分为两类：一类是关于数量方面，也称为流量（Traffic），互联网营销与传统营销相同，心理上人们意识到你的存在——Awareness，心态上人们喜欢于你的存在——Preference，并且将这些流量转化（Conversion）为销售。另一类是关于质量方面，网络口碑IWOM或者点评分数。

1. 流量指标——UV、Visit和PV

（1）UV（Unique Visitor）——独立用户数量。用来衡量网站访问的人数，用以取代过去常用的“独立IP”这个度量。在移动互联网时代，每个人都拥有多个IT设备，如电脑、手机、智能手表、平板电脑。过去被看作4个访问用户，而UV则视为同一用户，UV是酒店企业、分销企业客户数量的基础指标。随着企业网络营销领域竞争的加剧，争夺新用户成本日益提高，2016年以后已经提升到200元以上，这样可以解释酒店集团、OTA网站等对新注册用户给予红包、优惠券等促销活动，其本质是通过补贴提高UV数量，补贴的出现也让一些分销机构的销售价格低于直销价格，从而造成顾客流失。由于很多用户在多个平台注册账号，单纯的UV难以衡量用户的购买能力，也有的顾客在注册平台领取红包后，并没有重复的购买行为，因此又推出了日活用户（Daily Activate Units，DAU）来衡量活跃用户的数量。

（2）Visit——访问次数。同一用户间隔30分钟以上的访问行为被定义为另一次Visit，很明显对酒店或者分销网站，Visit是最重要的指标，意味着顾客产生了潜在的购买需求。

（3）PV（Page View）——页面访问数量。一个页面在浏览器上被载入一次，无论它是被新打开的还是页面发生了刷新，PV都会增加。

网络营销的数量指标（图6-3）。

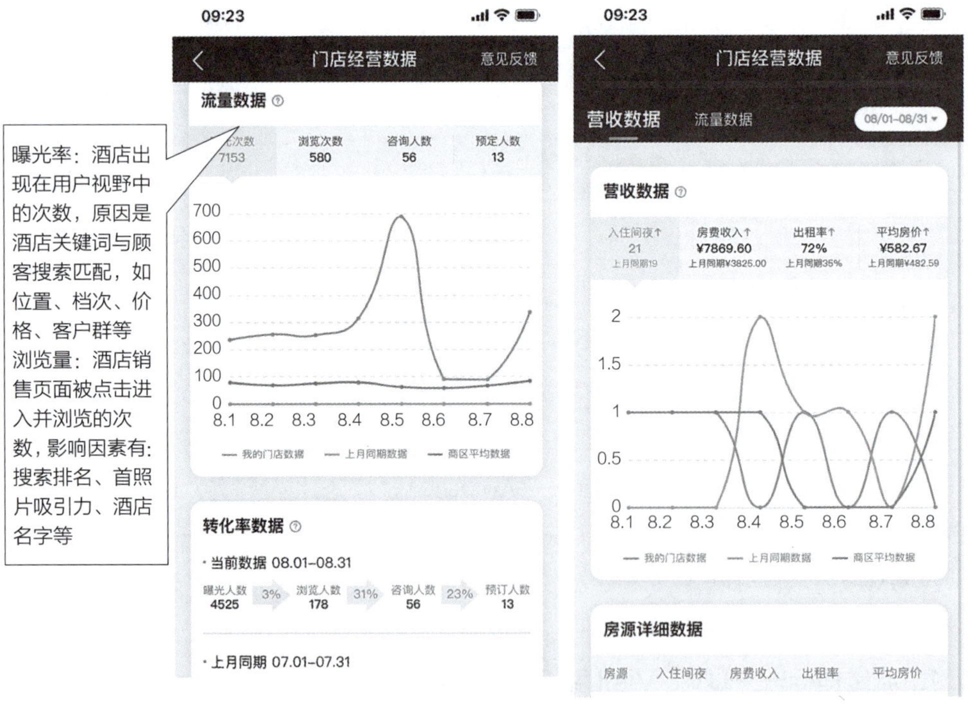

图6-3 网络营销的数量指标

行业链接

从客户到订单

张女士是某公司高级管理人员，经常出差和预订酒店，她是多家酒店集团和OTA的注册用户，每一个酒店集团和OTA张女士都有注册账号。

在某次商务出行中，为了预订酒店，张女士先访问了携程网，在众多酒店中根据酒店星级、位置、网络点评等信息选定了杭州开元名都大酒店，后来她又访问了开元酒店集团官方微信账号，对比后发现携程和开元酒店预订价格一样，但为了更好地积累酒店积分，张女士选择了开元微信预订，完成预订并在线支付。

在上述案例中，对开元酒店来说，张女士的账号是一个UV，杭州出差的需求带来了一个新的Visit，通过5次房型、价格的对比，张女士预订了豪华大床房，本次预订过程PV为5。对酒店和OTA企业，Visit是最重要的指标，意味着顾客需求的数量，PV数据与酒店产品的丰富程度（比如酒店客房类型多，顾客需要多次切换选择才能决定）、操作程序等有关。

为了提高企业的流量，可以采取以下方法：

- 投放广告（包括线下广告、网络广告、搜索引擎广告，点击广告等）。
- 补贴（对新用户、新订单给予补贴）。
- 转发有奖（如微信、微博转发，点赞可以享受折扣，获取代金券等）。
- 事件营销（通过热点事件等方式获取流量，如蹭热点）。
- 短视频（在抖音、快手、西瓜等平台上用视频吸引访问量）。
- 与OTA合作（通过与OTA、平台合作，提高在网络上的曝光量）。
- 搜索引擎优化（通过SEO提高在搜索引擎中的排名，吸引更多用户访问）。
- 社交媒体（设立官方社交媒体，定期更新优惠、促销、产品等信息）。
- 朋友推荐（即口碑营销，通过提高顾客满意度并鼓励顾客分享，获取推荐流量）。

2. 转化率

转化率（conversion rate，CR）是指从流量到实际销售转化的能力，顾客在互联网上的购买行为会分成五个阶段，每个阶段都有流失和转化，网络营销领域称为营销漏斗（图6-4），在酒店业一般使用访问量（Visit）/销售量作为评价指标。转化率的提高既是技术工作，也包含营销行为，体现了酒店网络营销的水平，以下指标会影响酒店预订网

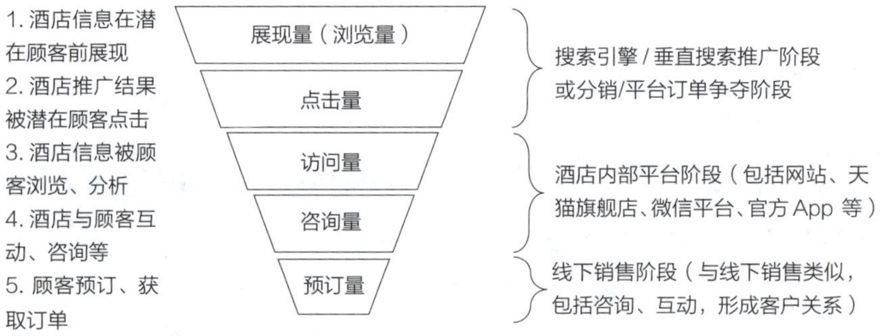

图 6-4　酒店业网络营销漏斗

站的转化率：

网络营销关键指标

（1）良好的网络平台。包括良好兼容性（各种平台均可访问，电脑、各种型号和分辨率的手机、浏览器、App等）、良好的网站速度、优美的图片、流畅的操作体验、安全而便捷的支付渠道等。

（2）合理的价格。酒店应遵循价格一致性原则，即多个平台价格一致，当酒店期望提高直销渠道比例时，应坚持“直销渠道价格最优”原则，避免分销价格低于直销渠道，导致客户流失。

（3）良好的点评分数和点评质量。酒店点评好，在满分为5分的情况下，点评分数低于4分将意味着顾客的流失，同时经典点评、有效点评占比高。

（4）美观的图片。酒店网站图片美观、数量丰富，传统酒店企业一般应避免选择亮度过高的图片，选择黄昏或夜间图片效果更好，因为根据历史数据，顾客下单高峰时间为下午16：00～20：00，使用黄昏或夜间图片能够有效促进顾客购买欲。对于民宿、主题酒店类产品，顾客非常关注“颜值”，使用白天的图片更容易突出青山绿水、风景秀丽的特点，更容易吸引顾客（图6-5、图6-6）。

（5）美观的视频。在互联网发展的早期，由于网速的限制，企业网站无法使用视频技术，随着网速的提高，尤其是2016年网络直播技术发展以来，引入直播、短视频等提高产品推广效果成为可能。企业需要注意酒店住宿产品与零售业不同，运营者需要平衡直播、短视频平台短期流量高、持续性差的特点，将直播爆发式流量与酒店产品持续推广之间的关系，可以通过售卖住宿券、餐饮券等方式实现流量平衡。

（6）社交媒体与推荐分享。相比于泛泛的广告，许多消费者更信任朋友、社交达人的推荐，43%的消费者表示他们更可能信任网络达人的推荐，而不是品牌广告或宣传；37%的消费者认为社交达人入住过的和推荐的酒店比广告代言名人推荐的酒店更值得信赖。对酒店企业可以做好三点：一是设置特色景观、产品，营造“打卡点”；二是做好

图 6-5　夜间图片更适合突出酒店温馨、精致的特点

图 6-6　白天图片更容易彰显民宿自然、绿色的特点

日常服务，提升顾客满意度并鼓励分享；三是酒店也应通过技术提升分享的效率，如在官方网站、微信公众号中增加“一键分享”功能。

自我评估

一、选择题

1. 以下酒店预订渠道中，属于互联网渠道的是（　）。

A. 电话预订　　B. 传真预订　　C. 前台预订　　D. 微信预订

2. 随着科技的发展和用户习惯的变化，大多数酒店企业发展最快的预订方式是（　）。

A. 电话预订　　B. 传真预订　　C. 信函预订　　D. 互联网预订

3. OTA是（　）的缩写。

A. Online Travel Agent　　B. Over Travel Agent

C. Online Trip Agent　　D. Online Talk Agent

4. 以下不属于OTA的渠道是（　）。

A. 携程　　B. 美团　　C. Booking　　D. 天猫自营旗舰店

5. 以下酒店渠道中，更容易带来海外旅行社批量订单的是（　）。

A. OTA　　B. GDS　　C. 官方微信平台　　D. 直播平台

6. 以下渠道中需要支付佣金的是（　）。

A. OTA　　B. 酒店电话预订

C. 酒店官网预订　　D. 酒店自营微信公众平台预订

7. 以下渠道中不需要支付佣金的是（　）。

A. 携程　　B. 美团

C. Booking　　D. 酒店自营微信公众平台预订

8. 以下属于酒店分销渠道的是（　）。

A. 酒店预订部　　B. 酒店官方网站

C. 酒店集团预订中心　　D. GDS 预订

9. 酒店为了避免佣金比例过高，以下方法最有长期效果的是（　）。

A. 控制好直销，分销的合理比例　　B. 拒绝和 OTA 合作

C. 加强酒店服务，提高顾客满意度　　D. 降低酒店客房价格

10. 为规范员工商务出行的管理，某大型国企引入员工预订平台，员工必须在该平台预订机票和酒店，由专业的合作机构M公司将订单发至酒店和航空公司，并提供费用报销，补贴核酸等服务。M公司本质上属于渠道中的（　）。

A. OTA　　B. 旅行社　　C. 会展公司　　D. 差旅管理公司

11. 以下属于搜索引擎的平台是（　）。

A. 成立初期的去哪儿　　B. 百度

C. Kayak　　D. 天巡（Skyscanner）

12. 以下属于酒店垂直搜索引擎的平台是（　）。

A. 成立初期的去哪儿　　B. 携程

C. 美团　　D. 飞猪

13. SEO的含义是（　）。

A. Search Engine Optimization 搜索引擎优化　　B. Search Engine Open 搜索引擎开放

C. Service Engine Optimization 服务引擎优化　　D. Service Engine Open 服务引擎开放

14. 下列方法中，不属于酒店SEM常规方法的是（　）。

A. 搜索引擎优化　　B. 付费排名

C. 搜索引擎广告投放　　D. 网络刷单

15. 某顾客访问酒店集团网站，使用一台手机访问了30分钟，前后看了4家酒店介绍，还查看了9种房型，则该顾客产生的Visit访问量是（　）。

A. 1　　B. 4　　C. 9　　D. 13

16. 某顾客访问酒店集团网站，使用一台手机访问30分钟，前后看了4家酒店介绍，还查看了9种房型，则该顾客产生的PV数量是（　）。

A. 1　　B. 4　　C. 9　　D. 13

17. 以下（　）方法对于增加酒店流量没有帮助。

A. 实施网络广告　　B. 强化搜索引擎优化

C. 进行事件营销　　D. 给酒店更换更好、更快的服务器

18. 以下（　）方法对于提高转换率没有帮助。

A. 实施网络广告　B. 更好的点评　C. 更合理的价格　D. 更优美的图片

19. 携程的主要利润来源是（　）。

A. 代理机票、酒店的佣金收入　　B. 广告收入

C. 直接经营酒店　　D. 直接经营航空公司

20. 七天酒店成为全球自有渠道占比最高的酒店集团，最重要的策略是（　）。

A. 直销策略和会员价格　　B. 良好的服务

C. 优秀的硬件设施　　D. 高性价比

二、拓展思考

1. 分别使用计算机端（如酒店网站、连锁集团网站等）和移动端（App、微信公众号、天猫旗舰店）等，搜索并登录某集团酒店的网络直销平台，对比两类平台功能和显示结果的不同，并分析这种不同之处。

2. 你的家人（朋友）计划预订某酒店大床房，在初选的三家酒店中，为他（她）选择一家。为了追求最优的价格，你对酒店网络直销渠道和网络分销渠道都进行了调查，请结合调查数据填写下列表格并回答问题。

酒店名称：		房型名称	预订类型	价格
直销渠道	官方网站			
	微信公众号			
	其他直销渠道（　　）			
主流分销渠道	携程			
	美团			
	Booking			
	Expedia			
其他分销渠道（任选你了解的分销渠道）	地图类平台①			
	票务类平台②			
	支付类平台③			

① 如百度地图、高德地图等地图导航平台。

② 如 12306 铁路订票平台、各大航空公司等票务平台。

③ 如支付宝、微信支付、各银行网站等金融机构平台。

续表

<table>
<tr><th colspan="2">酒店名称：</th><th>房型名称</th><th>预订类型</th><th>价格</th></tr>
<tr><td rowspan="3">价格一致性
（对比各平台之间价格是否相同）</td><td>房型名称是否相同?</td><td></td><td></td><td></td></tr>
<tr><td>价格是否相同?
（不含返现）</td><td></td><td></td><td></td></tr>
<tr><td>价格是否相同?
（包含返现）</td><td></td><td></td><td></td></tr>
<tr><td colspan="2">你觉得哪一个渠道最好</td><td colspan="3"></td></tr>
</table>

回答下列问题：

1．在酒店直销和分销渠道中，哪一个渠道价格最低?

2．你最终选择了哪一个平台？为什么?

7

第七章

市场销售信息化

学习与素养目标

1. 了解酒店市场营销部常用信息系统，包括预订系统、收益管理系统和销售管理系统，熟悉各种系统对市场营销工作的作用和价值
2. 理解互联网的发展，对酒店运营带来的根本性影响
3. 了解互联网技术对酒店市场营销部门的作用，熟悉常见工具，能够思考互联网背景下的市场营销领域的就业计划和职业规划

导入任务

通过实地走访、实习期间调查、网络调查等方式，预订酒店客房的下列客户中（直销散客、分销散客、协议客户、团队客户），谁应当享受最优惠的价格。

通常，酒店销售、客房预订、宴会预订与服务会产生多到难以置信的文件、合同，预测、销售、预订、报表生成是市场销售部员工的主要工作，占据了市场销售部员工每天的大部分时间。今天，在信息技术和互联网的帮助下，原本耗费时间、成本高昂的工作信息化程度大幅提高，给酒店市场营销工作带来了巨大的优势。

本章介绍酒店预订系统、收益管理系统（Revenue Management System，RMS）、销售与宴会管理软件（S&C）。酒店预订业务包括单体酒店的预订和酒店集团预订中心，随着技术的进步，电话预订逐渐被互联网预订取代，酒店预订效率和质量大幅提高；收益管理的核心是酒店定价，并通过合理定价更好地调节酒店需求，实现利润最大化；除了散客业务，团队、宴会、会议也是酒店重要的业务组成，一般情况下，价格较低的团队预订在价格较高的散客业务之前，平衡散客业务和团队业务的占房需求是酒店市场营销的重要课题，销售与宴会管理系统，通过团队状态管理、交割日控制等实现更好的平衡。

第一节 预订的信息化

在不使用酒店管理系统（PMS）的时代，预订部一直是前厅部的组成部分，为了更好地控制未来的预订量，预订部需要与前厅部及时沟通信息，以获取最新的预订数据和客房存量。在使用PMS后，预订量的控制由系统自动完成，预订部的主要职责由“控制预订数量”变更为“执行更合理的价格策略”，收益管理在酒店得到推广，在这样的背景下，预订部更多的成为销售部的组成部分，预订部的隶属关系从原来的前厅部转为市场销售部。随着收益管理理念的贯彻，酒店需要执行更加灵活地价格策略和渠道策略，收益管理经理（总监）成为预订部和渠道管理部门的领导，这一变革过程（图7-1）既是酒店信息化发展的结果，也反过来推动了酒店销售部信息化的发展，成为酒店信息化发展的动因。

散客预订的信息化

在连锁酒店集团，需要建立集团预订系统（central reservat system，CRS），这需要平衡集团预订部门与各酒店预订部之间的关系，保证预订、价格、客房存量等数据的一致性，在互联网发展初期这一技术难度很大，如洲际、万豪酒店需要在每天进行定时数据同步，以确保集团CRS与各酒店PMS的数据一致。随着互联网、云计算等技术的发展，基于SAAS的PMS得到普及确保了CRS与PMS的实时数据同步，而移动互联网的发展，使得酒店顾客可以通过网站、手机应用程序、微信小程序等“自助预订”，既可以

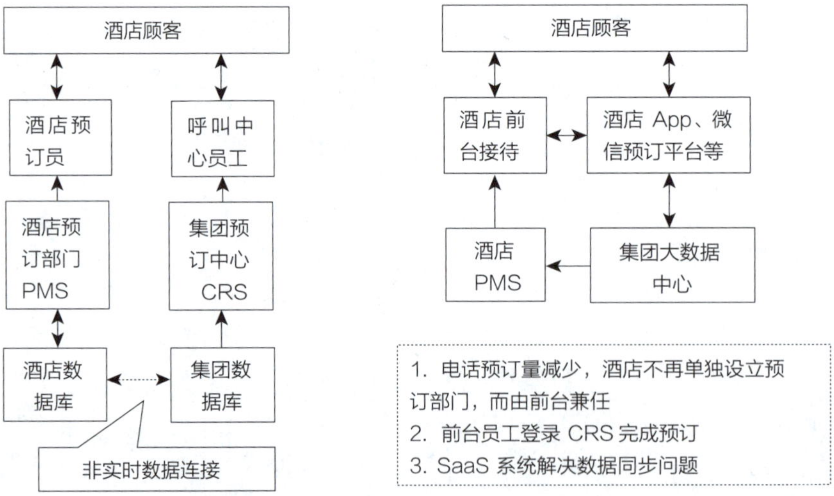

图 7-1 移动互联网时代的预订模式变革

查看实时房态、价格、点评，也可以通过图片、视频、3D甚至VR技术查看等更丰富的信息，顾客体验远远超越电话预订，移动端预订已经成为预订的主流，预计未来电话预订和预订部门将只在高星级酒店存在。

酒店PMS系统或集团CRS系统的主要功能如下。

1. 客户资料管理或集团客户信息系统

在单体酒店，PMS的客户资料功能为销售提供了信息支持，预订员可以方便地获取客人的基本信息、消费信息［客人收入、停留次数（Stays）、间夜数（Room/Nights）等］。在酒店集团，客户关系管理（customer relationship management，CRM）提供了更广泛的顾客信息管理功能，并通过会员、积分等实现顾客忠诚度的管理。

2. 预订系统

在酒店中，散客的预订通常由预订部完成，而团队的预订信息则有不同，有些酒店依然由预订部来实施，更专业的做法是由销售部来执行，这是由于团队预订带来了酒店客房存量的明显变化，有可能会“触发”酒店调价策略，而大型团队除了客房需求外，往往伴随着餐饮、会议方面的需求，由销售部来操作可能效果更好。PMS的使用让他们可以实现客房预订的实时控制，因为每个配有计算机的销售员都可以即时访问客房控制信息（移动互联网的使用甚至能让销售员使用手机、iPad等设备来了解这些信息）。预订和取消预订在发生的同时就被快速地处理——这甚至发生在销售员与顾客通话的同时，这将确保每个销售员访问到同步的数据，并且“确定的”“临时的”预订将被清楚地标示以便于跟踪，防止出错。

图7-2的客房控制信息对话框显示了每一天可用于销售的各种客房总数、临时预订数量等信息，预订员、销售员、销售经理等人都可以即时访问最新的信息，客房销售就能够实时协调。

当顾客的预订由于无可用房而无法接受时，PMS可以在拒绝客人的同时将预订放入候补列表（Waitlist），如果有团队或者散客出现预订取消（Cancle），就可以将候补列表中的预订激活，酒店预订员需要致电顾客告知。对于最终拒绝的预订，PMS会生成拒绝报告，用于跟踪由于没有可用房而拒绝的预订，这一数据常用于酒店需求数量、预测工作，在收益管理中应用广泛，同时也是酒店扩建、集团新酒店选址时的决策依据。

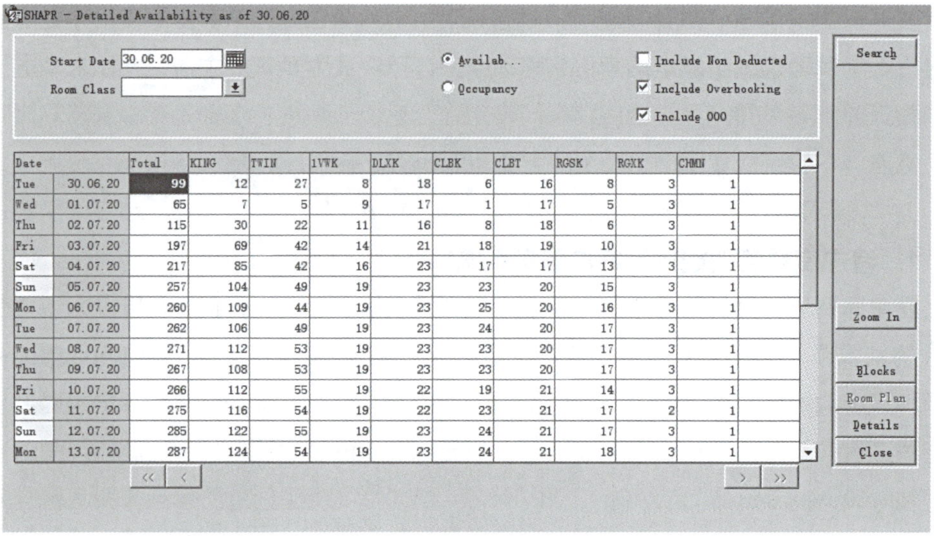

Date		Total	KING	TWIN	1VWK	DLXK	CLBK	CLBT	RGSK	RGXK	CHMN
Tue	30.06.20	99	12	27	8	18	6	16	8	3	1
Wed	01.07.20	65	7	5	9	17	1	17	5	3	1
Thu	02.07.20	115	30	22	11	16	8	18	6	3	1
Fri	03.07.20	197	69	42	14	21	18	19	10	3	1
Sat	04.07.20	217	85	42	16	23	17	17	13	3	1
Sun	05.07.20	257	104	49	19	23	23	20	15	3	1
Mon	06.07.20	260	109	44	19	23	25	20	16	3	1
Tue	07.07.20	262	106	49	19	23	24	20	17	3	1
Wed	08.07.20	271	112	53	19	23	23	20	17	3	1
Thu	09.07.20	267	108	53	19	23	23	20	17	3	1
Fri	10.07.20	266	112	55	19	22	19	21	14	3	1
Sat	11.07.20	275	116	54	19	22	23	21	17	2	1
Sun	12.07.20	285	122	55	19	23	24	21	17	3	1
Mon	13.07.20	287	124	54	19	23	24	21	18	3	1

图 7-2　可售房控制信息中既包括散客预订，也包括尚未完全确定的团队预订

第二节　收益管理系统

收益管理（revenue management 或 yield management）是一种谋求收入最大化的经营管理技术，尽管它主要关注的是收入而不是利润，但由于酒店客房产品利润率极高，所以追求收入的最大化近似等同于利润最大化。它诞生于20世纪80年代，最早由航空业开发，美国航空公司测算了收益管理带来的巨大收益后宣布“收益管理是产生利润的重要的运作手段”。在酒店业，由于收益管理系统对公司决策和创利的巨大影响，世界许多著名酒店集团，特别是欧美的主要酒店集团管理层都对收益管理高度重视，先后建立了专门的收益管理部门，并配置了能进行大量数据分析和实时优化处理的计算机系统。经过不断的完善，酒店收益管理的定义是在合适的时间及时段，以合适的价格将合适的产品通过合适的渠道销售给合适的客户，使酒店的出租率和平均房价达到最佳的组合，来获取最大化的利润。

收益管理——导入案例

收益管理——概述

收益管理起源与概念——主要概念

收益管理起源与概念——行业发展历程

在实施收益管理之前，酒店定价变动很少，只执行淡季、平季和旺季等价格，收益管理变革了酒店企业的价格体系和价格策略，要求酒店根据市场变化调整价格。频繁的价格变化和复杂的渠道控制推动了酒店市场营销部的组织变革，收益管理部门被设立，下设预订部和渠道管理部门（或专员），运用收益管理系统实时预测、优化和控制（不仅包括价格变化，还包括入住时间限制、超额预订等多种手段），并对直接预订价格（由预订部实施）和分销价格进行更新（由渠道管理通过调整分销渠道价格来实现），收集价格体系的执行结果，积累数据不断修正数据模型。

收益管理系统是以人为主导，利用计算机硬件、软件、网络通信等资源，对信息和数据进行收集、传输、加工、储存、更新和维护，从而提高企业效率和效益，增强企业市场竞争力，为企业决策提供依据的管理工具，收益管理系统已广泛应用于酒店管理、汽车租赁、铁路运输、船舶航运以及广播电视等行业。总结起来，收益管理是一种经营理念，而收益管理系统则是这一理念在酒店业深入实践后的结果。

一、收益管理实施前的准备

酒店收益管理的核心在于预测模型，而预测模型的制定和完善有赖于大量精准的历史数据，并在此基础上进行数据分析，PMS的标准化和广泛普及、价格管理体系的完善是收益管理实施的前提条件。

收益管理的定义及酒店开展收益管理的方式

差异化定价体系是收益管理的重要准备工作，酒店要将每个房型按照不同的折扣进行分类（表7-1），并按照淡旺季制定多个价格体系，每个价格体系一般以最佳可用价格（best available rate，BAR）或卖点（price point，PP）命名，如BAR1500、PP5等（表7-2）。这样的定价体系让酒店内部沟通的效率大幅提高，并可以通过收益管理系统与PMS系统接口快速价格调整。

表 7-1 某酒店各种房型渠道价格表

渠道	折扣率	高级大床 / 元	高级双床 / 元	豪华大床 / 元	豪华双床 / 元	普通套房 / 元	豪华套房 / 元
门市价	1	1 500	1 500	2 100	2 100	2 700	3 750
前台优惠价	0.8	1 200	1 200	1 680	1 680	2 160	3 000
分销渠道价格	0.7	1 050	1 050	1 470	1 470	1 890	2 625
会员价格	0.6	900	900	1 260	1 260	1 620	2 250
协议单位价	0.5	750	750	1 050	1 050	1 350	1 875
团队价	0.4	600	600	840	840	1 080	1 500

表 7-2　某酒店基准定价表　　单位：元

基准价格	高级大床房	高级双床房	豪华大床房	豪华双床房	普通套房	豪华套房
BAR3 000	3 000	3 000	4 200	4 200	5 400	7 500
BAR2 400	2 400	2 400	3 360	3 360	4 320	6 000
BAR2 100	2 100	2 100	2 940	2 940	3 780	5 250
BAR1 800	1 800	1 800	2 520	2 520	3 240	4 500
BAR1 500	1 500	1 500	2 100	2 100	2 700	3 750
BAR1 260	1 260	1 260	1 764	1 764	2 268	3 150
BAR1 050	1 050	1 050	1 470	1 470	1 890	2 625
BAR900	900	900	1 260	1 260	1 620	2 250
BAR720	720	720	1 008	1 008	1 296	1 800
BAR540	540	540	756	756	972	1 350

注：价格体系执行，一般旺季BAR2 100元、平季BAR1 500元、淡季BAR900元。

二、收益管理系统的功能与价值

收益管理常常十分复杂，涉及数据量和运算量巨大，酒店实际工作时一般使用收益管理系统处理大量数据并进行数据计算，收益管理系统并不代替经理做决定，它只是为管理决定提供信息和支持。收益管理系统通常应具备以下功能模块。

1. 数据库接口与数据处理模块

收益管理软件需要获取、整理和分析大量的酒店经营数据，而这些数据通常存储在PMS数据库中，收益管理系统需要与PMS建立接口直接读取PMS中的数据。该模块功能包括数据收集、过滤与审核、数据合并，以EzRMS系统为例，该模块分析的信息包括历史出租率、历史预订及取消方式、现有预订（on the book，OTB）、历史预订未到（No Show）、未预订直接到店（Walk In）等，这些数据是收益管理系统预测的依据。

2. 需求计算与预测模块

需求运算模块对数据处理模块获取的数据进行整理和运算，计算出趋势、需求等，并将预测结果进行展示，同时给出建议策略（图7-3）。预测的核心是需求，分为限制性需求（constrained demand forecasting）和非限制性需求（unconstrained demand forecasting），其中非限制性需求预测是收益管理工作的基础，二者的区别在于是否考虑酒店可用房数量。

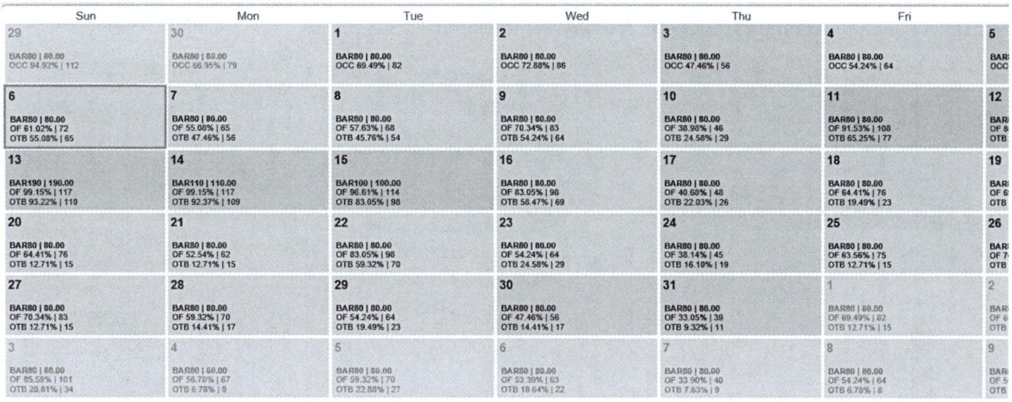

图 7-3　收益管理软件对未来市场需求进行预测并给出重要指标（IDeaS）

3. 优化模块

在预测基础上，酒店对业务进行进一步优化，优化模块是酒店行业专家的智慧和独有的运算法则的结合。优化模块的目标是利用下列因素为收入管理提供一个最理想的方案：

① 入住天数的需求预测（及其不确定性）。

② 现有预订（及其不确定性）的实际化及取消的预测。

③ 客房收入预测，入住天数控制带来的额外收入，以及在某个价格结构等级下所售出房间的平均客人数。

④ 酒店存量控制。

⑤ 接受客人的策略（最后一间可卖房及酒店最大存量）。

⑥ 按照顾客来源（source&market）/分销渠道（distribution&channel management）生成的建议。

4. 存量控制方案及建议

在优化模块的基础上，收益管理软件最终提供收益方案（图7-4）。

① 计算出每一个方案实施后的收入增长预测，以作为酒店管理人员的决策参考。

② 根据酒店的需求，将建议转化为控制管理，使其直接与显示酒店房间数量的物业管理系统（PMS）、中央预订系统（CRS）、全球分销系统（GDS）或互联网分销渠道相沟通。为实施渠道管理，收益管理软件应支持多种渠道管理方式：预订渠道及方式限制；阶段性最低限价、入住天数限制及入住客人数量限制和组合式预订控制。

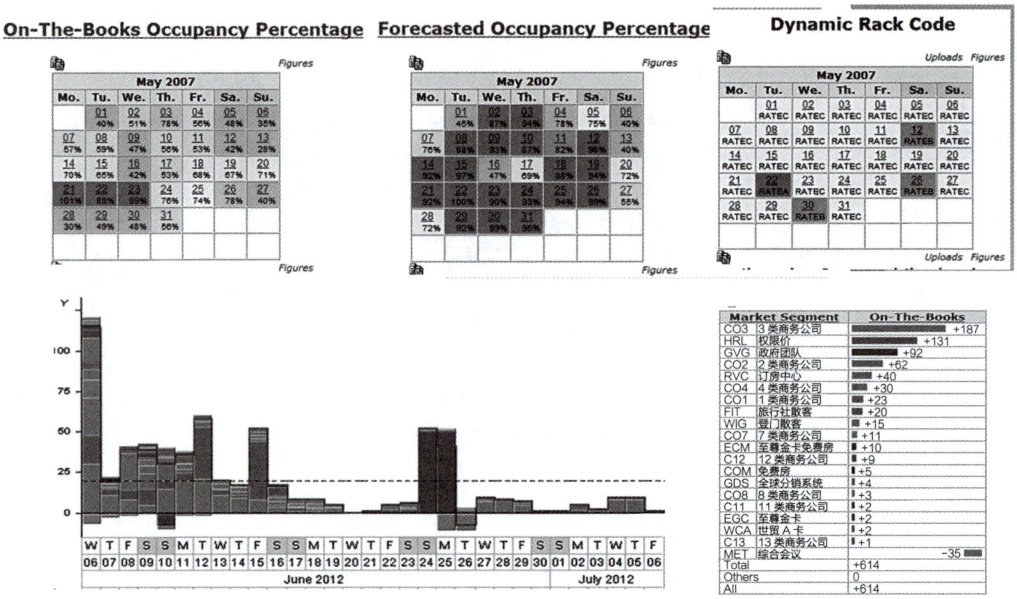

图 7-4 收益管理软件将各种决策信息集中展示，提供多种营销方案（EzRMs 收益管理系统）

5. 实施效果评估

收益管理软件不但生成多套营销方案供选择，在营业结束后，收益管理软件将对实际营业情况进行分析，对比预测值与实际值的区别，不断完善预测模型、优化决策方案（图7-5）。

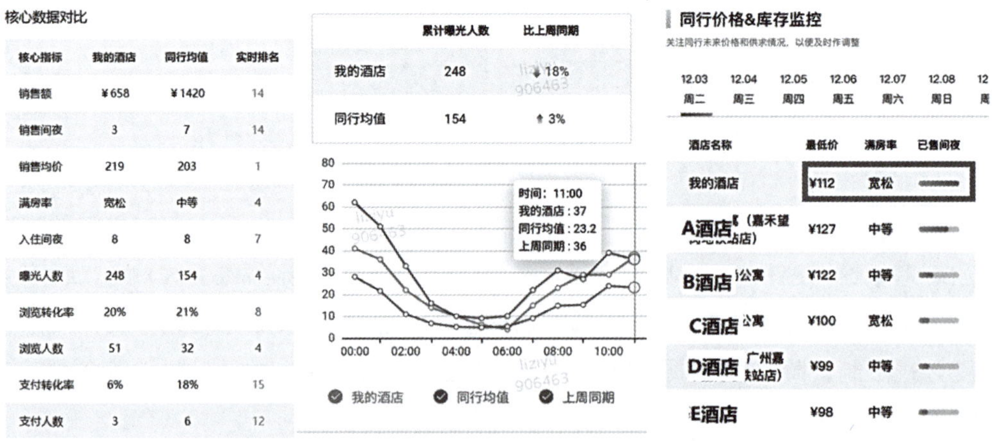

图 7-5 实施收益情况评估，进一步完善预测模型和营销方案（美团公明收益管理系统）

三、发展趋势

作为酒店业发展的新趋势，收益管理由于具有适用性的限定，如高固定成本、固定的服务能力、非耐久性产品和不可存储的特点，收益管理的应用范围一直限定于酒店客房销售中，而餐饮领域的收益管理则缺少研究与探讨，但随着收益管理理论的发展，在餐饮、康乐领域的收益管理已经逐步得到认识和应用，美国康奈尔大学已经在硕士课程中开设餐饮收益管理课程。

收益管理小结与行业案例

收益管理领域的另一个趋势是大数据的应用，尤其是OTA平台开发的收益管理系统，如国内携程的众荟、美团的公明收益系统，不仅对酒店经营的历史数据进行分析，还结合大量外部数据、搜索数据（如顾客搜索数据、顾客浏览信息、机票等预订信息等），运用大数据技术进行收益管理，实现了更强大的功能和精准的预测。

第三节 销售与宴会管理系统

随着信息技术和网络媒体的快速发展和市场竞争愈演愈烈，酒店行业宴会及会议市场也趋向信息化管理，将营销重点从传统的产品营销转移到服务营销上来。而服务营销制胜的关键就在于酒店是否能满足顾客的需求，创造更多顾客价值。这样不仅能将酒店的需求与供给方的利益联系起来，满足多元利益主体的价值需求，而且有利于酒店挖掘和提升顾客价值，最终赢得竞争优势和长期利润。使用专业的销售与宴会管理系统（sales and catering，S&C）是提高服务效率和服务能力的有效工具。

销售与宴会管理系统的典型团队

酒店会议市场（MICE）的业务特点主要是客户需求复杂、涉及供应商多、沟通成本较大、临时变数较多。这导致酒店业内会议业务销售流程中面临着诸多难题，具体如下：

第一，对于酒店客户而言，存在的问题是不知该如何选择。当客户有会议需求的时候，由于对酒店行业不熟悉，所以不知道应该在哪里开会，不知道该选哪一家酒店，也不知道是否与已有合作伙伴继续维持关系。这种情况下，客户通常会向四个方面寻求帮助：之前有过合作的姐妹酒店、酒店官方网站、第三方公共渠道以及酒店呼叫中心。

第二，对于酒店销售人员而言，他们所面临的问题是：不知道如何寻找新客户、不知道如何快速获得客户的基本信息从而赢得客户，不知道如何优化工作安排、不知道如何维护客户关系。

第三，对于酒店宴会及会议统筹人员来说，他们不知道如何沟通场地布置、宴会菜品，也不知道如何应对临时的变动。

第四，对于酒店管理人员来说，难题在于如何打开团队和宴会生意渠道、如何提高员工工作效率，如何对销售绩效做出评估、如何做到“心中有数”、对于新兴技术而言应该持什么样的态度。

销售与宴会管理系统（图7-6）能够协调市场营销部多个领域的销售工作，精准记录并更新团队状态、价格、需求、合同进度等内容，并有助于市场营销部与预订部、宴会服务部门等相关部门的协调。

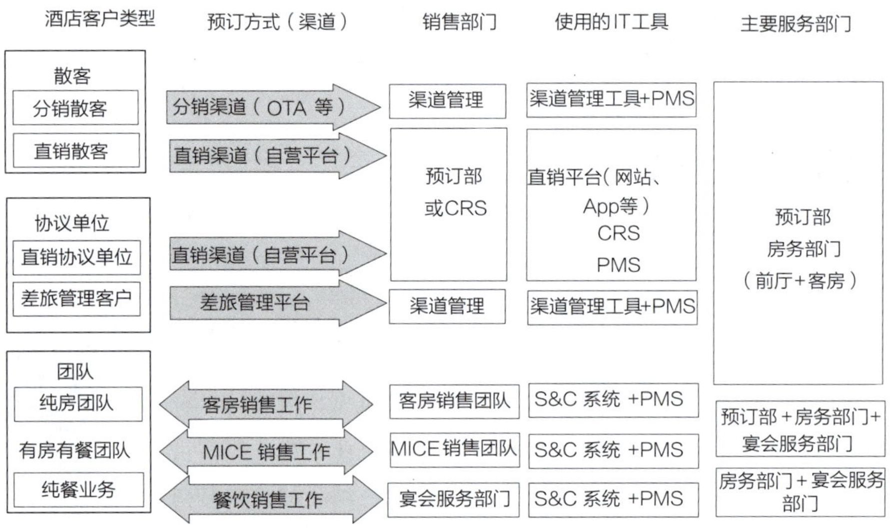

图 7-6 酒店销售与服务过程中的软件支撑功能关系

一、团队业务的界定及分类

在现代酒店将团队业务与散客业务进行明确区分，大多数酒店将10间客房成为划分标准——当某个预订任意一晚客房量达到10间，则成为团队，团队业务由市场营销部负责，散客业务由预订部负责。这样划分的原则很清楚，具体如下：

① 团队业务成交率低需要更加专业和精心的处理，由专业的营销人员进行“一对一”跟进，能够有效地提高成功率。

② 需要对团队业务的原因进行区分，对可能重复购买的顾客进行跟进，提高重复购买率。

③ 当团队业务进入，对酒店客房存量有很大的影响，可能会触发“价格调整”，需要及时与收益管理部门沟通，并由收益管理部门给出建议的团队报价。

对于团队业务，根据团队在客房产品和餐饮产品的需求量进行划分，分为纯房、纯餐、有房有餐3种类型：

① 纯房团队，如旅行团、系列团、会议团等，预订主要以客房产品为主，不需要其他场地、会议室等资源的使用和协调。客房送早餐团队，按纯房团处理。

② 纯餐团队，如婚宴、寿宴等，有可能包括少量的客房预订，但没有达到10间房的成团标准，其中客房预订由预订部完成。

③ 有房有餐团队，最常见的此类团队就是MICE［Meetings（会议）、Incentives（奖励旅游）、Conferencing/Conventions（大型企业会议）、Exhibitions/Exposition（活动展览）和Event（节事活动）的缩写］，这是最复杂的团队预订，需要多个部门的协调配合，从客房预订到会议场地，从餐饮安排到场地布置等，这也是最能体现S&C系统强大功能的领域。

二、团队状态及资源占用

与散客预订不同，团队预订的决策周期很长，需要市场营销部与客户的持续沟通，不断梳理顾客需求和协调资源，也需要平衡团队预订与散客预订对客房的占用，酒店通过团队状态来标识团队业务的进展和对资源的占用情况（图7-7）。

销售与宴会管理系统的总结

（1）INQ（Inquire）询价或PRO（Prospective）可能的预订：这是

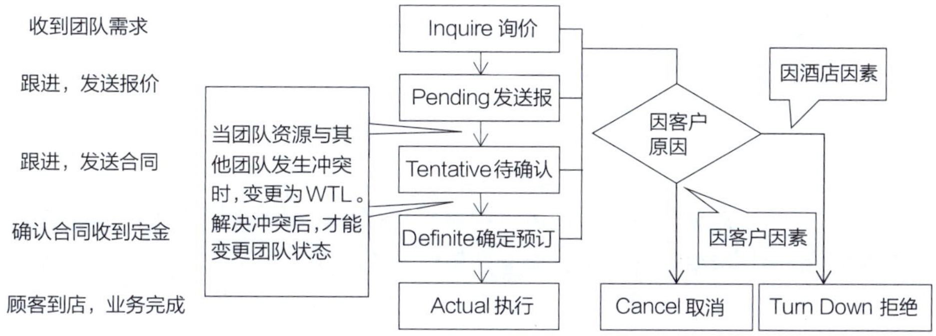

图 7-7　酒店团队业务状态变化图

一个团队业务的最初状态，表明刚刚获取顾客的初步意向，可能来自顾客的询价、客户拜访时了解到的需求等，当明确顾客需求，为顾客发送报价后，将团队状态修改为下一状态PEN。

销售与宴会管理系统的团队业务流程

（2）PEN（Pending）发送报价：顾客收到报价，与顾客持续沟通，了解顾客需求类型、数量等信息，为顾客起草销售合同并发送，之后将团队预订修改为下一状态TEN（PEN是一个选择性的状态，有些酒店集团不设置，团队状态在发送合同后直接由INQ或PRO修改为TEN）。

（3）TEN（Tentative）待确认预订：顾客确认收到合同，但还没有最终签字盖章使合同生效，此时PMS会显示该团队预订（处于Non-deducted状态）（图7-8），但依然没有对客房和其他资源形成占用，在销售部内部，需要协调不同销售员跟进的多个团队，以避免资源冲突。

（4）DEF（Definite）确定预订：TEN状态的预订在顾客确认合同，签字盖章并支付定金后转为DEF状态，此时团队预订由销售部转给预订部，在获取顾客名单后由预订员完成具体预订工作。此时才完成对客房和其他资源的扣减。

除了以上团队预订过程中的常规状态，团队业务最终有4种结果状态：

（1）ACT（Actual）执行：团队正常预订、入住，是团队业务成功完成销售的标准。不同集团完成的标准有区别，在大多数酒店，第一位团队成员入住后团队状态变更为ACT；万豪酒店集团标准更为保守，最后一位团队成员结账离店后团队状态变更为ACT。

（2）CAN（Cancel）取消：顾客提出的团队业务终止，通常是由于某种条款或需求的不能满足，如价格、场地无法达到顾客要求，此类团队预订会进入丢失业务数据库（Lost Business），尤其当顾客最终选择竞争对手时，需要记录详细原因以便改进未来工作。

（3）TD（Turn Down）拒绝：因酒店原因而导致的团队业务终止，如顾客报价过低。

（4）WTL（Wait list）等候：当多个团队业务资源冲突时的状态，此时需要酒店销售人员进行协调，如团队A和B都计划预订大宴会厅，A团队签订合同、支付定金后，团队状态为DEF，实现对大宴会厅资源的占用，此时如果尝试将B团队状态变更为DEF，系统会发出提示，并将B团队状态变更为WTL，酒店销售人员需要进行协调，解决资源分配矛盾问题后（如为B团队更换另一个宴会厅），才可以将团队状态变更为DEF（图7-8）。

团队业务与散客业务的协调是酒店市场营销和收益管理的关键问题，通常团队业务提前周期长，但平均房价低于散客；散客业务提前周期短，但平均房价较高。酒店需要提前预测需求并接纳适当规模的团队，保留适当客房存量（Inventory）给散客预订，实现收益最大化，因接纳团队过多而导致高价格散客无法接待，带来酒店机会成本提升，

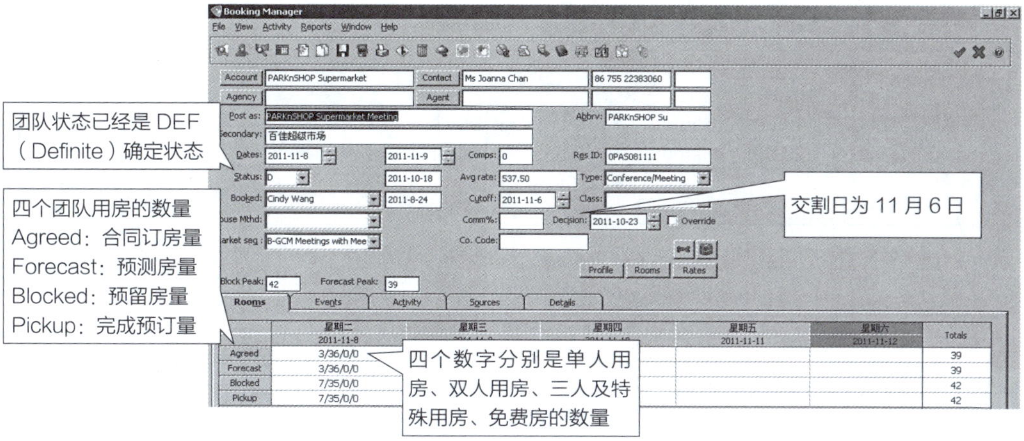

图 7-8　标准团队由客房、会议、餐饮、其他资源等多个活动组成

被称为置换成本（Displacement Cost）。为防止团队占房过多对散客业务的影响，酒店设立交割日（Cut off Day，默认为客户入住日提前14天，到达交割日如果团队预订没有确认，系统将在当天夜审后自动释放所占用的客房和其他资源），在交割日之前顾客可以变更预订客房数量，在交割日后，变更客房数量会收取违约金，酒店应加强与团队的沟通，确保预订客房数量真实有效，这个过程被称为洗房（Wash）。

三、销售与宴会管理系统

销售与宴会管理系统是将酒店客房、宴会、团队销售一体化的专用软件，实现团队和宴会业务管理的专业化和信息化，S&C与PMS系统对接主要包含以下功能：

销售报表解读

（1）团队客户管理（Account Management），在S&C系统中，Account表示团队客户，这与PMS中称谓有所不同，PMS中客户为Profile，而Account常作为账务或账户。团队账户中记录了该顾客的类型（公司、代理商等，一般收取佣金的被归类为代理商）、细分市场、业务联系人、销售员等。

（2）团队预订（Booking）是团队业务的最大单位，其中包括客房安排、宴会与活动安排、与客户活动（如和顾客通电话、发送电子邮件、签订备忘录等）、业务来源（其中既包括跟进该业务的销售人员，也包括总负责人、客房预订负责人、宴会服务负责人等）、细节要求等。团队业务在客房数量、参会人数、用餐人数的数量是一个变化的过程（图7-9），需要酒店销售人员与客户持续沟通、不断细化，其中包括以下统计口径：

① Agreed：合同数量，是签订合同时的客房数量、用餐人数等。

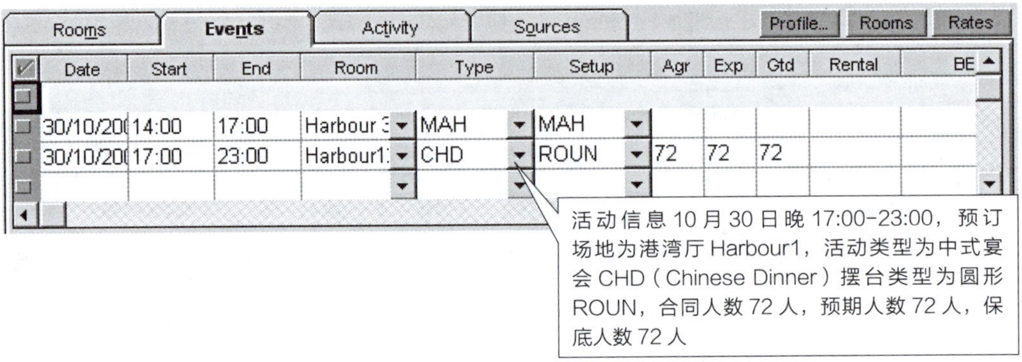

图 7-9　标准团队中会议餐饮活动设置表

② Expected：预期数量。

③ Gtd（Guardteed）：保底数量，当实际发生数字低于此数值时，按照该数量支付。

④ Forecast：预测数量。

⑤ Blocked：在PMS系统中的预留房量，当到达交割日后，未被Pickup的资源将被释放。

⑥ Pickup：完成预订量，签订销售合同并收到客户名单后，将预订录入PMS系统的数量。

⑦ BEO：在宴会通知单上列明的数量。

（3）团队和宴会通知单生成及账务处理。在承办宴会时需要经历多个流程，首先是酒店提交一份或多份标准菜单供顾客考虑，客户既可以从中选定，也可以要求一个特殊的用餐计划，将标准菜单中的部分内容进行调整是常见的做法。酒店承办宴会，也可以提供物品租用、场地布置、庆典活动、主持人等各种服务。

在准备宴会时，被称为EO（Events Order）或者BEO（Banquet Events Order）的宴会通知单是宴会准备的核心文件，是一切准备工作执行的依据，销售与宴会管理系统可以管理各种资源并自动生成宴会通知单。在宴会实施之前，酒店计划好所需要的人、物、交通、服务等所有物品，并保证在宴会实施时齐备。在宴会活动结束后，酒店必须确认客户结清账目，向顾客提供消费明细（图7-10），系统根据各种合同对每次宴会进行收入和成本核算。

（4）重要报表生成。销售与宴会管理系统提供了丰富的报表，如关键客户信息反馈表、团队状态一览表、丢失业务表、询价客户等，为管理者跟进销售进度、实施销售分析提供了强大的支撑。

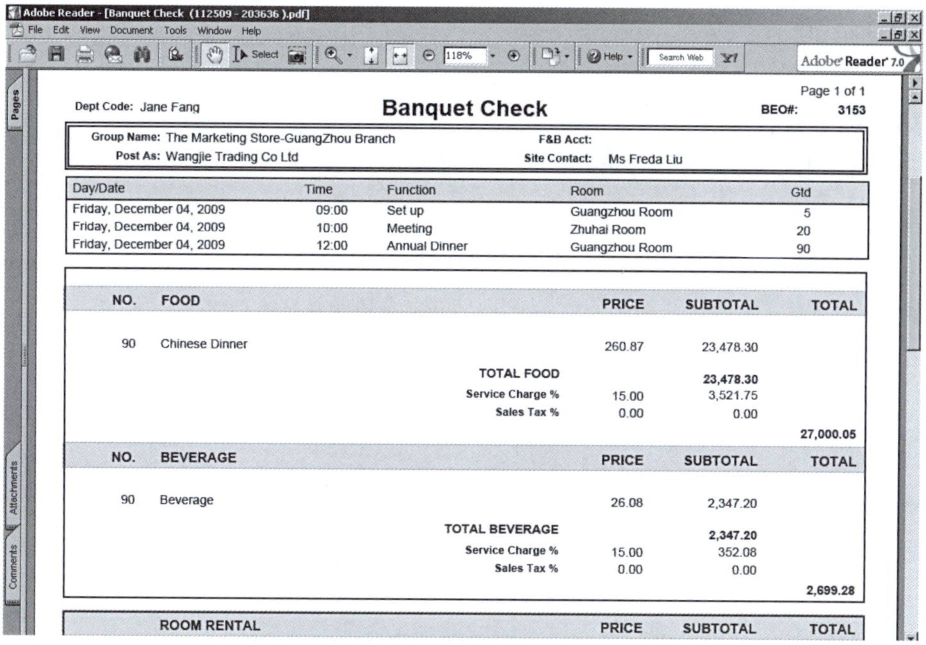
Adobe Reader - [Banquet Check (112509 - 203636).pdf]

File Edit View Document Tools Window Help

Page 1 of 1

Dept Code: Jane Fang

Banquet Check

BEO#: 3153

Group Name: The Marketing Store-GuangZhou Branch　　F&B Acct:
Post As: Wangjie Trading Co Ltd　　Site Contact: Ms Freda Liu

Day/Date	Time	Function	Room	Gtd
Friday, December 04, 2009	09:00	Set up	Guangzhou Room	5
Friday, December 04, 2009	10:00	Meeting	Zhuhai Room	20
Friday, December 04, 2009	12:00	Annual Dinner	Guangzhou Room	90

NO.	FOOD	PRICE	SUBTOTAL	TOTAL
90	Chinese Dinner	260.87	23,478.30	
	TOTAL FOOD		23,478.30	
	Service Charge %	15.00	3,521.75	
	Sales Tax %	0.00	0.00	
				27,000.05

NO.	BEVERAGE	PRICE	SUBTOTAL	TOTAL
90	Beverage	26.08	2,347.20	
	TOTAL BEVERAGE		2,347.20	
	Service Charge %	15.00	352.08	
	Sales Tax %	0.00	0.00	
				2,699.28

	ROOM RENTAL	PRICE	SUBTOTAL	TOTAL

图 7-10　S&C 系统确保数据实时更新并生成最终宴会账单

市场营销信息化总结

（5）常见营销领域信息系统（表7-3）。

表 7-3　常见营销领域信息系统

模块		常见系统
预订	酒店预订部	Fidelio、Opera PMS、绿云、西湖软件中软等均包括预订模块
	酒店集团预订CRS	大量酒店集团自行开发CRS 基于互联网的PMS系统支持集团预订中心
收益管理系统		万豪酒店管理集团自行开发的ONE Yield收益管理系统 洲际酒店管理集团HIRO系统（与集团Holidx系统对接） 美国iDeals公司收益管理系统（香格里拉集团、锦江之星） 美国EeayRMS（雅高酒店集团、最佳西方酒店管理集团、开元酒店管理集团） 国内新兴收益管理系统，如携程众荟、美团公明收益、鸿鹊收益管理系统等
销售与宴会管理		Opera Sales and Catering，Opera S&C是美国MICROS公司开发的销售与宴会管理软件（万豪酒店集团） Delphi Sales and Catering，Delphi是美国Newmarket International公司的产品，成立于1985年，总部设在美国的朴次茅斯，全球办事处设于巴塞罗那、伦敦、上海、新加坡和悉尼。使用企业有：香格里拉酒店集团、洲际酒店集团、喜达屋

自我评估

一、选择题

1. 在单体酒店，散客预订功能主要通过下列（　）系统实现。

A. PMS 系统　B. OTA 平台　C. POS 系统　D. 二维码支付

2. 在酒店集团，散客预订功能主要是通过下列（　）系统实现。

A. 集团运营系统 PMS　B. 集团预订系统 CRS

C. 集团预订系统 GDS　D. 集团预订系统 HRS

3. 对于一家拥有500间客房的星级酒店，散客客房预订主要由酒店下列（　）部门处理。

A. 预订部　B. 市场营销部　C. 前台接待　D. 总机

4. 从内部管理角度，酒店团队与散客的划分依据是（　）。

A. 订房数量　B. 房价高低　C. 消费金额　D. 顾客人数

5. 在没有使用PMS的时代，预订部一般归属于下列（　）部门。

A. 前厅部　B. 客房部　C. 市场营销部　D. 财务部

6. 在使用PMS以后，预订部一般归属于下列（　）部门。

A. 前厅部　B. 客房部　C. 市场营销部　D. 财务部

7. 某酒店高级大床房为100间，已经散客预订13间，酒店超额预订3间，则酒店还可以接受的预订数为（　）。

A. 100　B. 87　C. 90　D. 84

8. 某酒店拥有客房为100间，已经接受散客预订25间，其中担保预定15间，非担保预订10间，则酒店还可以接受的预订数为（　）。

A. 100　B. 90　C. 85　D. 75

9. 收益管理定义中的控制方法，其中错误的是（　）。

A. 在适当的时间　B. 通过适当的分销渠道

C. 以适当的价格　D. 销售最贵的产品

10. 收益管理的核心理念，是追求（　）。

A. 出租率最大化　B. 平均房价最大化　C. 收入最大化　D. 点评最优化

11. 以下属于收益管理系统的是（　）。

A. Opera PMS　B. Infrasys　C. MICROS　D. IDeaS

12. 下列收益管理系统中，属于国产收益管理系统的是（　）。

A. Opera RMS　B. EasyRMS

C. 鸿鹄收益管理系统　　D. IDeaS

13. 根据图7-11判断，本月13日为（　）。

A. 旺季需求　B. 中等需求　C. 淡季需求　D. 不确定

14. 根据图7-11判断，本月30日为（　）。

A. 旺季需求　B. 中等需求　C. 淡季需求　D. 不确定

15. 该系统（图7-11）中BAR的含义是（　）。

A. 最佳可用房价格 Best Available Rate　　B. 最差可用房价格 Bad Available Rate

C. 早期可用房价格 Before Available Rate　　D. 最低可用房价格 Below Available Rate

16. 该系统（图7-11）中OTB的含义是（　）。

A. 到手预订 On The Book　　B. 正在预订 On The Back

C. 超过预订 Over The Back　　D. 超过后期 Over The Back

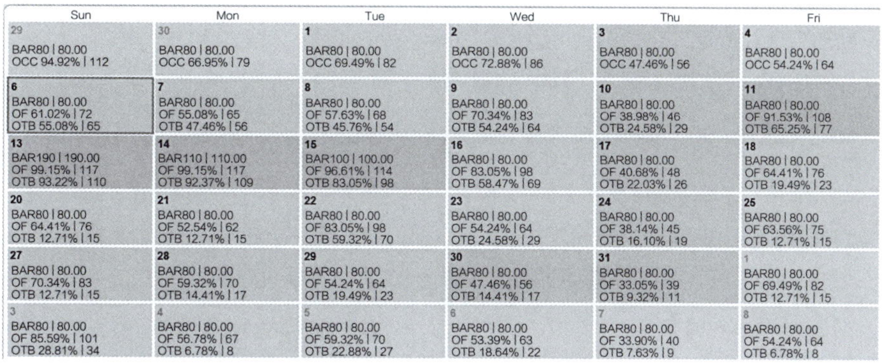

图 7-11　收益管理系统截图

17. 假设今天是5月1日，收益管理系统显示5月5日的OF（Occupancy Forecast）为85%，其含义是（　）。

A. 目前已经有的预订为 85%

B. 系统预测 5 月 5 日凌晨 0：00 出租率为 85%

C. 系统预测 5 月 5 日晚上夜审出租率为 85%

D. 系统预测 5 月 1 日晚上出租率为 85%

18. 假设今天是5月1日，收益管理系统显示5月5日的OTB（On The Book）为85%，其含义是（　）。

A. 目前已经有的 5 月 5 日预订为 85%

B. 系统预测 5 月 5 日凌晨 0：00 出租率为 85%

C. 系统预测 5 月 5 日晚上夜审出租率为 85%

D. 目前已经有的5月1日预订为85%

19. 假设今天是5月1日，收益管理系统显示5月5日的BAR（Best Available Rate）为850，其含义是（　）。

A. 系统建议最基础房型为850元　　B. 系统建议最贵房型为850元

C. 系统建议所有房型为850元　　D. 系统建议最贵和最基础房型差价为850元

20. 酒店企业开展收益管理，其中最基础的工作是（　）。

A. 预测　　B. 优化　　C. 控制　　D. 沟通

21. X酒店拥有大量的团队和宴会接待业务，根据所学知识判断，下列（　）系统的使用能够有效地提高企业在此类业务的管理能力。

A. PMS　　B. POS　　C. S&C　　D. 收益管理

22. 以下预订，属于团队的是（　）。

A. X先生预订30天，每天4间房

B. Y先生预订1天，8间房，20位顾客

C. Q先生预订1天，10间房，10位顾客

D. M先生预订6天，每天8间房

23. 团队客房预订主要由酒店下列（　）部门处理。

A. 预订部　　B. 市场营销部　　C. 前台接待　　D. 总机

24. 下列酒店业务中，一般不使用销售与宴会管理系统处理的是（　）。

A. 顾客M预订3间客房　　B. X顾客预订40桌婚宴

C. N公司预订400人年会　　D. Y旅行社预订50间客房

25. O酒店共有100间客房，某旺季设置5间超额预订并且全部预订105间完成，此时又收到1个预订，则最合理的处理方式是（　）。

A. 加入等候名单中　　B. 直接拒绝该预订

C. 删除已有的预订中价格最低的　　D. 继续增加超额预订

26. 某酒店高级大床房为100间，已经散客预订13间，团队预订INQ状态10间，TEN状态9间，DEF状态8间。酒店可售房为（　）。

A. 87间　　B. 79间　　C. 70间　　D. 60间

27. 团队和宴会订单刚刚建立时，团队状态为（　）。

A. Inquire或Prospective　　B. Pending

C. Tentative　　D. Definite

28. 团队和宴会订单服务过程中，已经给顾客发送合同，但并未收到押金时，团队状态最有可能为（　）。

A. Inquire 或 Prospective　　B. Pending

C. Tentative　　D. Definite

29. 团队和宴会订单服务过程中，收到顾客确认的合同，并收到押金时，团队状态最有可能为（　）。

A. Inquire 或 Prospective　　B. Pending

C. Tentative　　D. Definite

30. 对于团队和宴会业务，在团队刚刚建立时并不占用客房资源，当团队状态变更为（　）时，将实际占用客房资源。

A. Inquire 或 Prospective　　B. Pending

C. Tentative　　D. Definite

31. 专业化运营的酒店，将散客与团队业务进行分类处理的原因中，错误的是（　）。

A. 团队订单成功率更低　　B. 团队订单成功率更高

C. 团队预订具有更高的复订率　　D. 团队业务需要通知高层进行资源协调

32. 某酒店拥有100间客房，已经收到10间散客预订。目前销售经理甲正在跟进一个60的团队预订需求，销售经理乙正在跟进一个50的团队预订需求，则S&C系统中的正确处理流程是（　）。

A. 优先选取更大的团队预订

B. 优先选取更小的团队预订

C. 按照抢占资源，选择率先达到 DEF 状态的订单

D. 优先选择建立订单更早的预订

33. 从系统操作来看，以下团队类型中复杂度最大的是（　）。

A. 有房无餐团队　　B. 有餐无房团队

C. 有房有餐同进同出团队　　D. 有房有餐、非同进同出团队

34. X顾客在酒店预订60桌婚宴，酒店送新娘房1间，则该订单属于（　）。

A. 有房无餐团队　　B. 有餐无房团队

C. 有房有餐同进同出团队　　D. 有房有餐、非同进同出团队

35. 某顾客在酒店预订60间客房，客房包含早餐，每天75人用早餐，则该订单属于（　）。

A. 有房无餐团队　　B. 有餐无房团队

C. 有房有餐同进同出团队　　D. 有房有餐、非同进同出团队

二、拓展思考

1. 酒店市场营销部有哪些信息系统？它们在市场营销工作中的作用如何？

2. 你打算明年前往某度假胜地休养几日，擅长成本控制的你希望找到酒店一年中最低价格的日子。

寻找酒店价格最高的季节，它的价格是__________。

寻找酒店价格最低的季节，它的价格是__________。

酒店淡旺季价差最大为__________，淡旺季价格比为__________%。

第八章

财务部的信息化

学习与素养目标

1. 了解酒店财务部常用信息系统，包括应收账款系统、应付账款系统等，熟悉各种系统对酒店财务管理工作的作用和价值
2. 能够结合财务需求，进行财务系统的选型和应用
3. 了解互联网技术对酒店财务部门的作用，熟悉常见工具，能够思考互联网背景下的财务领域的就业计划和职业规划

导入任务

在酒店日常收银过程中，以下哪项服务风险系数最高？

- 马先生住在 1806 客房，12 月 1 日退房，但顾客 12 月 1 日上午打电话说自己在陪客户回不来，让前台先办理退房，今天晚一点再来办理结账。
- 刘先生是美籍华人，出手阔绰，入住酒店豪华套房，顾客在餐厅购买高档酒水 18 万元，刘先生拿出一张美国运通信用卡结账。
- 万事公司与酒店签署了协议，将客人安排住在酒店，但是客人不需要付款，由万事公司统一结算。

酒店的财务系统并非是一个软件，而是多个软件模块的集合（图 8-1），包括应收账款、应付账款、采购库存与成本控制、薪资模块、固定资产管理、总账。

酒店是购买独立的模块并使用，还是购买集成化的软件系统，取决于酒店的特定需求，仅从技术角度来考量，完全集成的软件包可以获得最大的效率。

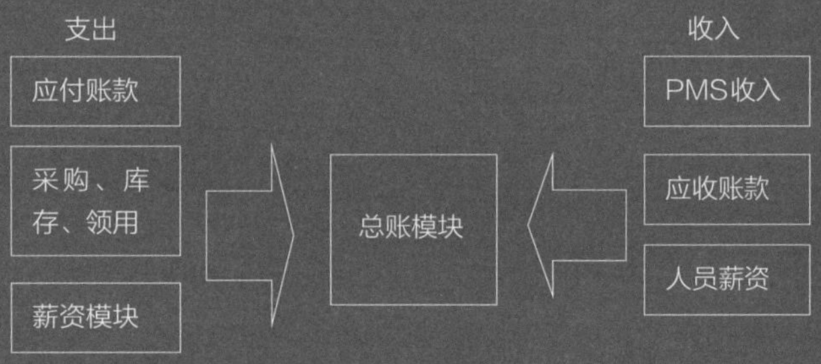

图 8-1　财务系统的结构

第一节 应收账款

应收账款（Accounts Receivable）是指完成销售而产生的，对酒店食宿等费用的支付行为导致的资产。在酒店财务体系中，应收账款是收银的结果，所以应收账款模块是PMS系统中的必备模块，由PMS供应商提供。应收账款具备以下功能：维护应收账款账户；处理计入应收；监控收款活动，应收账款账龄分析；生成各种应收账款报表；制作关于所有收款实务的审计报告。

财务意识与酒店服务

国内外信用卡案例分析与解读

从管理角度来看，财务部根据销售部提交的申请批准信用授权，在合同签订后，建立适当的应收账款账户。应收账款账户应包含账户名、联系人（发生费用时的确认、审核等）、类型、账号、账户余额等，同时应包括信用政策的重要信息，信用标准、信用条件和收账政策（图8-2）。

与客户发生业务往来时，需要应收账款经理提前对账户进行过账授权，确认可以计入应收账户。在结账时，收银员确认结账人为授权签单人后（通常通过销售部员工的确认实行），选择计入特殊账户（City Ledger）并输入账户号码，费用未超过信用授权时，将费用计入相应应收账户（图8-3）。在每日夜审时，应收账款余额将从PMS顾客账务模块转至后台应收账款模块，更新应收账款账户的账户余额（Balance），如图8-4所示。

应收账款模块记录和分析客户应收账款的变化情况，分析客户的账期和账龄（图8-5、图8-6）。应收账款模块还跟踪酒店的收账活动，在收到付款或发生额外收费时，

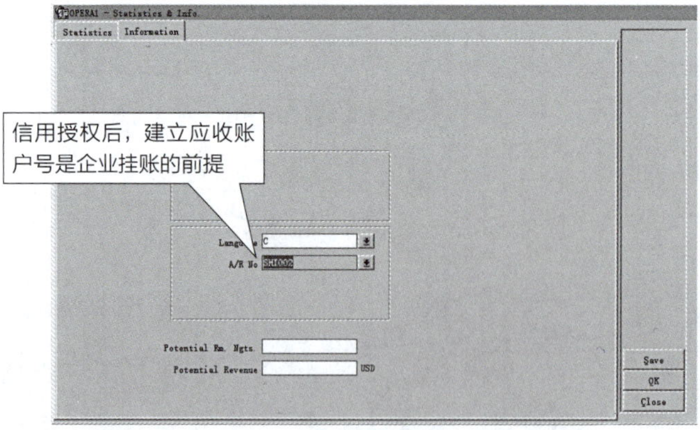

图 8-2 信用授权后，在 PMS 系统中为客户建立应收账款编号

信用卡与团购的处理

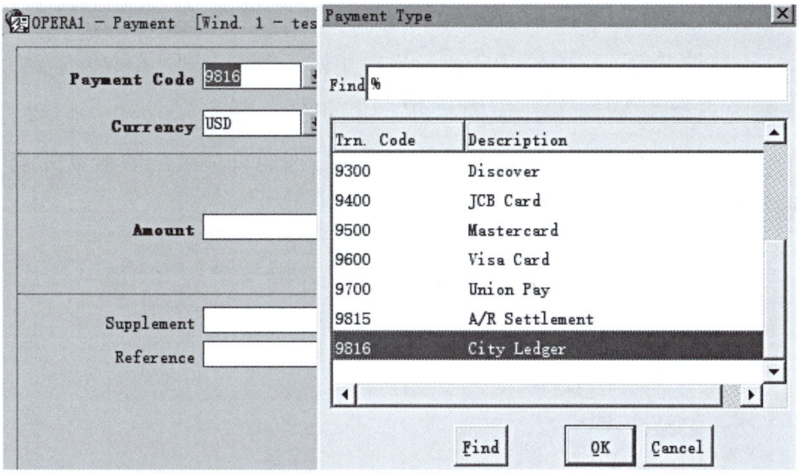

图 8-3　计入特权账户操作，该账目并未直接进入应收账款

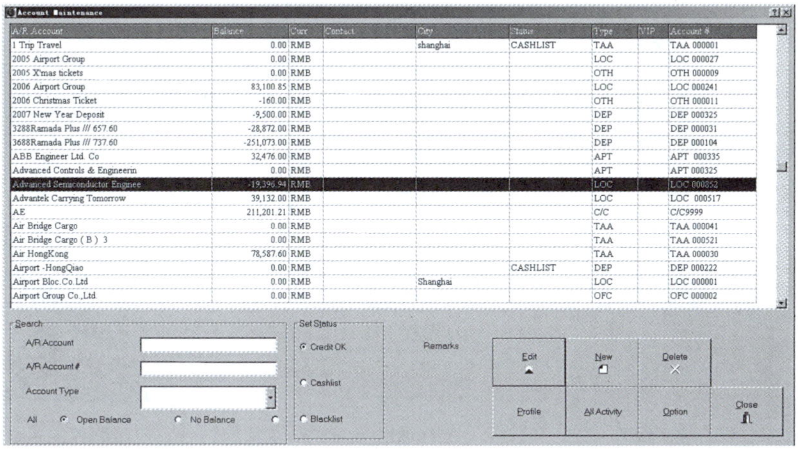

图 8-4　应收账款余额在夜审时转入相应账户

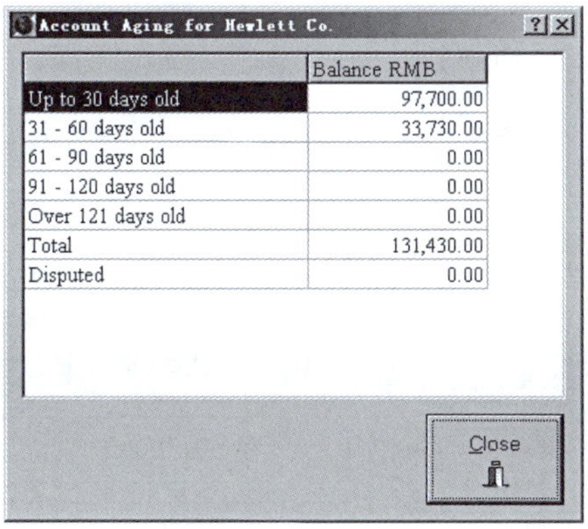

图 8-5　应收账款账龄分析

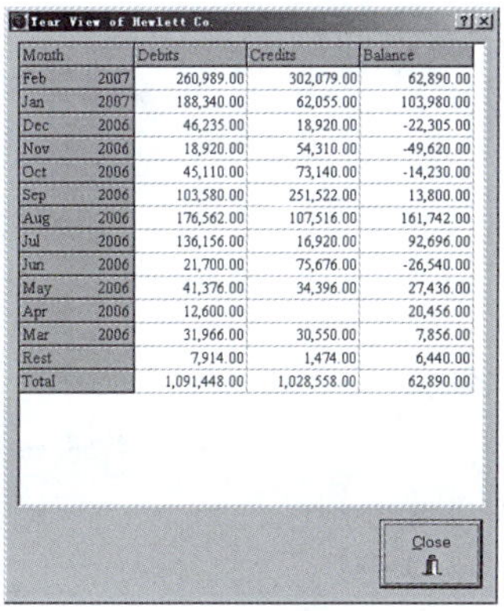

图 8-6　应收账户年度分析表

所付款项的记账信息会立即更新应收账款账户。酒店可以设置各种不同的信用限额，该模块还可以打印各种报表，以方便酒店财务部员工进行管理。

应收账款的支付总是离不开适时地提醒和告知，财务部员工可以使用提醒信（Reminder Letters）或者催款函（Statements）（图8-7）来辅助完成应收账款的收取工作，酒店应收账款管理的流程，如图8-8所示。

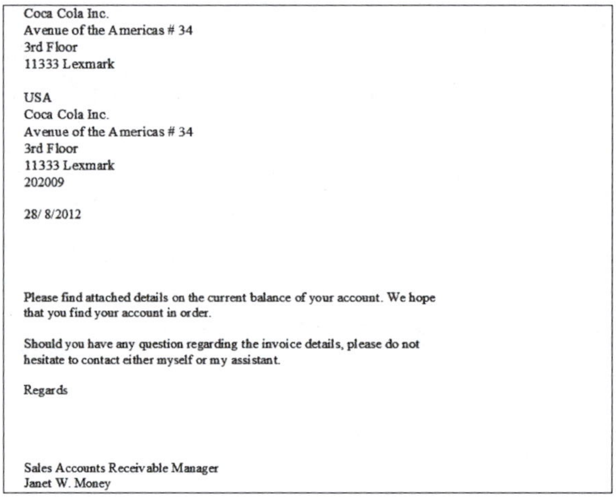
Coca Cola Inc.
Avenue of the Americas # 34
3rd Floor
11333 Lexmark

USA
Coca Cola Inc.
Avenue of the Americas # 34
3rd Floor
11333 Lexmark
202009

28/ 8/2012

Please find attached details on the current balance of your account. We hope that you find your account in order.

Should you have any question regarding the invoice details, please do not hesitate to contact either myself or my assistant.

Regards

Sales Accounts Receivable Manager
Janet W. Money

图 8-7 系统自动生成的催款函

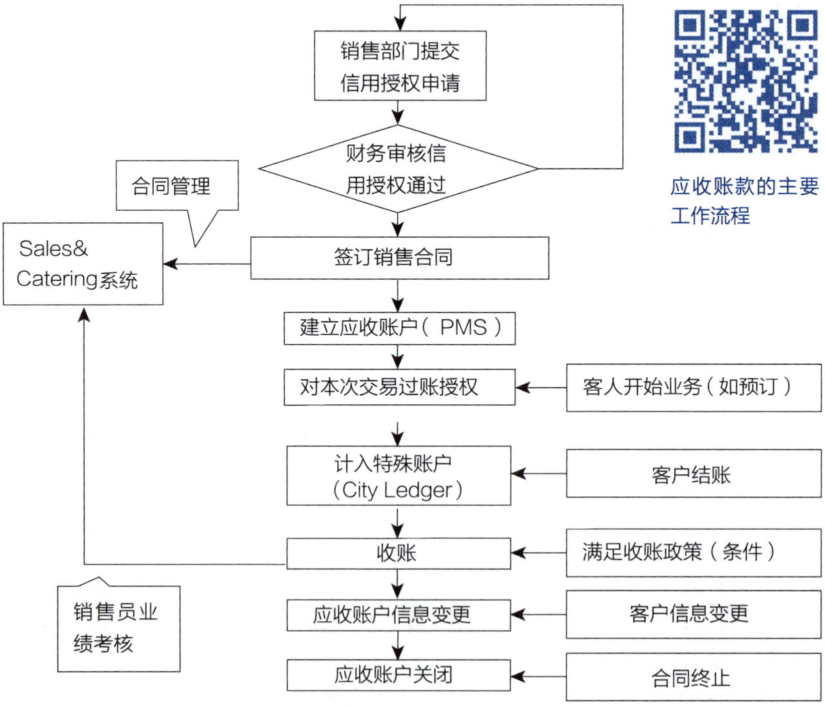

应收账款的主要
工作流程

图 8-8 应收账款处理流程

第二节 应付账款

应付账款

对于筹备期的酒店来说，工程款、设备和开办费用是最重要的支付款项，而对运营期的酒店来说，物品采购、工资、能源与工程维护通常是最大的支付项目，应付账款（Accounts Payable）指的是酒店经营过程中购买物资、设备以及其他商品和服务时产生的负债。应付账款模块可以是一个独立的系统，但通常和财务系统中的其他模块一起发挥作用，这样可以具备更好的操作效率。例如，应付账款中的付款金额由采购系统和薪资模块直接生成，而应付账款金额自动进入酒店财务报表中的应付账款部分（图8-9）。这样能够避免重复输入降低劳动量，并提高财务报表的时效性和准确度。

应付账款系统应具备以下功能：应付账款的确定；根据合同付款条件确定付款时间；确定付款金额；付款；支付完成，对账；监控付款活动，应付账款分析；生成各种应付账款报表。

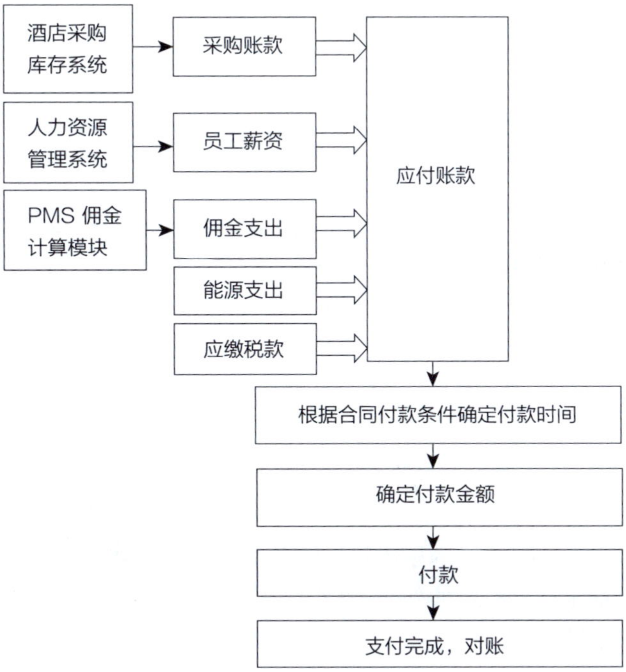

图 8-9 应付账款处理流程

一、佣金计算

如果预订来自某个需要付费的渠道，PMS系统可以根据预订的执行情况（如入住、预订取消、预订不到No Show）计算出佣金（图8-10），对于酒店管理集团，如果预订来自集团预订网（central reservation system，CRS）同样需要付费，PMS也可以自动计算该金额，图8-10演示了某酒店的佣金计算模块。如果PMS与应付账款模块建立了接口，则以上信息可以自动导入，否则就需要员工手工处理。

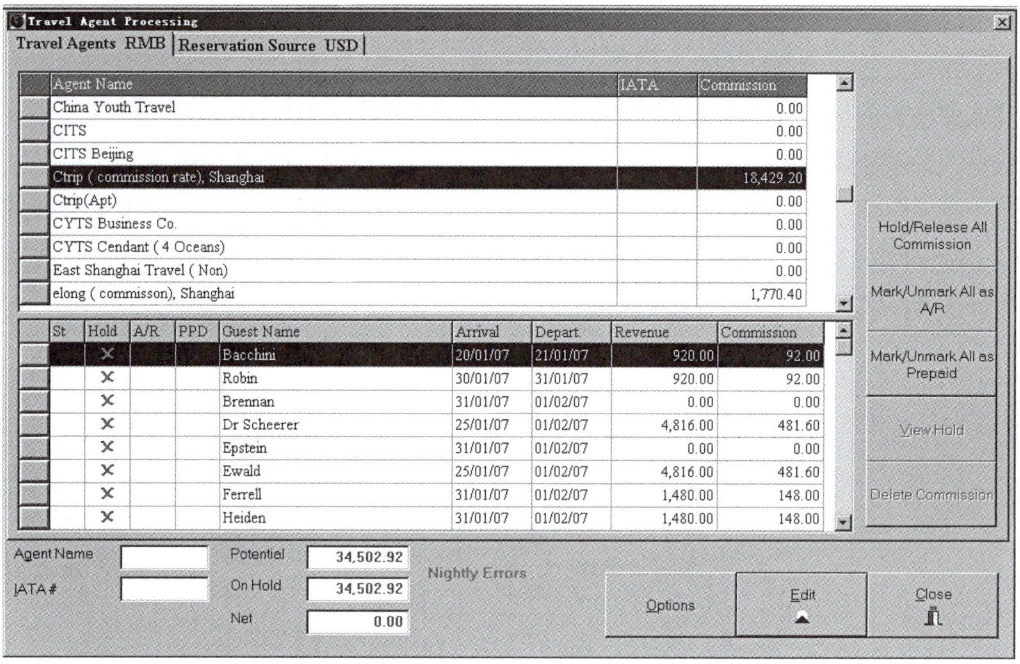

图 8-10 佣金计算模块自动计算佣金金额

二、供应商管理

供应商管理模块记录着供应商的信息，包括供应商编号、供应商名称、联系人、联系方式、付款条件和付款方式等，优秀的应付账款模块还包括对供应商的评价、供货范围、历史供应信息等，应付账款模块可以根据供应商信息生成应付账款的汇总（按供应商）信息，其中包括每个供应商的期初金额、应付金额、实付金额和期末余额。

应付账款模块记录了每一个供应商的付款信息，并根据合同计算付款金额，生成应付账款明细表，酒店可对某笔所关心的业务进行查询现有情况，也可查看全部业务的付款情况。应付账款还对酒店应付账款进行监控，根据合同按期支付货款，当系统发现已到或已过付款期限预警设置的业务单据时会自动给出预警，提示酒店哪些供应商的应付款项已经超过了付款期限，欠款金额是多少等，避免酒店产生信用违约。

第三节 采购库存与成本控制

在中国酒店业，采购库存与成本控制系统是整个财务系统中“归属感不明确”的部分，软件系统的选择主要有两种思路：一是由财务软件供应商提供，如用友、金蝶的财务管理软件均含有采购库存系统，酒店可以根据自己需要选定；二是由酒店管理系统供应商提供，如MICROS的MC、石基PICC、国产PMS也提供了采购库存模块供酒店选择，如西湖软件、中软、千里马等。

采购与成本控制系统

采购库存管理系统两种方案对比（表8-1）。

表 8-1 采购库存管理系统两种方案对比

方案	典型系统	优势	劣势
采用通用软件	Peoplesoft Back Office System SUN Back Office CheckEAM/Check SCM 用友 金蝶	系统成熟	系统为通用软件，对酒店行业的特殊要求不够贴合 采购库存与POS系统对接难度较大
采用专用软件	MICROS MC、石基PICC等 西湖软件、中软、千里马等	酒店业专用系统，针对性强	对使用者要求很高 与POS结合技术成熟、难度低 与财务软件结合难度较大

不论采取何种方式实施，采购库存系统应提供以下功能：发货和领货（Issues & Requisitions）、库存采购（Inventory Purchasing）、库存收货（Inventory Receiving）、仓库管理（Store Management）、菜单成本计算（Recipe Costing）、统计分析（Graphical Statistical Analysis）、成本控制（Cost Control）、菜单管理（Menu Engineering）。

需要注意的是，采购库存系统需要通过接口与应付账款系统（Interface to Accounts Payable）和总账接口（Interface to General Ledger）连接，使数据可以自动传输，以提高数据实时性和准确性，减少财务部的工作量，采购系统的处理流程，如图8-11所示。

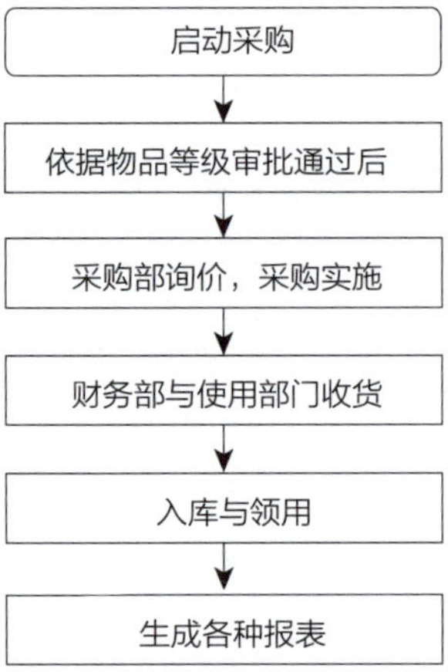

图 8-11　采购库存系统功能模块

1. 启动采购

采购流程的开始总是以某种物品库存量到达采购点（如食品原料、客房备品等）或者部门申购来开始。酒店设定了每件物品的最小/最大库存量，最小库存量是库存中必须长期保持的库存数量。最小库存量、物品价格和运输周期等信息最终确定采购点，当物品库存量到达采购点时，采购系统会自动生成采购订单。另外，到达采购点来源于对销售信息的分析和预测，如酒店宴会销售部刚刚完成了50桌婚宴的销售，信息被录入销售与宴会系统（Sales & Catering），当酒店与顾客确定服务内容并生成EO（Event Order）单、预订状态变更为“确定（DEF）”后，系统根据宴会菜单分析需要准备的物料并生成采购单（需要注意，宴会需要的物品并不限于宴会食材，如现场布置、主持与摄像等均会成为宴会的条件，完成一次大型外卖活动往往需要大量的物资采购和租用活动）。另一种启动采购的常见原因是部门申购，如固定资产添置、设备与设施、工程维修备件等。

由于经营需要，采购流程中难免有例外的物品，如厨房鲜活类物品采购，采购系统需要为他们制定不同的采购流程，以防止影响酒店的正常经营。

2. 采购审批与实施

在采购申请被批准后，进入询价和实施阶段，采购系统可以自动生成询价函并发送给供应商，供应商的应价也可以通过采购系统自动接收并对比，询价不应只包括单价，库存量、特定商品、特价商品和清仓特惠等信息均可以被提交并作为采购依据。

在收货阶段，采购系统自动生成收货单，收货员工作的事情更像是“清点并确认数量”，当然货物的质量和数量需要严格审核，有些物品很难精确核准数量（如肉类），收货员应详细记录“实收”数量并标记“应收与实收”的差别，收货信息提交后，采购库存系统会生成库存数据并通知应付模块完成后期付款，最后采购物品根据收货情况分别选择入库、直拨等，并分别计入各部门的固定资产或成本数据中。

3. 库存管理

储存在仓库中的物品是酒店的重要流动资本，为了便于管理，酒店库存经常采取二级库的做法，为物品使用量较大的部门设立二级库进行管理（如餐饮二级库、客房二级库），以便于成本核算。库存状态、库存变动和库存价值是仓库管理最重要的数据具体如下：

（1）库存状态反映了每项物品的库存数量。

（2）库存变动是每个会计周期进行仓库盘点时，得出的仓库理论库存与实际库存的差异，得出的盘盈/盘亏要记录在库存系统中，频繁地出现库存变动往往意味着酒店仓库管理中存在的问题。

（3）库存价值是库存所有物品的价值，酒店有时可以利用采购价格的波动来降低酒店运营成本，如在春节高峰到来之前采购部分货值较高的物品。

4. 采购库存与成本核算

采购库存系统的使用，既是为了管理的规范和快捷，也是为了在不影响质量的前提下降低酒店运营成本，采购库存系统可以方便地生成采购成本和各部门成本，而精确成本核算是实施高质量成本控制的前提。

第四节 酒店薪资模块

酒店薪资模块及固定资产管理

尽管最终将薪水发给员工的是财务部，但在中国由财务部计算酒店员工工资的现象却很少发生，通常这项工作由人力资源部来完成，这样的现象一部分是由于工资的计算需要许多复杂的过程，仅仅计算员工的“五险一金”就需要对政策有深入了解，但更重要的一方面是酒店产业薪资结构依然处于粗放管理的阶段，收入处于按月计算的阶段，通常不需要精确统计员工工作小时数、员工创收总额等运营数据。

随着中国人均GDP突破1万美元，酒店产业人力资源支出持续攀升，用工形式将呈现多样化的趋势：一是部分工种外包，如客房清扫、工程维修、公共区域保养、打印机等，其开支从人力费用转化为运营成本或管理费用；二是部分岗位采取灵活用工，如钟点工、临时工等，其收入主要采取按小时收费；三是对员工收入采取更精确核定，员工收入与更多经营数据建立关联，如工作量核算、加班小时数核算、工资计算、保险金代扣、支票打印、薪资明细和扣款明细等。

第五节 固定资产管理与资产管理

酒店固定资产是指企业使用期限超过1年的与生产、经营有关的房屋、设备、车辆等，酒店作为高固定资产投入行业，固定资产管理水平对酒店整体发展水平影响很大。酒店固定资产管理模块通常和总账模块结合紧密，主要有基础信息录入、分类与编码管理、日常管理、核查和盘点等功能，可以用来提高固定资产管理效率和水平。固定资产管理通常使用固定资产登记卡来记录每一项固定资产的编号、名称、规格、使用部门、地点、开始使用时间等，近年来，基于射频识别（radio frequency identification，RFID）技术的固定资产管理技术逐步得到应用，进一步提高了固定资产管理效率和水平。

资产管理是酒店产业发展的另一个重要趋势，酒店资产管理是通过建立酒店管理的运营、财务、市场等方面的行业标准，有效地监控酒店经营表现，并伴随着大量的和各个相关行业的访谈，从中去自行评估已知与未知、可能和不可能的未来结果，并且制定步骤去合理地增加收入、控制成本，从而提升运营现金流，最终使业主有机会以更好的价格退出，以达到投资回报率最大化。

资产管理产业的发展让酒店产业在保持良好经营业绩、优秀硬件状态之间保持良好平衡，如某酒店经营多年硬件老旧，通过新的投资进行翻新后，业绩回升从而带动了酒店整体资产价格的提升，实现了业主的利益最大化。资产管理的发展让酒店管理者站在更高的层级审视自身行为，也对固定资产管理系统提出了更高的要求。

第六节 总账模块

从财务会计的角度来看，资产负债表、利润表和现金流量表作为三大会计报表，是酒店管理者进行决策的重要依据，但在实际工作中，由于会计报表是会计人员根据日常会计核算资料归集、加工、汇总而形成的结果，是会计核算的最终产品，存在制作周期长、信息高度凝练的特点，酒店管理者在日常经营分析时，要求信息更迅速、更准确地反映经营情况，由各个信息系统直接生成的报表使用场合更广泛，而会计报表通常在分析较长时间的营业情况时使用。

在营业分析方面，PMS生成的营业日报表、营业点经营报表、客户产出分析等报表，是掌握酒店经营情况的主要来源，这些报表以日为单位，精确地反映了酒店的营业情况，通常在每日夜审生成。

在成本核算方面，通常酒店以月为单位（自然月或者会计月），进行成本的统计与核算，由采购库存系统核算各部门的成本，由人力资源系统核算薪资成本、管理费用、营销费用等，工程部核算能耗成本。

在生成每月会计报表时，酒店财务部会借鉴各个系统所生成的数据，如PMS系统中的收入数据、采购库存系统中的采购成本、薪资系统中的人员工资成本，但这些数据通常要经过加工后才能进入会计报表。例如，某五星酒店6月份餐饮营业收入12万元，其中实收10万元，有2万元的折扣，在数据处理时发现，其中1.2万元为酒店美食节活动而产生（所有餐饮8.5折），这些费用应计入酒店营销费用中，而5 000元为酒店新员工入职培训时的体验用餐，这些费用计入人力资源部培训费用，有2 000元为菜品品质被客人投诉，经调查为采购部进货质量差，由采购部经理自行赔付，还有1 000元为员工服务差被投诉，由餐饮部承担。可以看出PMS、POS等系统中的数据在制作财务报表时，需要经过会计人员专业的处理，所以酒店希望自动生成会计报表的做法通常都难以实现。

总账模块与其他模块的关系，如图8-12所示。

常见财务系统（表8-2）。

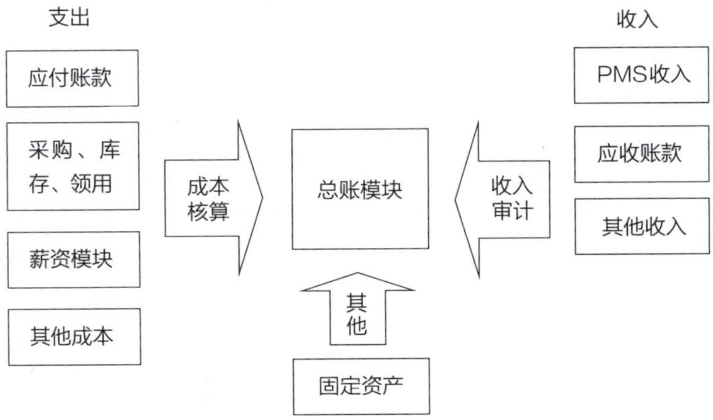

图 8-12　总账模块与其他模块的关系

表 8-2　常见财务系统

财务模块	常见系统
应收账款	Fidelio、Opera PMS、西湖软件、中软好泰等均包括应收账款模块
采购库存	Opera MC（Material Control） 石基酒店成本控制系统PICC（Purchasing Inventory Cost Control System） Check EAM&Check SCM
财务管理系统	美国仁科（Peoplesoft Back Office System）财务管理系统 美国阳溢（Systems Union）的SUN Back Office 中国用友财务管理系统、金蝶财务管理系统

常见酒店财务软件与本章总结

自我评估

一、选择题

1. 国内发卡机构发行的信用卡（如银联信用卡）在支取时主要验证方式是（　）。

A. 密码支取　　B. 签字　　C. 指纹　　D. 回答问题

2. 国外发卡机构发行的信用卡（如万事达卡、VISA卡等）在支取时主要验证方式是（　）。

A. 密码支取　　B. 签字　　C. 指纹　　D. 回答问题

3. A酒店与甲公司新签订了客房销售合同，由于甲公司信誉良好。酒店允许先消费完成后再统一付款。该业务需要财务部门进行（　）处理。

A. 开设应收账款账号　　B. 开立客房账号

C. 开设应付账款账号　　D. 开设收银员账号

4. 以下哪个单位可以在PMS中被允许挂账（　　）。

A. VIP够一定级别　　B. 总经理口头许可

C. 消费金额够高　　D. 分配了应收账款账号

5. 许多酒店使用City Ledger收款方式，以下说法中错误的是（　　）。

A. City Ledger需要提前得到财务部门的审核

B. 收银员使用City Ledger时，应审核消费项目、金额、签字人等信息

C. 计入City Ledger的消费需要财务部门再次审核后计入应收账户

D. City Ledger被称为“城市账户”，一般用于城市里的大公司使用

6. 以下不属于PMS中顾客支付方式的是（　　）。

A. 信用卡　　B. 特殊账户　　C. 现金　　D. 转账

7. 酒店收款方式中，需要涉及PMS中应收账款功能的是（　　）。

A. 特殊账户 City ledger　　B. 支票

C. 现金　　D. 外币

8. K酒店是一家全服务豪华酒店，一年前新开业时客源不足，市场营销部门和财务部门申请，采取了极为宽松的信用政策。一年后，业绩转好但呆账坏账增加，酒店应当采取的策略是（　　）。

A. 收紧信用审核政策，减少呆账坏账　　B. 更换更好的PMS系统

C. 采取更宽松的政策，生意好了最重要　　D. 政策不变，稳定最重要

9. X酒店收银员在顾客用餐完毕结账时，审核结账人信息后采用特殊账户结账，但财务部应收账款经理发现顾客消费明细中有大额酒水消费，不符合酒店与客户签订的消费合同。按照合同，财务部应当如何处理这笔收银操作（　　）。

A. 审核通过，将收入计入顾客应收账户，再和客人说明

B. 审核通过，将消费明细中酒水消费改为其他消费

C. 审核不通过，让收银员赔偿

D. 审核不通过，收银员、销售员与顾客沟通并重新结账

10. P公司拖欠酒店应收账款，酒店应当在PMS中如何操作（　　）。

A. 删除应收账款账号（AR）　　B. 删除P公司客户资料

C. 限制该公司应收账款挂账权并实施催款　　D. 关闭所有应收账号

11. 图8-13是某酒店应收账款操作界面，酒店客户中，应收账款金额最高的单位是（　　）。

A. AE　　B. 3688Ramada Plus ///737.60

C. 2006 Airport Group　　D. Air HongKong

12. 图8-13是某酒店应收账款操作界面，酒店客户中，提前预存款最高的单位是（　）。

A. AE　　B. 3688Ramada Plus ///737.60

C. 2006 Airport Group　　D. Air HongKong

13. 图8-13是某酒店应收账款操作界面，酒店客户中，涉及信用卡收款的应收账号是（　）。

A. AE　　B. 3688Ramada Plus ///737.60

C. 2006 Airport Group　　D. Air HongKong

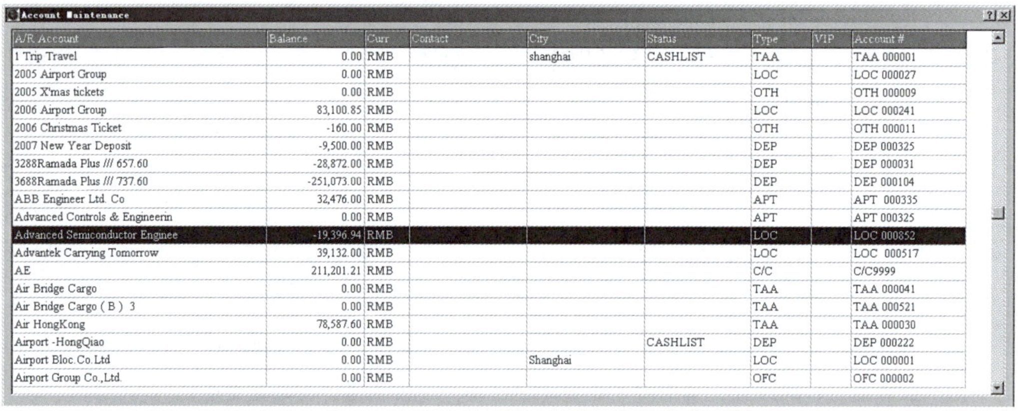

Account Maintenance

A/R Account	Balance	Curr	Contact	City	Status	Type	VIP	Account #
1 Trip Travel	0.00	RMB		shanghai	CASHLIST	TAA		TAA 000001
2005 Airport Group	0.00	RMB				LOC		LOC 000027
2005 X'mas tickets	0.00	RMB				OTH		OTH 000009
2006 Airport Group	83,100.85	RMB				LOC		LOC 000241
2006 Christmas Ticket	-160.00	RMB				OTH		OTH 000011
2007 New Year Deposit	-9,500.00	RMB				DEP		DEP 000325
3288Ramada Plus /// 657.60	-28,872.00	RMB				DEP		DEP 000031
3688Ramada Plus /// 737.60	-251,073.00	RMB				DEP		DEP 000104
ABB Engineer Ltd. Co	32,476.00	RMB				APT		APT 000335
Advanced Controls & Engineerin	0.00	RMB				APT		APT 000325
Advanced Semiconductor Enginee	-19,396.94	RMB				LOC		LOC 000852
Advantek Carrying Tomorrow	39,132.00	RMB				LOC		LOC 000517
AE	211,201.21	RMB				C/C		C/C9999
Air Bridge Cargo	0.00	RMB				TAA		TAA 000041
Air Bridge Cargo（B）3	0.00	RMB				TAA		TAA 000521
Air HongKong	78,587.60	RMB				TAA		TAA 000030
Airport -HongQiao	0.00	RMB			CASHLIST	DEP		DEP 000222
Airport Bloc.Co.Ltd	0.00	RMB		Shanghai		LOC		LOC 000001
Airport Group Co.,Ltd.	0.00	RMB				OFC		OFC 000002

图 8-13　某酒店应收账款操作界面

14. 酒店收款方式中，许多支付方式借用了PMS中应收账款功能，除了（　）。

A. 应收账款　　B. 信用卡　　C. 团购　　D. 现金

15. K酒店与美团公司签订了团购协议，由美团销售酒店自助餐产品，为了处理账目需要为美团新建（　）账户。

A. 建立应收账款账号　　B. 新建预订信息

C. 新建账单信息　　D. 新建入住信息

16. 酒店应付账款中，金额计算与PMS预订信息有关的是（　）。

A. OTA 佣金　　B. 能源开支　　C. 员工薪资　　D. 物品采购

17. 酒店进行餐饮原材料领用时，应使用的系统是（　）。

A. PMS　　B. POS　　C. 采购与成本控制系统　　D. S&C 系统

18. 以下不属于酒店采购与成本控制系统的是（　）。

A. Opera MC（Material Control）

B. 石基酒店成本控制系统 PICC（Purchasing Inventory Cost Control System）

C. Check EAM/Check SCM（Supply Chain Management）

D. MICROS POS

19. 某餐饮企业由于管理思想落后，一直拒绝采用采购库存系统，这样有可能导致（ ）的结果。

A. 企业无法正常点餐收银　　B. 企业成本核算和控制难度加大

C. 企业无法采购物品　　D. 企业无法烹制菜品

20. 随着中国经济的发展和社会的进步，酒店资产价格越来越成为行业发展的关注点。为了更好地管理酒店设施设备，使用以下系统能够起到最好效果的是（ ）。

A. 固定资产管理系统　　B. 酒店采购系统

C. 酒店预订系统　　D. 酒店支付系统

二、拓展思考

1. 酒店财务部有哪些信息系统？它们在财务管理工作中的作用如何？

2. 酒店收银员在结账收银时，常见的结账方式有哪些？财务部门对这些方式是如何处理，使它们转化为酒店收入的？

第九章

人力资源管理信息化

学习与素养目标

1. 了解人力资源部常用信息系统，包括招聘、人事管理、培训管理等，熟悉各种系统对酒店人力资源管理工作的作用和价值
2. 能够结合人力资源管理需求，进行相应系统的选型和应用
3. 了解互联网技术对酒店人力资源部门的作用，熟悉常见工具，能够思考互联网背景下的酒店人力资源领域的就业计划和终身学习

导入任务

小刘是某高校酒店管理与数字化运营专业的毕业生，在找工作过程中，小刘可以使用哪些互联网平台和方法？这些平台对于小刘有哪些帮助？

人力资源管理是酒店管理的重要内容，从人才的招聘、录用、培训、考核的整个流程中，信息化都可以起到有效的支撑作用，而员工人事管理、消费一卡通等功能的实现，也为酒店员工日常管理提供了高效的途径。网络在员工培育方面也发挥着作用，既可以开展网络培训，提高员工技能，也可以实施网络教育和学历教育，提升员工素养和忠诚度，最终实现提升酒店经营绩效的目的。

第一节 网络招聘与职业性向测试

一、定义

酒店企业招聘的传统方法

职业性向测试

网络招聘（e-Recruiting），也称为电子招聘，是指通过互联网、社交媒体等技术手段，帮助企业完成招聘的过程，即酒店企业通过公司网站、第三方招聘网站、社交媒体等机构和工具，发布招聘信息、收取求职者信息、形成人才数据库或搜索引擎等工具来完成招聘过程。

网络招聘有两种主要方式：一是在酒店网站上发布招聘信息，吸引人才；二是注册成为人才网站的会员（包括通用招聘网站和酒店业专业招聘网站），在人才网站上发布招聘信息，收集求职者资料，查询合适人才。对于酒店业来讲，两种方式各有优劣，总体看来，当酒店招聘专业化程度较高，并有一定行业工作经验的员工时（如前台接待、餐饮服务），选择专业招聘网站效果较好，在招聘的人员专业化要求不高，或者该员工可以从其他行业“转行”时（如工程部、美工、保安员等），可以使用通用招聘网站。在酒店官方网站发布招聘信息由于难以获取求职者关注，使用效率难以保证（例如，当一位求职者打算在万豪、洲际、香格里拉三个集团应聘时，需要在三个集团分别注册、填写信息和发送简历），也出现了依托专业招聘网站打造酒店集团招聘平台的模式，如万豪、洲际、香格里拉、首旅等集团均依托最佳东方网构架集团招聘平台，其本质是获取流量——尽管万豪酒店很知名，但是对于求职者来说，“最佳东方”会比“万豪”更知名（表9-1）。

表 9-1 多种招聘方式的对比

名称	代表网站	优点	缺点
酒店网站	万豪、洲际、香格里拉 首旅、锦江	依托酒店集团网站进行建设，与集团整合度高	难以获得求职者流量，对求职者使用不便
酒店业专业招聘网站	最佳东方网 中国酒店招聘网	行业集中度高，针对性强 行业用户认知度高	对于企业用户，价格高于通用招聘网站 非酒店行业认知度低
通用招聘网站	智联招聘、前程无忧、猎聘同道、BOSS直聘、中华英才网（2015年被58同城并购）	信息量大，价格较低 对比酒店展业招聘网站，酒店业认知度低	针对性不强 社会认知度高
职业社交媒体	领英LinkedIn、脉脉、BOSS直聘等	充分依托移动互联网、社交媒体进行，效率高 可以到达被动求职者	企业接受度还不高

社交媒体招聘是最新的发展趋势，从微博到微信，尤其是领英、脉脉等职业社交媒体的出现，为企业招聘提供了新的工具。在国外以领英为代表的社交媒体软件已经得到了广泛的应用，在我国尚不够普及，但社交媒体在积累职业人脉圈、员工性格与技能评估、背景调查等方面已经逐渐被企业所认可。

总之，互联网招聘具有覆盖面广、时效性强、成本低、针对性强等特点，已经成为酒店产业主流的招聘方式，基于互联网的招聘已经成为主流渠道，并结合新兴的社交媒体、朋友圈等方式。

移动互联网时代的新发展

行业链接

依托专业招聘网站，打造集团招聘平台

10年前，通过酒店集团的招聘板块是酒店人找工作的流行方法，但这种方法逐渐遇到了困难——流量获取困难，使用不便，求职者需要寻找多个酒店集团、在不同集团填写个人信息，才能完成求职的工作。为了解决这些问题，与酒店行业专业招聘网站合作，打造酒店集团的招聘平台成为有效的方法（图9-1）。

图 9-1 最佳东方网已经成为各大酒店集团获取求职者流量的主要渠道

例如，洲际、万豪、香格里拉、希尔顿、锦江、雅高等酒店集团，都依托最佳东方网打造集团招聘平台，这样就把专业招聘网站的流量和酒店集团的需求结合起来，简历在各大集团通用，求职者可以“一站式”找到各大品牌、各

地酒店的招聘信息，并且可以寻找某一品牌不同地区的岗位需求，有助于职业发展和晋升，对求职者和酒店企业都是效率最高的方法（图9-2）。

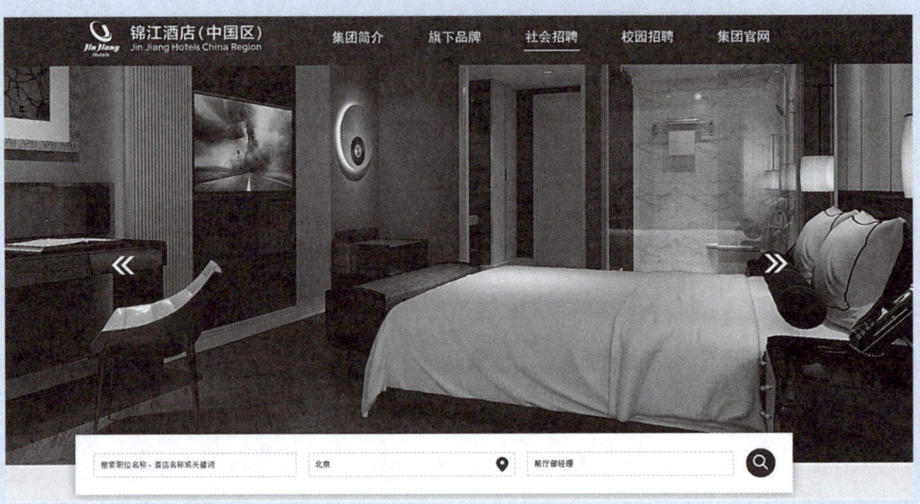

图 9-2 集团招聘平台实现信息查询和简历投递

二、互联网招聘的主要功能

（1）职位管理：发布职位、过期职位、修改职位等，如图9-3所示。

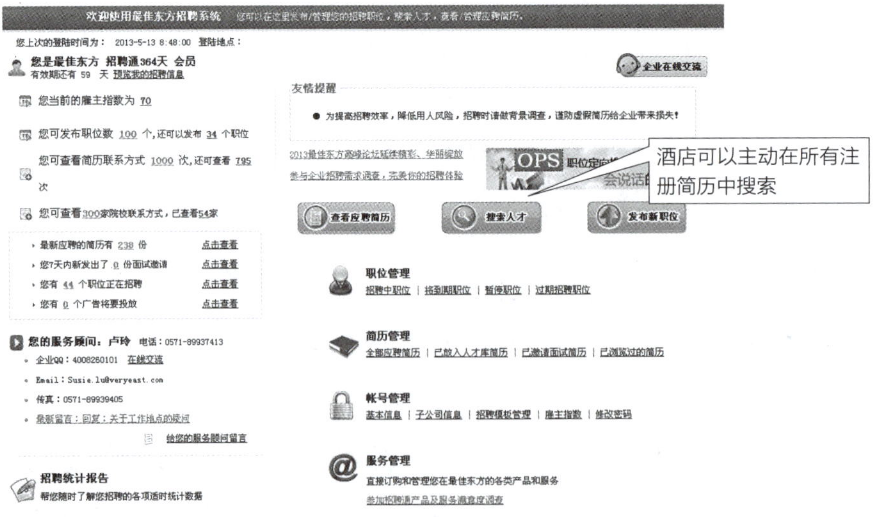

图 9-3 酒店可以查看应聘者信息，也可以主动“搜索人才”，查找投送简历的人

（2）简历管理：查看简历（被动接收应聘者）、寻找简历（主动寻找应聘者），如图9-4所示。

（3）简历处理：通知面试、录用通知、进入备选人才库等，如图9-5所示。

（4）查询和过滤功能：根据条件选择适当的简历。

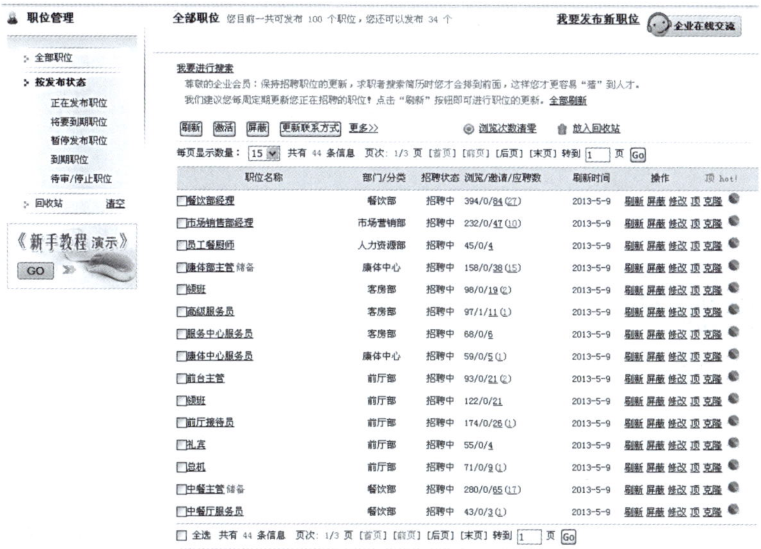

图 9-4　职位管理可以看到每一个岗位的“浏览 / 邀请 / 应聘”人数

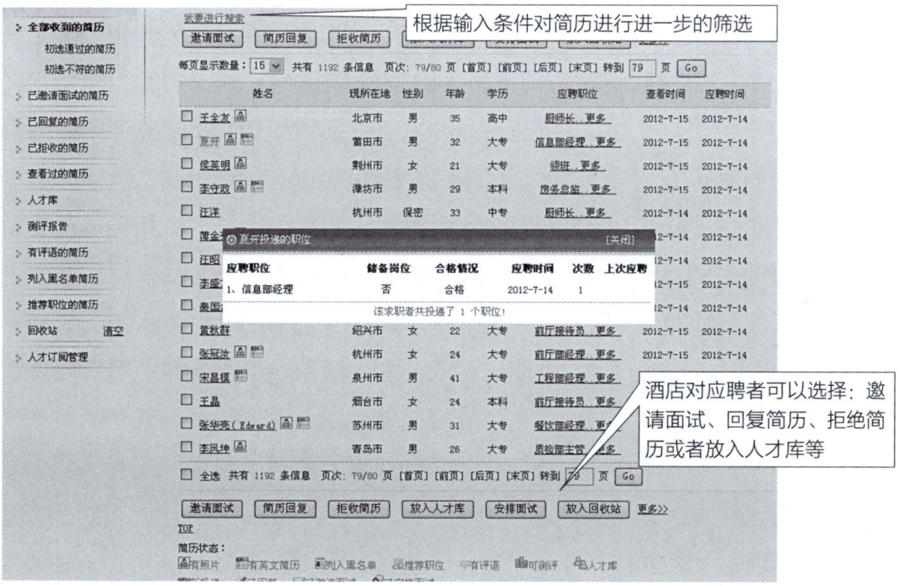

图 9-5　应聘者应在酒店、职位方面有所侧重，避免“广撒网”

三、在线职业性向测试

酒店职业性向测试是测定个人是否具有从事或学习酒店产业某职位的潜在能力的方式，内容主要是兴趣和性格测试，本质上是研究人与岗位的性格匹配程度。现有的测试主要基于霍兰德职业兴趣测试，将人分为研究型（I）、艺术型（A）、社会型（S）、企业型（E）、传统型（C）、现实型（R）6个维度，每个人的性格都是这6个维度的不同程度组合。

酒店企业将在线职业性向测试与招聘进行结合，提高员工与岗位的匹配度，已经成为各大酒店集团通行的做法。

第二节 人力资源管理系统

酒店人力资源管理系统

酒店人力资源管理分为两个级别，即酒店集团层面和单体酒店层面。大型连锁酒店拥有集团人力资源管理系统，如香格里拉酒店集团TMS、万达酒店集团EHR等，实现集团层面的招聘、人事、培训管理等；酒店层面使用人力资源管理系统，覆盖门店的人事、薪资、考勤、培训、招聘、考核、报销、自助服务等功能，帮助酒店建立起一套以员工为核心的人力资源管理系统，将人力资源体系纳入到酒店整体的资源体系中来，建立完整的企业资源规划。门店人力资源管理系统典型的有石基HRMS和蓝灯软件Landa，酒店人力资源管理系统常用功能，如图9-6所示。

（1）人事管理：记录员工个人资料，包括姓名、生日、合同、试用期、外方就业、居留、签证、薪酬福利、假期、社会保险、培训、奖惩等，可以根据员工类型进行管理，如正式员工、临时工、外籍员工、离退休职工等（图9-7）。

（2）员工管理：员工的增加、离职、修改福利、修改合同、修改工资、转移部门、变更职位、停发工资等，根据变化自动生成组织结构图（图9-8）。

（3）工资管理：浏览修改、当月修改、工资计算、当月结算等预设员工职位及部门变动的生效日期。

（4）报表管理：人事报表、考勤报表、餐饮报表、财务报表等。

（5）考勤管理：请假审批、加班审批、班次定义、安排班次、获取考勤、查询考

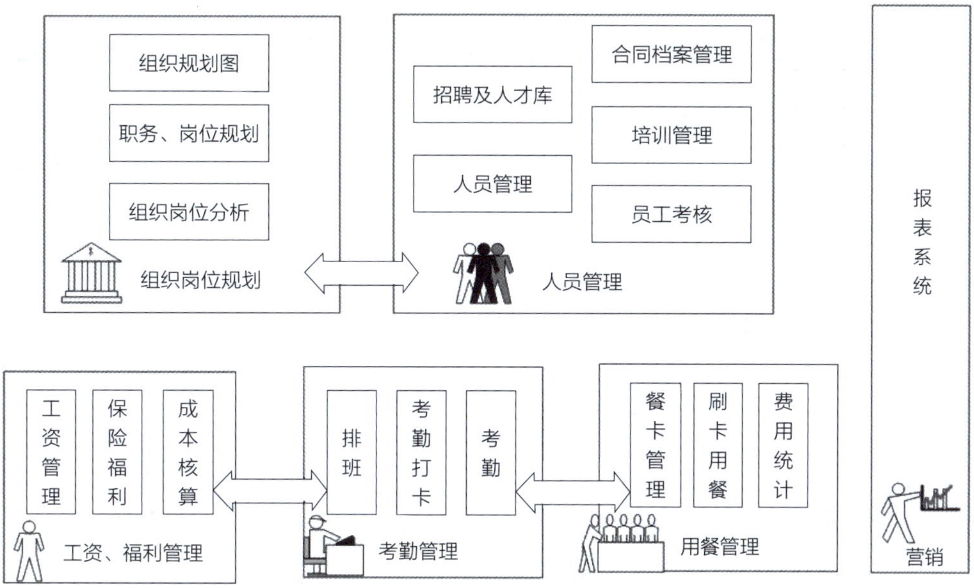

图 9-6 典型的酒店人力资源管理系统

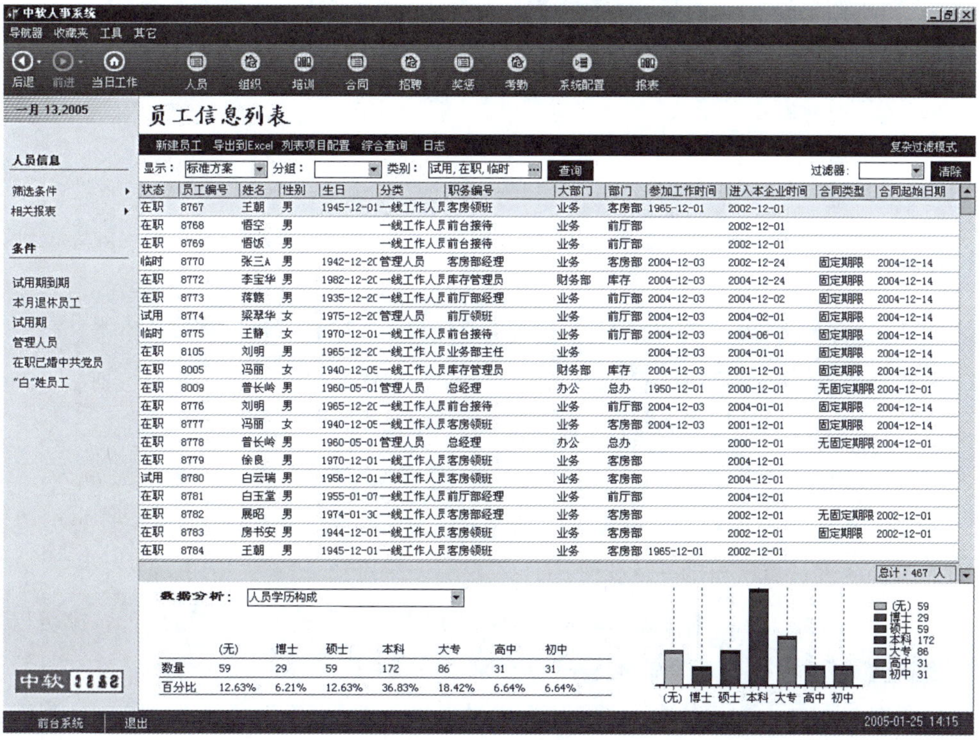

图 9-7 人力资源管理系统对员工信息进行集中管理——中软好泰系统

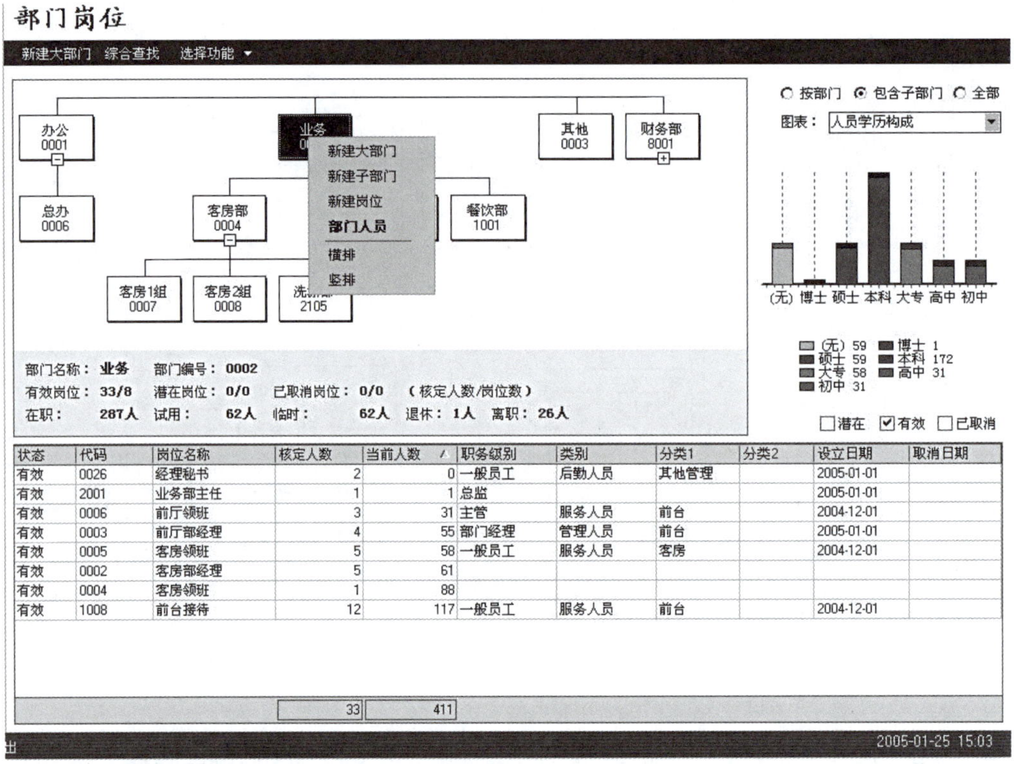

状态	代码	岗位名称	核定人数	当前人数	职务级别	类别	分类1	分类2	设立日期	取消日期
有效	0026	经理秘书	2	0	一般员工	后勤人员	其他管理		2005-01-01	
有效	2001	业务部主任	1	1	总监				2005-01-01	
有效	0006	前厅领班	3	31	主管	服务人员	前台		2004-12-01	
有效	0003	前厅部经理	4	55	部门经理	管理人员	前台		2005-01-01	
有效	0005	客房领班	5	58	一般员工	服务人员	客房		2004-12-01	
有效	0002	客房部经理	5	61						
有效	0004	客房领班	1	88						
有效	1008	前台接待	12	117	一般员工	服务人员	前台		2004-12-01	
			33	411						

图 9-8 人力资源管理系统根据变化自动生成组织结构图

勤、生成考勤表、计算考勤。

（6）餐饮管理：员工餐定义。

（7）提醒功能：提供生日提醒、工资卡提醒、合同到期提醒、签证护照健康证到期提醒。

除了进行员工管理，酒店人力资源管理系统还建立员工一卡通平台，将考勤、员工餐进行整合管理，根据酒店需求的不同，还可以加入员工洗浴管理（IC卡控制员工淋雨出水）、门禁管理、洗衣机管理等，其中包括以下功能：

（1）与彩色证卡打印机接口，自制员工ID卡，自制员工名牌。

（2）员工ID卡、考勤卡、就餐卡功能集成于一卡。排班、考勤与工资计算就餐相关联，全面实现计算机自动一体化管理。

（3）排班计算机化，卡考勤自动化（员工用ID卡刷卡考勤，免去考勤卡），排班与考勤机资料迅速核对，提交考勤差异报告，返回部门审核确认，自动提交财务进行工资计算。

（4）用员工ID卡刷卡就餐（不用再印发纸质就餐卡），系统根据排班设定的餐次与刷卡资料进行核对，实名记录，准确生成详尽的就餐差异报表、汇总表。

第三节 网络培训与学历教育

留住员工、情感交互与仪式感

终身学习、持续教育与学历获取

除了招聘和人事管理，教育与培训是促进员工成长和持续发展的重要手段，也是提高员工忠诚度的有效方法，酒店企业采取网络培训（e-Learning），能够有效地降低培训成本，提高培训标准化程度，并且可以对教学进程进行监控和管理，尤其对于常用技能、礼仪礼貌等通识内容的培训，效果明显。例如，希尔顿酒店建立了在线学习平台希尔顿大学，通过在全球范围内的1 500名员工进行了取样，40%被访者表示能够得到培训机会是自己继续留在希尔顿工作的主要因素。香格里拉酒店集团从2005年4月1日起与康奈尔网络学院合作，首次为公司管理层员工提供在线远程培训，该培训计划在未来5年中提供3 000个在线职业发展机会。学员从57门课程中任选并完成规定的五个方面的课程（包括人力资源管理、管理学基础、酒店及食品服务管理、战略管理和财务管理），就可以获得康奈尔网络学院颁发的证书。

由此可以看出，酒店集团对员工实施教育培训，除了技能目的，提高员工停留率是核心诉求，而学历教育在提高员工忠诚度方面的作用更加明显。随着我国终身学习、终身教育理念的普及，酒店集团与高等院校合作、依托互联网开展学历教育，将成为很有价值的实践方向。这一方法实现了多赢：一方面帮助员工提升学历，另一方面也实现企业人力资源可持续发展，提高员工满意度和停留率，尤其在酒店餐饮产业，员工学历层次总体较低的背景下，具有很强的现实意义。

第四节 常见人力资源管理软件

1. Landa

Landa是上海蓝灯软件科技有限公司开发的通用HR产品，用于制造业、连锁零售行业、酒店行业、服务行业、人力资源行业及外贸加工进出口等众多行业，也是许多国际酒店集团使用的产品，如喜达屋酒店集团的部分酒店。

2. 石基 HRMS

HRMS是石基公司开发的酒店人力资源管理系统，也是许多国际集团使用的产品，如万豪酒店集团。

由于在HRMS领域不少酒店集团并没有明确的标准，在许多酒店集团出现了“选择性安装”的现象，如洲际酒店集团和香格里拉酒店集团，同时集团酒店选择HR软件时存在一些自主性，如喜达屋酒店集团一部分酒店使用了Landa系统，而一部分使用了石基系统。

3. 其他人力资源管理系统

国产软件中，西湖软件、中软好泰、华仪系统等均有人力资源管理模块，同样可以实现本章所谈的管理功能，酒店可以根据企业需要进行选择，以达到提高人力资源管理水平的目的。

行业链接

信息化：应对“用工荒”的利器

近年来，“用工荒”已经成为制约酒店业发展的关键难题，且情况越发恶化，长时效、多层次、大数量成为重要特征。面对此问题，很多酒店采取“增加供给”战略，希望招聘到更多的员工，纷纷祭出法宝：开拓招聘渠道、提高薪酬、降低人员素质要求、提高食宿标准等，使得酒店员工支出占成本比例不断提高。

临渊羡鱼，不如退而结网。既然“增加供给”难以奏效，采取“抑制需求”战略是解决用工困局的关键，而运用信息化的方法减少用工人数可以成为许多酒店的选择。

■ 信息化推动商业模式变革和产业结构重组，减少用工需求

服务质量管理是酒店管理的重要内容，而许多国内酒店依然在使用“劳动密集型”的方法——明察、暗访、星评、质检，而国际联号酒店则大多使用“信息密集型”方法——第三方外包，基于电子邮件的评估渠道，不但评估效果更好、时效性更强，而且大幅度减少人员需求。

■ 借助信息化，制定更加精确、动态的人员编制方案

广州某五星酒店在2019年底将前厅部人员编制减少了3个，将西餐厅的人员编制增加了3个，而酒店做出这一变化的依据是运用劳动力效率评估软件，

对酒店运营情况的分析。可以看出，精确、动态地调整人员编制，提高酒店实际运营效率成为国际品牌酒店的做法，反观许多国内酒店，很少动态调整人员编制，造成酒店内部的效率不均衡。

根据调查，高端国际联号酒店的客房/员工比例一般介于1～1.2，最高也只有1.5左右，个别度假型酒店最高达到2。但本土酒店在人员编制上“大手大脚”，很多三星级酒店大于1，曾经见过五星级饭店达到5，如此“奢侈”，用工怎能不“荒”！

■ 依托信息技术，营造更高效、规范的工作环境

目前，90%的酒店采用了电子化考勤，对于减少迟到早退、优化考勤、提高工作效率效果明显。

有些酒店不采用电子考勤的原因，也许是因为内部管理水平较高，可以杜绝迟到早退的现象，但电子化考勤的作用并非在此，而在于可以记录员工的“实际工作时间”。很多酒店设置工资专员，他的职责主要是检查“冒领加班费”问题，即防止“实际工作时间”小于“理论工作时间”（排班时间）。但在实际工作中，员工总是弱势群体，很少有主管给员工在这方面弄虚作假，更多的情况反而是“加班3小时，没人问一句，早退10分钟，被人抓尾巴”，降低员工满意度，最终导致员工流失率提高。所以，酒店运用电子考勤系统，对员工实际工作时间实施监控，是提高员工满意度、降低员工流失率的重要方法。

■ 运用信息化思维，重塑工作模式和操作流程，有效降低用工需求

信息化的方法，可以有效减少用工人数、大幅度提高工作效率。以点餐流程为例，传统的手工点餐完成后，需要服务员将点单分别送往收银、厨房和传菜，增加员工工作量，而运用信息化点餐可以将点餐流程大幅度简化，减少用工需求。

以前厅为例，接待和收银的合并是大多数酒店的做法，在青岛酒店管理学院实习酒店的83%实行了这样的方式。这样的调整能够提高工作效率，有效地降低用工需求，但依然有17%的酒店拒绝这一变革，理由是担心产生收银漏洞，给酒店造成损失。其实，信息技术正是推动这一变革的动因，起码有以下技术可以有效减少收银漏洞：

● 酒店前台软件（property management system，PMS）的使用，所有的预订、价格变动等均有记录，避免价格的混乱。

●电子门锁的运用，每次门卡制作和进出记录均有据可查，如果结合PMS接口技术，可以杜绝“飞单”现象。

●移动支付的使用，降低了现金使用量。

●越来越普及的监控，成为震慑不法分子的有效工具。

■ 重视信息设施设备，降低人员工作量

这一模块是信息技术的最基本功能，也是目前广泛采用的模式，具体如下：

●大量酒店采用畅联系统，可以实现第三方预订（不包括携程）的自动完成，有效降低预订部员工工作量。

●身份证扫描仪通过接口直连PMS，可以提高入住操作速度至少3倍，并能自动完成公安户籍上传。

●丽思卡尔顿的酒店集团，在员工招聘中使用网络评估方式，有效降低招聘和应聘者的工作量，并且使“异地面试”成为常态。

总而言之，在今天，信息化早已经超越了技术的层面，成为催生行业变革的核心驱动力，对于面临着越来越严重“用工荒”的中国酒店业，用信息化的方法，解决用工难题，不失为“化风险为机遇”的好途径。

案例
用网络教育给员工充电，用校企课程帮酒店留人
——北京开放大学与酒店管理集团合作开展学历教育的启示

招聘难、留人更难，一直是酒店人力资源领域的痛点，酒店员工年流失率已经达到20%～30%，甚至50%以上，某机构进行的酒店企业抽样调查员工平均停留时间为9个月，提高酒店员工尤其是核心员工的停留周期成为酒店人力资源管理的重要课题。北京开放大学与国内多家酒店集团合作开展学历教育，提高酒店员工满意度和停留率，是一种很有价值的实践。

1. 合作概况

北京开放大学是具备研究生、本科、大专等多层次学历教育权的高等院校，2018年起北京开放大学旅游学院与国内多家酒店管理集团合作，开展专科、本科

等学历教育，已经形成了每年3 000余人的招生规模。学校师资力量由企业高级管理人员、院校专家等组成，充分体现产教融合的理念。

2. 合作方式

与酒店企业合作，酒店员工可以报名参加学习，修满学分可以获得相应的学历（专科、专升本等），企业培训课程经过学院审核后可以进行学分抵扣，意味着员工在酒店的培训课程、工作经验等可以折算为学分。例如，某酒店与开放大学合作培养，正式员工工作满6个月可以申请参加，酒店员工小张工作6个月后申请了专科学历，需要在未来2.5年内修满80学分。在80学分中40%（32分）可以进行学分抵扣，小张可以通过工作经历、工作业绩和企业内训来置换学分，另外60%则通过网络课程来获取。小张的学费合计为7 200元，在学习期间由个人垫付，获得学历证书后企业可以报销学费。

3. 效果分析

通过以上模式，酒店锁定核心员工，为员工树立了中长期目标（获得学历），将员工停留周期延长到3年，尽管增加了7 200元培训成费用，但大幅降低了员工流失率，减少了招聘成本，提升员工专业水平，酒店服务质量也显著提升。

自我评估

一、选择题

1. 以下平台可以用于酒店企业招聘和酒店从业者应聘，其中最不合适的方式是（　　）。

A. 酒店业招聘平台，如最佳东方网等　　B. 通用招聘平台，如前程无忧等

C. 新的招聘渠道，如领英、脉脉、微信等　　D. 回归传统，如贴小广告、发传单等

2. 某国际品牌酒店招聘房务总监，下列渠道中最合适的发布渠道是（　　）。

A. 酒店业专业招聘平台　　B. 通用招聘平台，如前程无忧等

C. 劳务市场招聘会形式　　D. 回归传统，如贴小广告、发传单等

3. 以下招聘网站中，属于酒店产业专业招聘平台的是（　　）。

A. 最佳东方网（www.veryeast.cn）　　B. 智联招聘（www.zhaopin.com）

C. 58同城招聘（www.58.com）　　D. 前程无忧（www.51job.com）

4. 以下招聘方式中，更容易实现直接互动、相互引荐等社交功能的是（　　）。

A. 酒店业专业招聘平台，如最佳东方网等

B. 通用招聘平台，如前程无忧等

C. 社交媒体招聘渠道，如领英、脉脉、微信等

D. 传统方法，如贴小广告、发传单等

5. 某职业员工小A，拥有300个行业人脉，假设他的每位朋友也拥有300条人脉，则小A的二度人脉最有可能数量为（ ）。

A. 300　B. 300+300=600　C. 300×300=90 000　D. 300/300=1

6. 在酒店企业招聘高级管理人员，在众多招聘渠道中效率最高的是（ ）。

A. 学校招聘　B. 社会招聘　C. 人脉推荐　D. 招聘会招聘

7. 职业性向测试主要测试内容为（ ）。

A. 知识　B. 技能　C. 性格倾向　D. 形象

8. 职业性向测试主要测试目的是（ ）。

A. 选择与性格岗位匹配度最高的人　B. 选择能力最强的人

C. 选择知识最多的人　D. 选择要价最低的人

9. 以下不属于霍兰德对职业性向的分类（ ）。

A. 现实型　B. 自恋型　C. 社会型　D. 企业型

10. 根据职业性向理论，X酒店招聘客房部员工，小A在应聘时接受了在线职业性向测试。结果小A的测试结果显示与该岗位匹配度较低，接下来正确的处理方式是（ ）。

A. 建议小A考虑其他岗位，再次进行测试

B. 告诉小A答案，帮助她通过测试

C. 因为员工人手不足，无视测试结果直接录用

D. 拒绝录用

11. 根据职业性向理论，酒店客房部优秀员工小A，在他升职为客房部经理时，在没有进行任何相关培训的背景下进行了职业性向测试，则小A的测试结果（ ）。

A. 也是优秀，优秀的员工就是优秀的领导

B. 一定很差，新升职的没有当领导的经验

C. 不能确定，员工与领导职业特质差异很大，小A的匹配度需要测试

D. 都已经是自己人了，不需要进行测试

12. 以下系统中，属于酒店人事管理系统的是（ ）。

A. Opera PMS　B. Infrasys　C. 石基HRMS　D. 绿云软件

13. 下列功能中，不属于酒店人事管理系统功能的是（ ）。

A. 人事档案管理　B. 收银控制　C. 培训管理　D. 考勤管理

14. 某高星级酒店多次出现员工合同过期、健康证过期等问题。据了解，发现酒店因员工数量多，经常忽略合同到期和健康证到期。运用所学知识分析，该酒店妥善利用（　）系统可以有效避免类似问题。

A. 采购库存系统　　B. 人力资源管理系统

C. 财务管理系统　　D. 收银管理系统

15. 小王是某酒店的部门经理，随着级别的提升他体会到自身知识的不足。小王计划利用闲暇时间，边工作边学习获取学历提升，则以下方式中最适合小王的是（　）。

A. 全日制在校学习　　B. 开放大学网络学习

C. 辞职回家继续高考　　D. 自学考试

二、拓展思考

1. 酒店人力资源部有哪些信息系统？它们在人力资源管理工作中的作用如何？

2. 任选你感兴趣的某酒店基层服务岗位，你的上个月工资是如何发到你手中的？经历了哪些信息系统？

第十章

工程管理信息系统与智能酒店

学习与素养目标

1. 了解工程部常用信息系统，包括设备管理、维修管理、能源管控等，熟悉各种系统对酒店工程管理工作的作用和价值
2. 了解智慧客房、酒店节能减排的方法及其对酒店经营的影响
3. 了解碳达峰与碳中和，理解酒店节能减排在“双碳”工作中的重要意义，理解中国对构建人类命运共同体的重要贡献

导入任务

通过实地走访、实习期间调查、网络调查等方式，了解酒店在推进节能减排、低碳经营方面，有哪些方法和手段。在这一过程中，信息技术发挥了哪些作用。

在酒店工程领域，信息技术被广泛用于工程管理领域，工程管理信息系统提高了基础信息管理、设备报修系统、能源管控领域的信息化程度。客房控制系统有效提高了客房的舒适度和科技含量，也是酒店收集顾客信息的新渠道，从最初的床头集控发展到基于微电脑的控制，近年来基于物联网的控制体系逐渐成熟；机器人技术也开始有所发展，从物品机器人到前台入住机器人，为酒店管理提供了新思路。

第一节 工程管理信息系统

工程管理信息系统主要由三大模块组成，分别是基础信息、设备维修/维护、能源管理。基础信息记录酒店工程设备设施的各种信息，包括设备基本信息、安装信息、使用信息、维护信息等；设备维修/维护主要用于工程维修的任务接收、分配、控制及耗材管理等，实现了工程部流程的信息化；能源管理主要用于酒店对整个酒店及各个部门的水电油煤等能耗的记录、分析等，目标在于实现酒店能耗的管理和控制，物联网智能水电表等技术的进步为能源管理提供了新工具。

一、基础信息

在使用工程管理系统之前，需要根据酒店的实际情况进行设置和信息输入，其中最重要的信息是工程设施设备基础信息、工程人员信息、维修信息等，其目的在于建立对酒店工程领域的基础数据备案（图10-1），工程基础信息的记录和输入工作量大、耗时长，是工程系统顺

酒店工程管理信息化

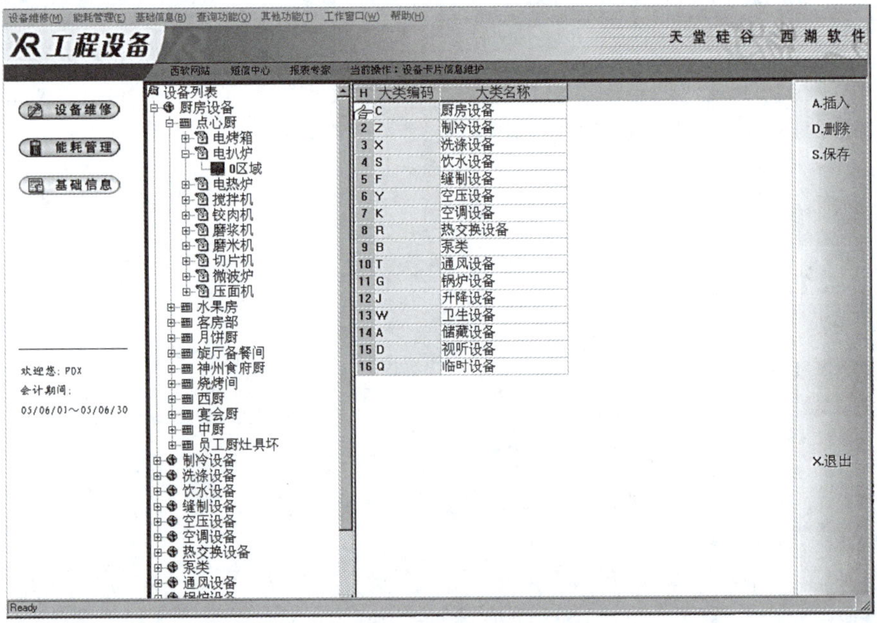

图10-1 建立详细的设施设备基础信息是工程管理的基础——西湖软件工程模块

利运行的关键，酒店应当在建设期详细地记录各种信息并由专人进行工程信息的维护工作，工程信息记录越完整精确，工程系统的效果就越好。

工程设备基础信息记录了设备设施的详细资料（图10-2），其中信息主要如下：

（1）分类信息。设备的大类、小类，分类的通常依据设备类型（如强电类、弱电类、空调、新风等）。

（2）设备信息。设备名称、编号、归属部门、功率等，许多设备信息可以从设备说明书和铭牌上找到。

（3）安装信息。设备的安装位置、安装时间、维修/保养周期、功率、安装要求等。

（4）财务信息。折旧年限、采购人、采购时间、责任人等。

（5）维护和保养信息。使用年限、保修期、售后维护联系方式、备件获取方式等。

除工程设备基础信息外，工程人员、工程故障类型等信息也是工程系统的重要数据，需要酒店根据酒店实际情况进行输入。

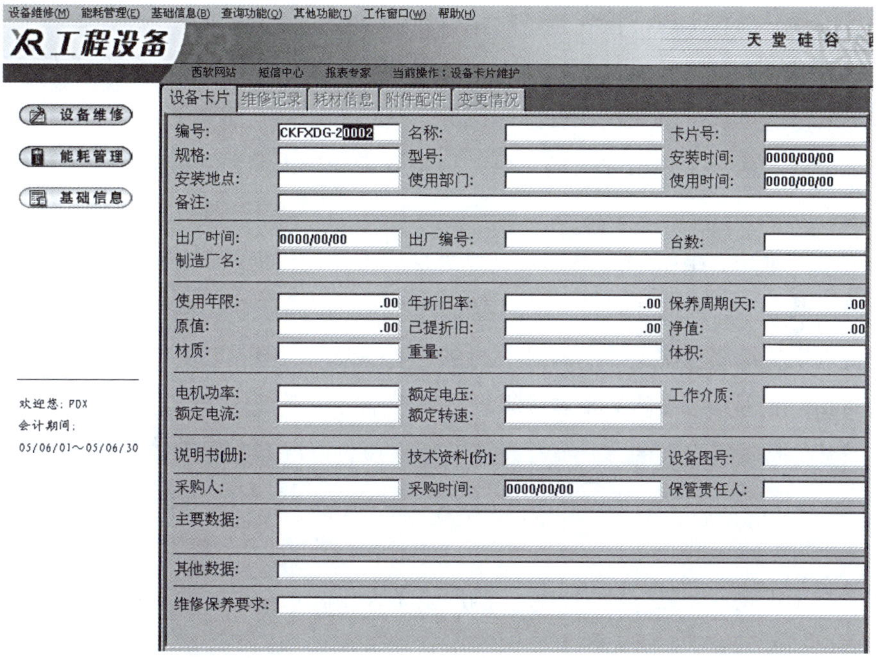

图 10-2　工程设备基础信息记录了详细的设备设施信息

二、设备维修 / 维护

酒店的维修一般分成使用部门发生故障时的报修、工程部定期进行的设备维修及不定期进行的设备检修。针对不同的维修/维护，工程管理信息系统都可以实现流程的信息化。通常客房部是酒店报修量最大的部门之一，而客房维修的速度和质量，对酒店销售活动影响极大，在客房报修的流程中，客房部会将PMS系统和工程系统结合使用，已经有许多PMS系统内部整合了工程模块，可以完成维修房状态设置和保修流程的一体化。

1. 部门维修

部门维修的流程一般如下（图10-3）：

（1）部门报修。报修部门在系统里填写部门报修单并发送给工程部，可以依据维修的紧急程度对报修进行分级，酒店工程部应制定维修紧急程度的标准并保证各部门知晓，否则经常会出现所有维修均为“紧急维修”的尴尬，通常有安全隐患的维修和影响酒店销售的维修应当被优先处理。

（2）工程分单。工程部接到单子后根据维修情况，将其分到相应的维修班组或维修人员。

（3）维修实施。维修人员在维修完成后，将维修结果及维修使用耗材情况反馈回工程部，由相关人员在系统里输入相应的维修结果及耗材使用情况。

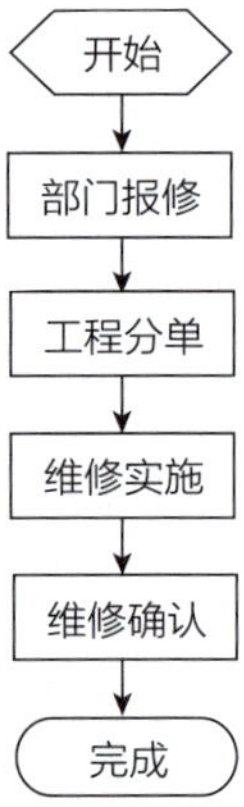

图 10-3 部门报修流程

（4）维修确认。报修部门将在系统里对维修人员的维修结果进行确认，完成维修流程，如图10-4显示了酒店维修的状态和信息。

一直以来，维修工单是部门维修中的主要工作表单，但收发工单也占据了工程人员的大量时间，工程系统最新的发展成果已经实现维修的无纸化操作，可以将维修单通过手机（或其他移动终端）的方式直接发至工程人员，以提高工程维护的效率。

2. 计划维修

就像汽车需要定期进行维护一样，酒店设备设施的长期良好使用离不开定期维护，工程部要根据设备维护需要定计划，对设备定期进行维修，工程管理系统可以自动提醒当月或当周需要进行的计划维修。当系统提醒计划维修时，酒店分配人员选择执行计划维修，条件不具备时也可以选择取消计划维修。

3. 设备检修

为了酒店的安全营运，提高酒店设施设备维护保养水平，除部门报修外，设备设施

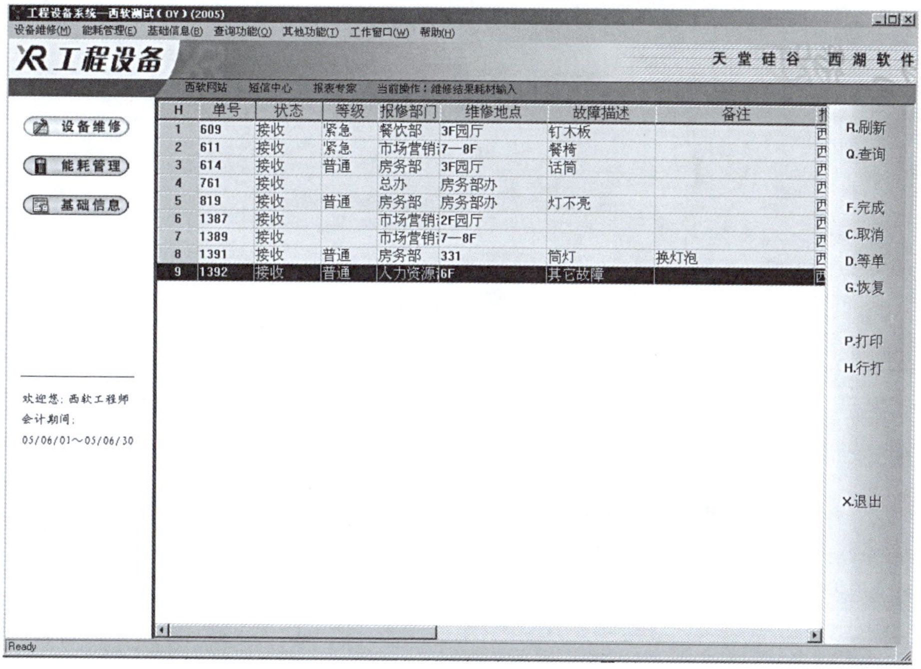

图 10-4 部门报修系统一览

的日常巡检也是工程部重要的工作之一。当工程部对设备进行检修时，可以将使用掉的耗材和检修情况通过设备检修功能进行登记。

三、能源管理

随着低碳环保理念的深入人心和能源价格的不断提高，能源管理和控制越来越成为酒店管理的重要内容，工程管理系统的能源管理模块可以实现能耗使用情况的记录、分析功能。能源管理模块通常具备以下功能：

（1）能耗输入。根据水、电、气抄表情况和缴费信息进行数据录入，包括日期、用量、单价、金额等，需要注意的是输入能耗时应当同时输入同期酒店营业情况，以便于后期进行能耗的分析（图10-5）。

（2）能耗统计图。

（3）能耗年度对比分析（图10-6）。

（4）能耗输入查询。

能源管理系统尽管并不能直接降低设备设施功率，但酒店如果能够针对分析的结果改进管理，对于酒店降低能耗水平有明显的效果。

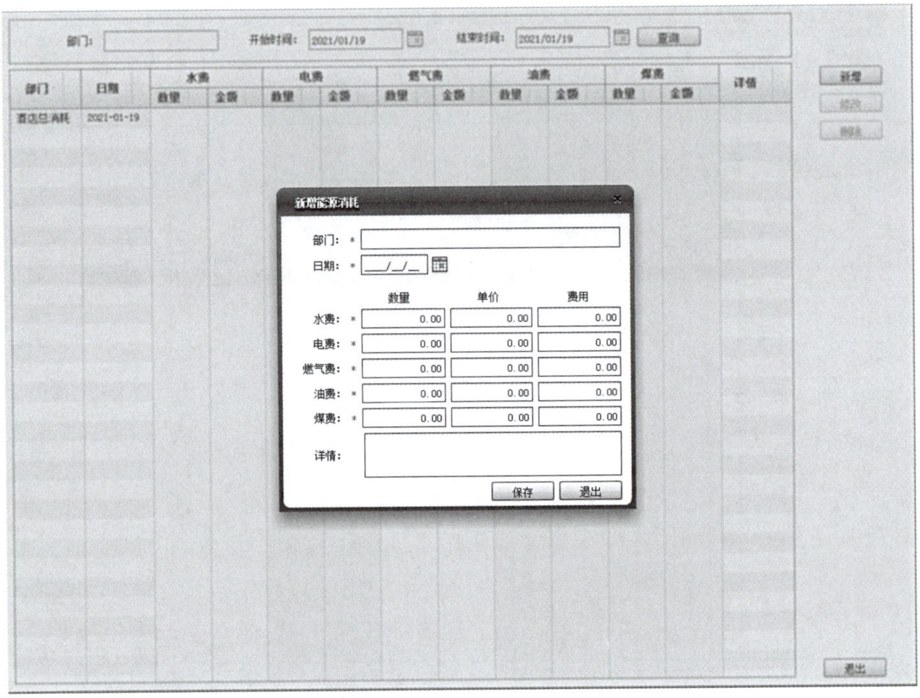

图 10-5　能耗输入是能源管理的关键操作

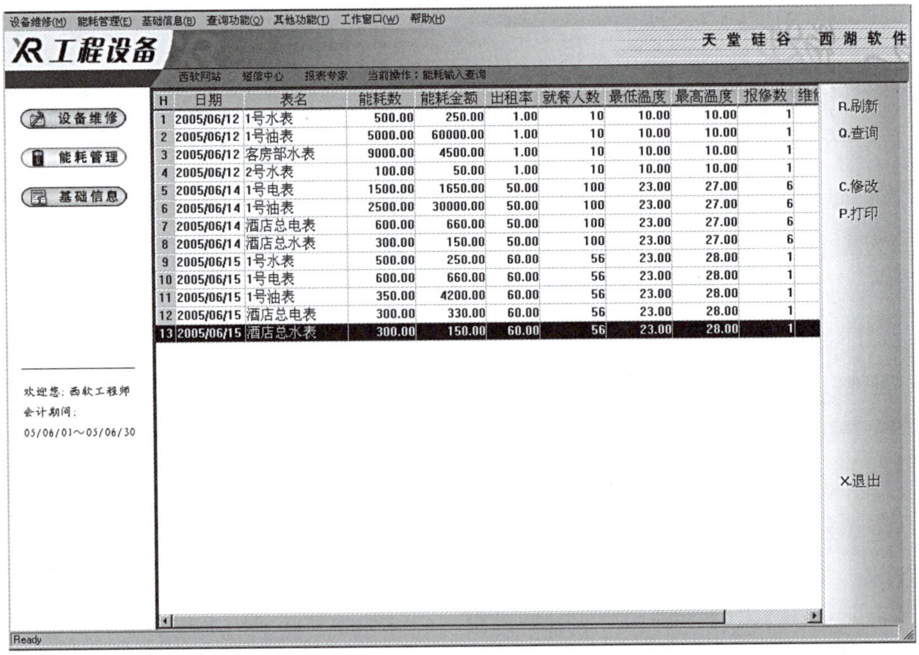

图 10-6　能源分析是能源管理系统的关键

行业链接

工程管理信息系统领域与移动互联网的结合

传统工程管理系统已经非常成熟，以基础信息、设备维修/维保、能源管理为核心功能，在功能方面没有大的变化，但结合移动互联网、二维码等技术，尤其是共享经济的发展，为酒店工程管理领域注入了新动能，如万豪酒店集团正在推行的Transcendent工程管理平台，国内易匠维保、金牛运维等均基于移动互联网打造，具备以下功能。

1. 基于移动端的工程管理系统

实现传统工程管理功能的移动化（图10-7），提高了工程日常管理的效率，如支持手机报修、分配维修单、工作量统计，比传统电话上报、打印工单、分配工单、维修确认的模式效率大为提高，设备巡检的执行效果明显提升。

图 10-7　运用移动端工程管理，提高日常维修效率

2. 更精细的能源管理和控制

实现能源管理的移动管理，结合物联网水表、电表等技术实现更精细的管理，将能耗数据与酒店经营数据精确匹配，可以为能源管理提供详细的数据，如酒店中午用电高峰与餐饮用餐时间的匹配、夜间酒店照明用电量监控等（图10-8）。

3. 更好地借助外部力量

通过移动互联网可以更好地引入外部资源，如小型酒店、民宿可以将工程维修委托给外部维修机构和人员，实现“共享工程部”，设备基础信息可以对接厂商，打造“电子说明书”，能耗数据可以由外部能源管理公司专业诊断，实现“机器人设备值守”。

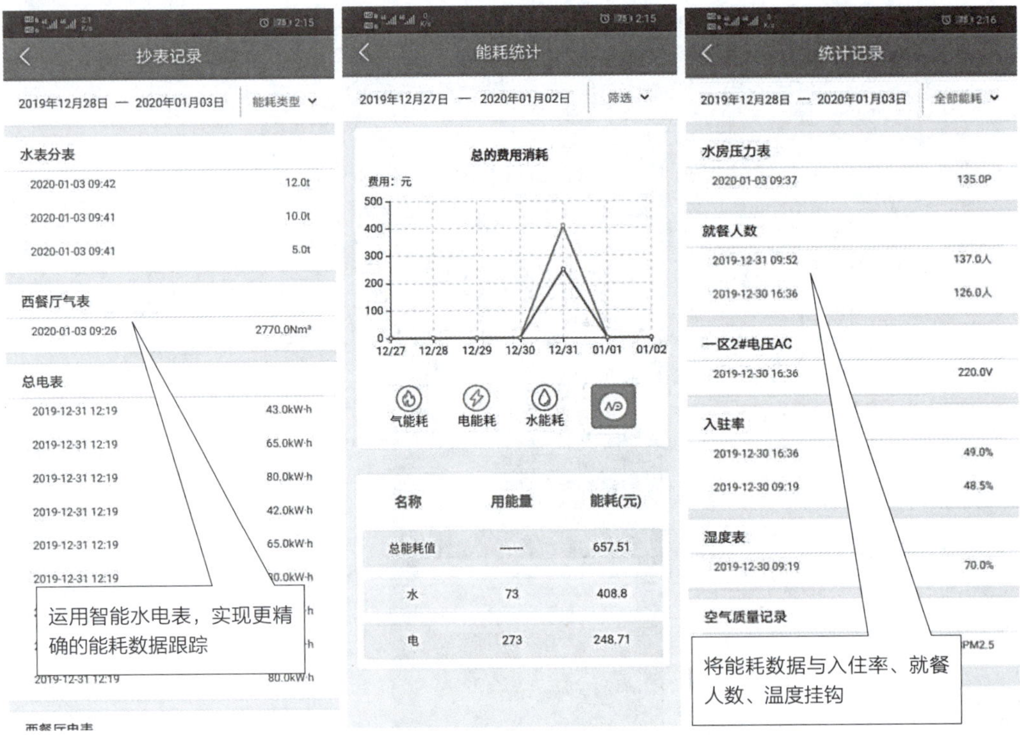

图 10-8 通过物联网实现更精细的能源管理

物联网控制与智慧酒店

第二节 客房控制系统与能源管控

客房控制系统是利用计算机控制、通信、管理等技术，基于客房内的客房控制器构成专用的网络，对酒店客房的安防系统、门禁系统、中央空调系统、智能灯光系统、服务系统、背景音乐系统等进行智能化管理与控制，实时反映客房状态、宾客需求、服务状况以及设备情况等，协助酒店对客房设备及内部资源进行实时控制分析的综合服务管理控制系统图（图10-9～图10-11）。

客房控制系统技术提供了许多功能。

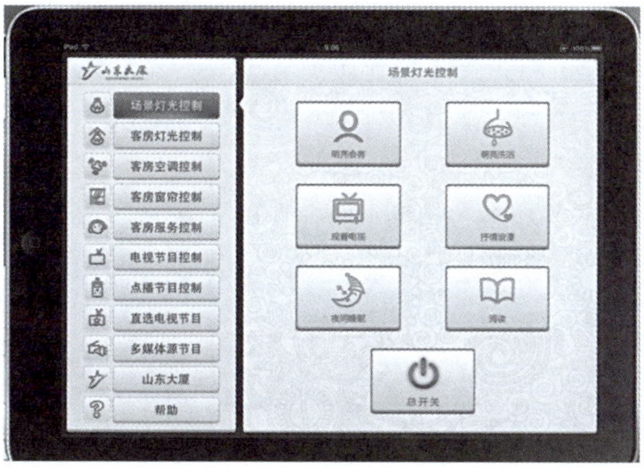

图 10-9　客房控制与移动设备结合——iPad 控制客房

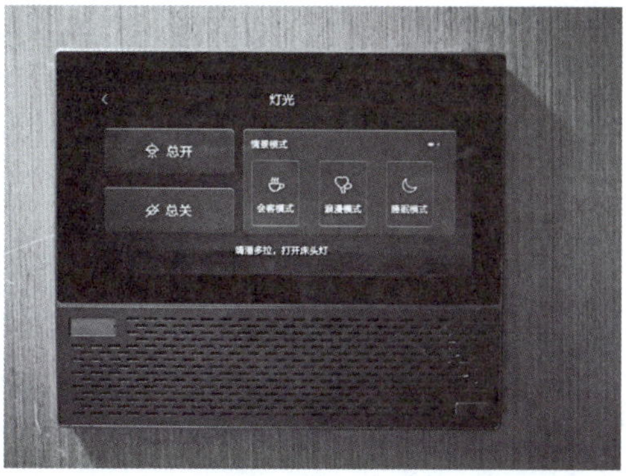

图 10-10　通过智能音箱实现客房场景控制和语音控制

1. 客房设备控制

（1）场景灯光控制。控制客房内场景转换，如会客、舒适、浪漫、睡眠、影视等场景效果。

（2）客房灯光控制。控制客房内灯光开关、亮度等。

（3）客房服务控制。控制客房内请勿打扰、清洁客房、洗衣服务、稍候等待服务。

（4）客房空调控制。控制客房内空调风机转速及温度选择。

（5）客房窗帘控制。控制客房内窗帘、帘纱的开启或关闭。

2. 客房状态控制与传递

（1）中、英文显示“请勿打扰”“稍候等待”“清洁客房”，并且与门铃互动（请勿打扰状态时门铃失效），系统将客房状态集中显示在客房服务中心、前厅接待和工

图 10-11　客房控制系统——顾客手机控制

程部，酒店可以实时监控客房状态，提供更好的服务（图10-12）。

（2）低压门铃开关控制低压门铃。

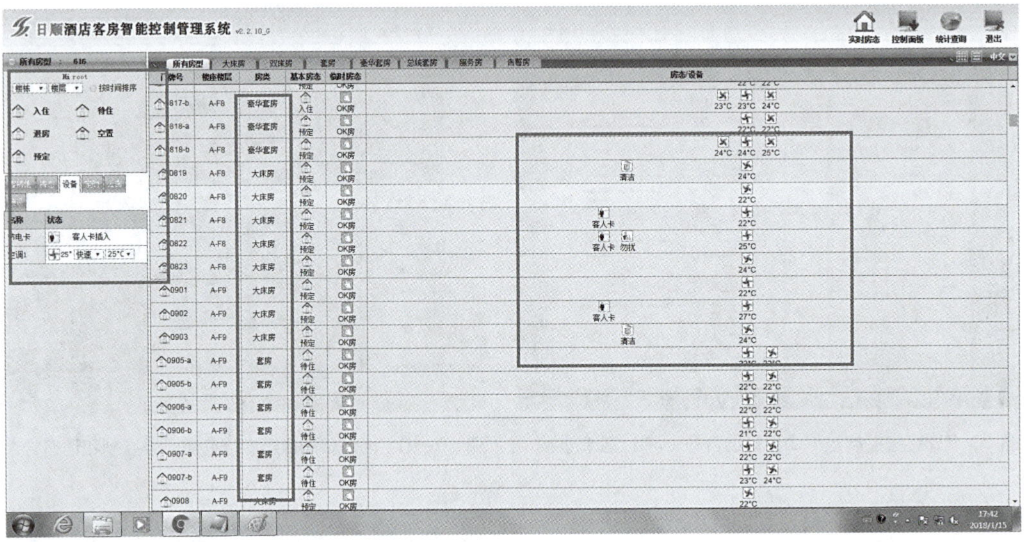

图10-12 客房控制系统能够实现客房状态、设备设施实时监控

3. 客房门锁开关

（1）开启或关闭客房门，控制开启客房欢迎模式场景。例如，顾客办理入住手续、第一次开启房门时，客房进入迎宾状态，灯光亮起、播放欢迎音乐等。

（2）网络控制程序显示客房门开启或关闭状态。客房门常时开启，网络控制程序显示报警状态。

除了设备控制、客房状态控制等，客房控制系统还可以将空调控制、窗帘控制、客房背景音乐、电视系统等纳入控制，各个系统间的配合更加协调，提高客房舒适度。例如，迎客模式就可以设定为：当客人第一次开门且处于正常时段（如8：00至18：00），播放背景音乐、客房内的部分照明自动打开（视客房情况确定，不能太亮也不能太暗），空调自动运行（默认的温度）、窗帘打开，当夜间入住时（当日18：00至次日8：00），背景音乐、窗帘则不进行操作。这种设置会让刚刚入住的客人有宾至如归的感觉。不管酒店有多少客房，都能实现统一的风格又不失个性；远程监控和就地客房服务协调统一，既提高了服务质量又节省了人力。客房控制领域的快速发展已经带来了许多新的应用，如将手机App控制、智能手表控制、语音识别、人脸识别与客房控制结合，以实现更好的客户体验和管理的便捷。

行业链接

智能客房逐渐发展为酒店吸引顾客的卖点

在2012年以前，客房控制主要集中在高星级酒店，尤其是国际品牌酒店，在国内星级酒店并不普及，在经济型饭店领域，客房控制系统造价较高，并未得到使用。在用途上，主要体现为客房控制、房态传输，辅助酒店提供更好的服务。在这一阶段，杭州黄龙饭店、上海半岛酒店、上海新天地安达仕在客房智能化方面代表了很高的水平。

2012年后客房控制逐渐发展为智能客房、智慧酒店等，移动互联网的发展加速了客房控制系统的普及，2014年前后中档酒店的快速发展，如希尔顿集团欢朋、万豪集团万枫、桔子、铂涛集团丽枫等新型中档酒店品牌，均把客房控制系统作为重要的发展领域，2015年以后出现了铂涛集团ZMAX潮漫酒店、住友集团Z智尚，2017年华住集团推出Citigo欢阁等品牌，将智能化作为品牌的组成部分和核心卖点。到2018年12月阿里推出了未来酒店“菲住布渴”（FlyZoo Hotel）更是引发媒体和社会的关注，带动了客房智能化的普及和发展。

但是我们也应该看到，客房控制系统还处在发展初期，相关标准和实践经验缺乏，尤其是观念和习惯上存在障碍，所以客房管理系统尽管有很多优点、代表着酒店设计的一种趋势，但它的普及和发展成熟需要一个过程，同时作为新技术，相关标准的缺失和客房管理系统造价相对较高也对它的推广具有一定的阻碍。最后还需要指出的是，尽管客房控制系统尚处于发展初期，但它与酒店装修、强弱电控制和客房设备管理深入结合，后期的更换、维修难度很大，酒店选择时需要深入考察，选择成熟、稳定的产品，才能在酒店服务和经营中起到良好的作用。

第三节 常见工程领域系统

酒店机器人的应用

常见工程领域厂商（表10-1）。

表10-1　常见工程领域厂商

领域	常见厂商	网址
工程管理信息系统	国产西湖软件	www.foxhis.com
	中软好泰	www.csshotel.com.cn
	绿云系统等工程模块	www.iHotel.cn
	易匠维保	www.ejiang.online
客房控制	美国快思聪（CRESTRON）	www.crestron.com
	携住科技	www.xiezhuwang.com
	普杰科技	www.pujie88.com
	盟广信息	www.h-world.com

案例
从滴滴打车到滴滴维修——共享经济时代酒店工程部的新模式

Y酒店位于上海长宁区虹桥路，是一家全服务五星级酒店，2005套房中的长包房（Longstay）顾客Bob是M国参赞，近来他工作繁忙，客房有一个多月处于DND（Do Not Disturb）状态，客房服务员一直未能清扫房间，昨天他已回国，10天后才会回来。早上8：30酒店服务员小刘正在对他的客房进行检查和清扫工作……

“坏了不少东西，他们家4个孩子，果然破坏力惊人……”小刘清洁完寻思着，“衣柜灯不亮更换灯泡、洗手盆松动、卫生间面盆下水落水不畅。”

小刘刚拿出工作手机准备报修给客房服务中心，忽然想起上周客房管理平台升级了，改房态的同时就可以报修，于是她拿出手机点击2005客房，在修改客房状态为“清洁”的同时选择了“报修”，依次录入了“A. 衣柜灯不亮更换灯泡；B. 洗手盆松动；C. 卫生间面盆下水落水不畅”3条信息，小刘还注意到Bob在手机系统中留言“房间墙壁污损比较严重，希望酒店能够重新粉刷”，小刘将这条信息作为D上传，几分钟后，4条信息维修状态更新——A和C显示5分钟内维修，B显示1小时后，D显示“待审批”，小刘对5分钟内维修表示怀疑，因为从工程部走过来也需要10分钟。

3分钟后，保安部王叔拎着微型工具箱出现在客房门口。

“王叔，你什么时间去工程部了？”小刘奇怪地问。

“我没去工程部啊，还在保安部，家里老伴白天需要照顾，我只能晚上上班，去不了工程部。”

“那怎么是你来维修？”

“我下了夜班吃完早饭，正打算回家，这个‘滴滴工匠’响了，我看着是咱们酒店的单子，而且还比较简单，于是就接单了，我10：00还有个单，是隔壁Y精品酒店的维修，你这个单子要是太复杂我就不敢接了。”王叔一边说，手上也没闲着，他从工具箱中拿出一枚3W的球形LED灯泡，更换了衣柜灯，又拿出一根改造过的吸管疏通了下水——又是老问题，一大团毛发堵塞了下水。整个维修过程3分钟，王叔又娴熟地拍照并上传平台，包括更换前的灯泡、修好的灯泡、灯泡包装盒、清理出的毛发等照片，小刘在手机上点击确认后，王叔就收到了维修款，两项维修合计100元。

“对了，王叔，这两个洗手盆松动不是你来维修么？”小刘正打算关门，忽然想起来门吸还没修好。

“这个不是我接的单，修洗手盆松动需要专业工具，我搞不定。”王叔一边说一边收拾工具。正在这时，客房门铃响了“叮咚……Housekeeping”。

“听声音好像是工程部小周。”小刘直接打开了门，工程部小周带着支架、结构胶等工具走了进来。

“这客房有顾客住对吧，这个洗手盆维修后要48小时才能用水，是不是需要给顾客换房间啊？”小周问小刘，而且王叔也在这里丝毫不惊讶，看得出来他们是老相识了。

“不需要换房，客户回国10天后才能回来，你安心修吧，这房间是金卡会员，注意保持清洁，修好后记得确认，我好回来做房。”小刘看到是酒店工程部的同事，就把房间留给了小周，拿出手机看看，下一间需要清洁的房间是200，10分钟前刚刚退房，而刚才提交的房间粉刷工单状态已经修改为“审批通过，外部合作商接单”。

王叔在他的手机上提款成功后，正打算前往Y酒店进行维修，手机又响了，“有新的维修订单，请抢单……”

王叔看看手机是中午 12 : 00，时间不太合适，而且这工程太过专业——红木家具维修，这工作既需要全套的工具，还需要顶级的手艺，王叔正犹豫间，小周的手机也响起了同样的声音“有新的维修订单，请抢单……”，他拿出手机看了看，快速按了两下。

“小周，你上班期间也敢接单啊？你们马经理管得可严了，你接‘私活’不怕他吗？”王叔基本可以确定，小周也是自己的“同行”。

“这哪是‘私活’，这是我们工程部接了外部订单，发给我的工单。”小周忙着给脱落的洗手盆打胶，头也不抬地回答王叔。

“你是个万能工，你有修红木家具的手艺？”王叔一边说，一边打开刚才那个维修单的金额——3 000 元。

“你想多了，我哪有这本事啊，酒店退休的马工才是红木家具维修的专家，以前酒店的红木家具都是他在修，而且他只修顶级的红木家具，刚才这个单子没人敢接，就转到我们工程部的官方旗舰维修店里了。我只是接单，然后和导工联系维修，他不会用手机。”小周已经打好了胶，又在洗手盆下方安装好支架，你别看那个 3 000 元的金额了，这只是个订金，他们维修都是现场定价，有的很贵。

“你们工程部还能外接订单，你们忙得过来吗？以前你们部门 50 多个人，看着也每天忙得满楼跑，听说你们现在就 20 多个人了……”

“效率决定一切，以前我们的时间，只有三分之一花在修东西上，剩下三分之二不是在找故障，就是在找配件，都浪费了。”小周调整好了支架的高度，完成维修，王叔也很热心地帮他一起收拾好现场，小周拿出手机，在屏幕上点击“维修完成”之后，前往下一项维修，看着他急急忙忙的步伐，王叔感觉连自己也充满了力量。

阅读案例，结合所学知识和实践经验进行分析：

（1）Y酒店的工程报修维修新流程是如何运作的？

（2）酒店传统工程报修、维修流程是如何运作的，案例中流程与传统流程有何不同？

（3）尝试从管理、成本等角度对新流程进行

黄龙饭店改造中的智能化

黄龙饭店改造十年的思考

SWOT分析。

（4）运用移动互联网等信息技术，能够给酒店工程管理领域带来哪些新变化？

自我评估

一、选择题

1. 关于酒店工程管理系统，其中主要功能模块中不包括（　）。

A.（设备）基础信息　　B. 维修报修管理

C. 能源计量管理　　D. 说明书管理

2. 某酒店3202客房新风设备故障，需要协调工程部进行维修，应使用工程管理系统的（　）进行维修单分配工作。

A.（设备）基础信息　　B. 维修报修管理

C. 能源（能耗）管理　　D. 说明书管理

3. A酒店开业20年后新风设备需要更换，需要查询设备供应商信息，酒店应当通过工程管理系统的（　）。

A.（设备）基础信息　　B. 维修报修管理

C. 能源（能耗）管理　　D. 说明书管理

4. 酒店能源费用是酒店的重要开支，为进一步节能减排，N酒店每天固定时段读取水电气表读数并记录，该数据应使用工程管理系统的（　）模块功能。

A.（设备）基础信息　　B. 维修报修管理

C. 能源（能耗）管理　　D. 说明书管理

5. 关于酒店工程管理系统中的能源管理功能，以下说法中不正确的是（　）。

A. 能源管理记录的能源数据，为酒店进行能源管理提供了更好的参考

B. 能源管理功能的使用一定会降低能耗

C. 能源管理中记录的能耗数据，应当与酒店出租率、天气情况等信息综合使用

D. 一般来看，酒店企业能源费用占总收入的比例在8%～12%

6. 酒店智能客房可以实现智能控制，其中不能实现的是（　）。

A. 客房照明　　B. 电视系统

C. 窗帘系统　　D. 消防控制系统

7. 客房控制领域最新的发展趋势是（　）。

A. 床头集中控制　　B. 基于微电脑的控制

C. 普通开关控制　　D. 物联网控制

8. 关于物品机器人，以下描述中不正确的是（　）。

A. 除了送物品，还可以结合网络商城打造“售货机器人”

B. 该机器人可以降低员工劳动强度

C. 该机器人需要进行电梯改造

D. 该机器人可以完全取代客房员工

9. 随着科技的进步，酒店中开始出现机器人的身影，下列不属于酒店机器人的是（　）。

A. 送物品机器人　　B. 传菜机器人

C. 自助入住机器人　　D. 物流机器人

10. 智慧酒店建设中，最重要的原则是（　）。

A. 打造黑科技，怎么先进怎么来

B. 一切以经营目标为出发点

C. 科技对所有顾客都具有吸引力

D. 科技可以自动转化为利润

二、拓展思考

1. 酒店工程部有哪些信息系统？它们在工程管理工作中的作用如何？

2. 酒店801客房顾客入住期间因灯光故障而投诉，在问题解决过程中会涉及哪些信息系统？它们是如何发挥作用的？

A 自我评估习题参考答案

第一章

1-5 AABCA　　6-10 DDBDD

第二章

1-5 DABAD　　6-10 AAAAC　　11-15 AACAA　　16-20 ACAAA

21-25 ADAAA　　26-30 BDCBC　　31-35 ABCDB　　36-40 DBCAC

41-45 DDDAA　　46-50 ABAAC

第三章

1-3 DBC

第四章

1-5 CDAAC　　6-10 DDDDA　　11-15 BBCDA　　16-20 ADCBC

第五章

1-5 ABDAA　　6-10 DACBA　　11-15 ABADD　　16-20 ACDAD

第六章

1-5 DDADB　　6-10 ADDAD　　11-15 BAADA　　16-20 DDAAA

第七章

1-5 ABAAA　　6-10 CCDDC　　11-15 DCACA　　16-20 ACAAA

21-25 CCBAA　　26-30 BACDD　　31-35 BCDBA

第八章

1-5 ABADD　　6-10 DAADC　　11-15 ABADA　　16-20 ACDBA

第九章

1-5 DAACC　　6-10 CCABA　　11-15 CCBBB

第十章

1-5 DBACB　　6-10 DDDDB

参考文献

[1] 薛凤旋. 中国城市及其文明的演变 [M]. 北京：世界图书出版公司，2010.

[2] 郑向敏. 中国古代旅馆流变 [M]. 北京：旅游教育出版社，2000.

[3] 万赟. 电子商务的来龙去脉：SABRE [DB/OL]. http://blog.sciencenet\.cn/blog-39023-505445.html.

[4] 颜醒华. 略论酒店的连锁经营 [J]. 华侨大学学报，1995 (4)：103-106.

[5] 屠晓光. 国产酒店管理软件业权威看这个行业的二十年[J]. IT经理世界，1998 (10)：28.

[6] 杨铭魁. 深切怀念中国酒店信息化引路人——何志均先生 [DB/OL]. www.meadin.com/pp/130094.html.

[7] 路小北. 北京饭店：信息化有的放矢 [N]. 经济日报，2008-10-09.

[8] 袁宗堂. 中国旅游饭店贡献人物卷 [M]. 北京：中国旅游出版社，2008.

[9] 赵焕焱. 中国饭店业 30 年的回眸和思考 [J]. 饭店现代化，2014 (3)：63-66.

全书总结 1

全书总结 2